natürlich oekom!

Mit diesem Buch halten Sie ein echtes Stück Nachhaltigkeit in den Händen. Durch Ihren Kauf unterstützen Sie eine Produktion mit hohen ökologischen Ansprüchen:

- 100 % Recyclingpapier
- mineralölfreie Druckfarben
- Verzicht auf Plastikfolie
- Kompensation aller CO_2-Emissionen
- kurze Transportwege – in Deutschland gedruckt

Weitere Informationen unter www.natürlich-oekom.de und #natürlichoekom

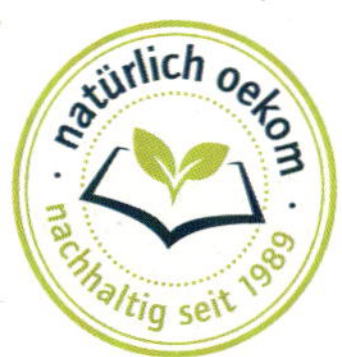

Bibliografische Information der Deutschen Nationalbibliothek:
Die Deutsche Nationalbibliothek verzeichnet diese Publikation in der Deutschen Nationalbibliografie; detaillierte bibliografische Daten sind im Internet über www.dnb.de abrufbar.

oekom – Gesellschaft für ökologische Kommunikation mbH
Waltherstraße 29, 80337 München

Gesamtgestaltung: Elmar Sander
Druck: Friedrich Pustet GmbH & Co. KG

ISBN 978-3-96238-363-3

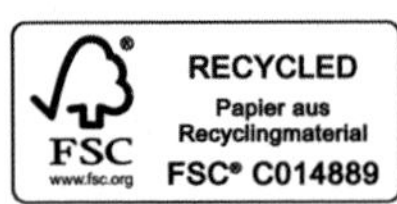

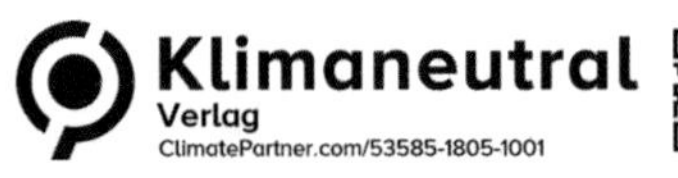

BERND DRASER UND **ELMAR SANDER**

NACHHALTIGES DESIGN

HERKUNFT, ZUKUNFT, PERSPEKTIVEN

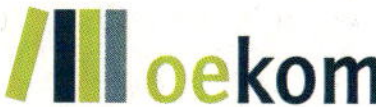

INHALT

VORWORT

»Was verstehen Sie unter dem Begriff Nachhaltigkeit?«

»Was bedeutet Design für Sie?«

»Worin sehen Sie den Zusammenhang zwischen Nachhaltigkeit und Design?«

Fragen wie diese haben die beiden Autoren dieses Buches in den vergangenen fünfzehn Jahren mehrere Tausend Mal gestellt. Nicht als mühsamer Einstieg zum Smalltalk beim Stehtisch-Empfang, sondern im Rahmen der Aufnahmeprüfungen für den Studiengang *Nachhaltiges Design*, die Bernd Draser und Elmar Sander seit vielen Jahren gemeinsam durchführen. So erwartbar derlei Fragen in diesem Kontext erscheinen, so erstaunlich divers fallen die Antworten der Studienbewerberinnen und -bewerber regelmäßig aus. Das liegt nicht nur am zweifellos vorhandenen Einfallsreichtum und allerlei kreativen Vorstellungen seitens der Studieninteressierten, sondern vor allem an terminologischen Unschärfen, der großen Wandlung, in der sowohl Design als auch Nachhaltigkeit stets begriffen sind, aber auch der großen Diskrepanz zwischen ambitionierter Designtheorie und bisweilen schnöder Designpraxis.

Auch dieses Buch kann keine abschließenden Antworten liefern, denn sowohl Design als auch Nachhaltigkeit, und umso mehr die Synthese aus beidem, können nur provisorischer und prozesshafter Natur sein. Nachhaltiges Design ist im besten Sinne eine *Best-Practice*-Disziplin, und so flankieren dieses Buch einige studentische Projektbeispiele aus dem deutschlandweit ersten Studiengang *Nachhaltiges Design*, an dessen Entwicklung die beiden Autoren dieses Buches maßgeblich beteiligt waren (Projektdetails und weitere Anwendungsbeispiele des Nachhaltigen Designs unter: *www.ecosign.de > Projekte*).

In einer *Tour d'Horizon* wird ein weiter Bogen gespannt – von kulturgeschichtlichen Zusammenhängen bis zu anwendungsorientierten nachhaltigen Designprozessen, von Entwicklungslinien des 18. Jahrhunderts bis zur Rolle des Designs im Zeitalter der Digitalisierung, von Fragen der Designethik bis zur Implementierung nachhaltiger Transformationsprozesse in konkreten Lebenswelten. Indem wir die Herkunft des Designs in den Blick nehmen, leiten wir es nicht bloß historisch her, sondern machen es in den realen Zusammenhängen sichtbar, die ihm nun einmal eigen sind und seine spezifischen Bewegungen auch in mögliche Zukünfte hinein bedingen. Die Zukunft des Nachhaltigen Designs werden wir vor allem als Problemlösungskompetenz zeigen, insbesondere wenn es um komplexe Probleme geht. Und die vielfachen Perspektiven, aus denen wir das Nachhaltige Design in den Blick nehmen, sind nicht etwa der Aufbruch auf den Weg »vom Fachidioten zum integrierten Gesamtidioten« (Odo Marquard), sondern der Versuch, den tatsächlichen Verstrickungen des Designs, und insbesondere des Nachhaltigen, gerecht zu werden; denn eine Disziplin, die in ihrer Herkunft, Gegenwart und Zukunft eine genuin transdisziplinäre ist, kann sinnvoll nur in diesen kaleidoskopischen Reflexionen und Brechungen auf einen Begriff gebracht werden. Die Begriffe aber bedürfen der Versinnlichung; deshalb eröffnen wir jedes Kapitel mit einem Sinn-Bild, das leitmotivisch in die Thematik einführt und den heiteren Grundton setzt, den das ernste Thema verlangt. Die Gesamtheit der Sinn-Bilder formt nicht nur die Kernsammlung unseres kleinen Museums, sondern konturiert maßstabsgetreu auch das Cover des Buchs.

Dieses Buch ist kein Ratgeber für nachhaltige Materialien im Produktdesign, kein Analyse-Tool zur Berechnung des ökologischen Rucksacks von Designartefakten, keine Schritt-für-Schritt-Anleitung für Designerinnen und Designer, kein Bilderbuch mit einer Flut von Praxisbeispielen und kein nachhaltigkeitsromantischer Appell für Design, das die Welt rettet. Dieses Buch ist nur ein Aufbruch. In unseren Sinn-Bildern ausgedrückt, beginnt er in einem Steinbruch und endet – vorläufig – in einem Weinberg. Dazwischen erschließen wir ein weites Feld von ästhetischen und wissenschaftlichen Phänomenen. Der Aufbruch in eine »fröhliche Wissenschaft«!

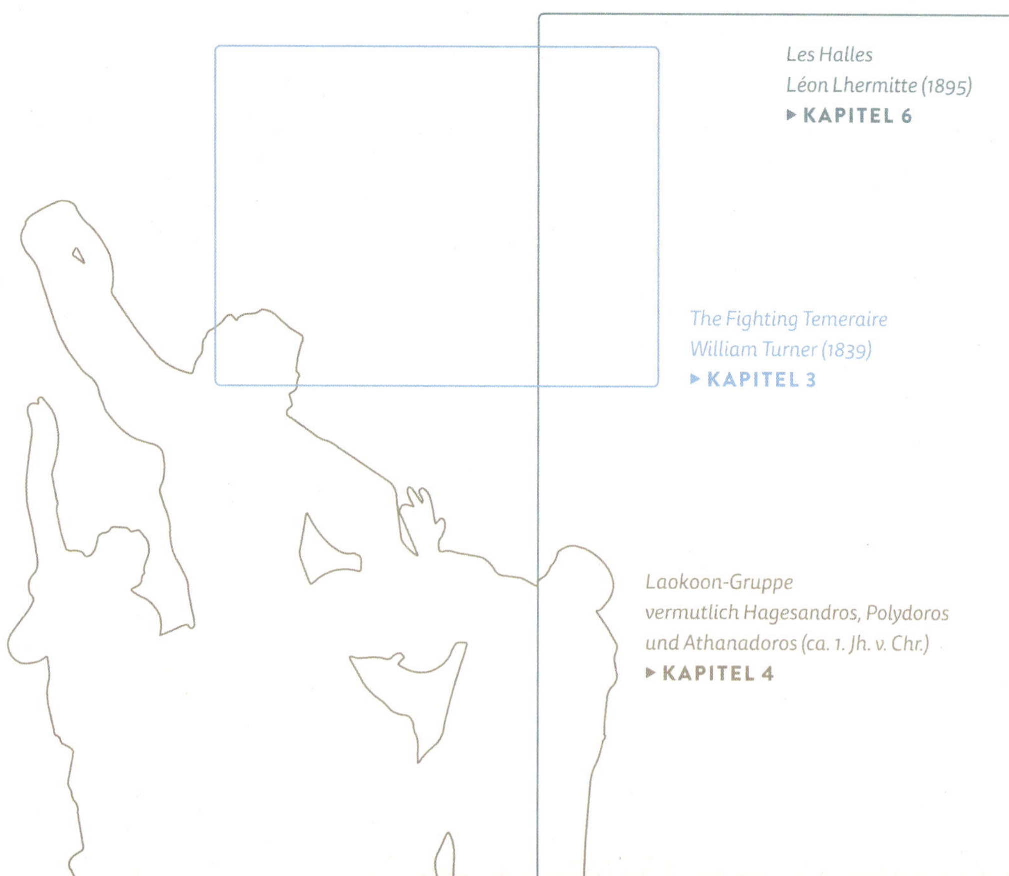

Les Halles
Léon Lhermitte (1895)
▸ **KAPITEL 6**

The Fighting Temeraire
William Turner (1839)
▸ **KAPITEL 3**

Laokoon-Gruppe
vermutlich Hagesandros, Polydoros und Athanadoros (ca. 1. Jh. v. Chr.)
▸ **KAPITEL 4**

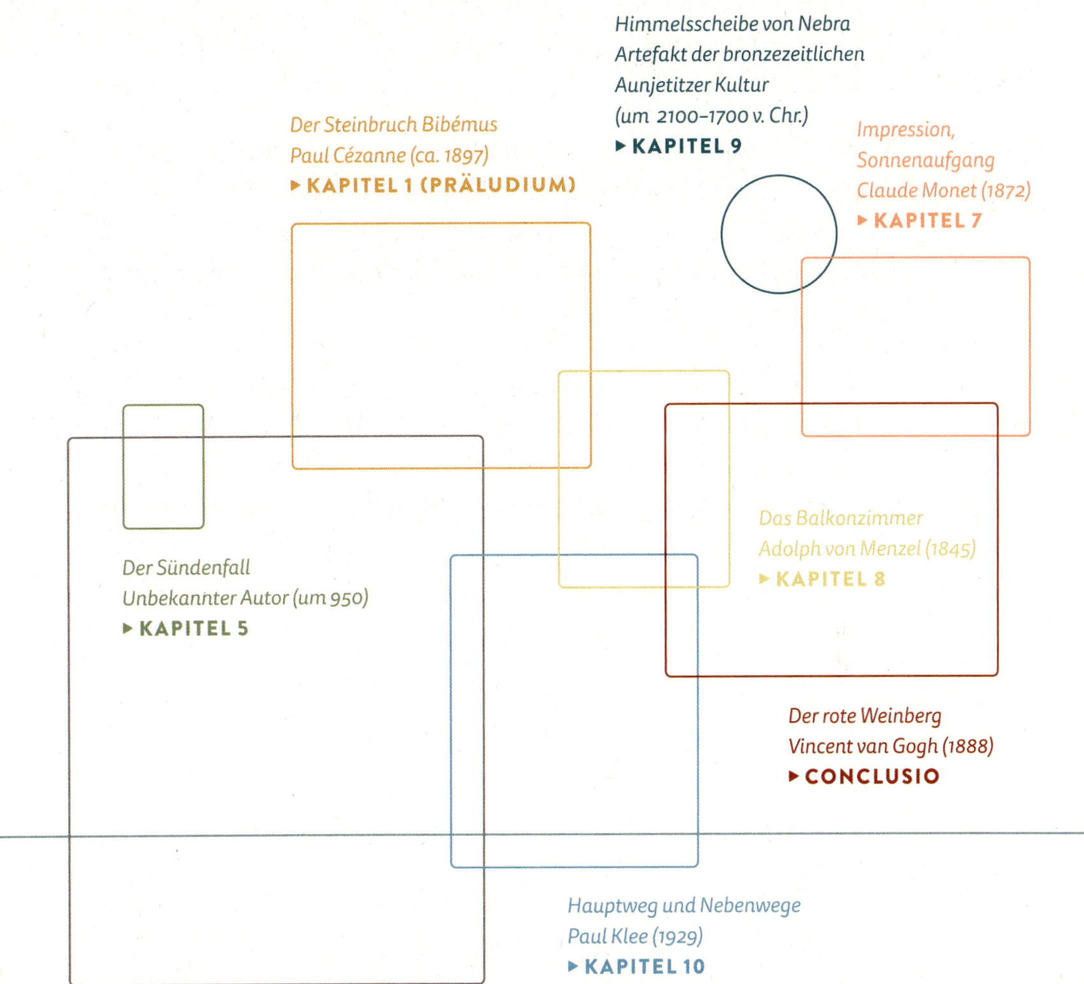
Himmelsscheibe von Nebra
Artefakt der bronzezeitlichen
Aunjetitzer Kultur
(um 2100–1700 v. Chr.)
▸ KAPITEL 9
Der Steinbruch Bibémus
Paul Cézanne (ca. 1897)
▸ KAPITEL 1 (PRÄLUDIUM)
Impression,
Sonnenaufgang
Claude Monet (1872)
▸ KAPITEL 7
Das Balkonzimmer
Adolph von Menzel (1845)
▸ KAPITEL 8
Der Sündenfall
Unbekannter Autor (um 950)
▸ KAPITEL 5
Der rote Weinberg
Vincent van Gogh (1888)
▸ CONCLUSIO
Hauptweg und Nebenwege
Paul Klee (1929)
▸ KAPITEL 10
Ares und Aphrodite, überrascht von Hephaistos
Alexandre Charles Guillemot (1827)
▸ KAPITEL 2

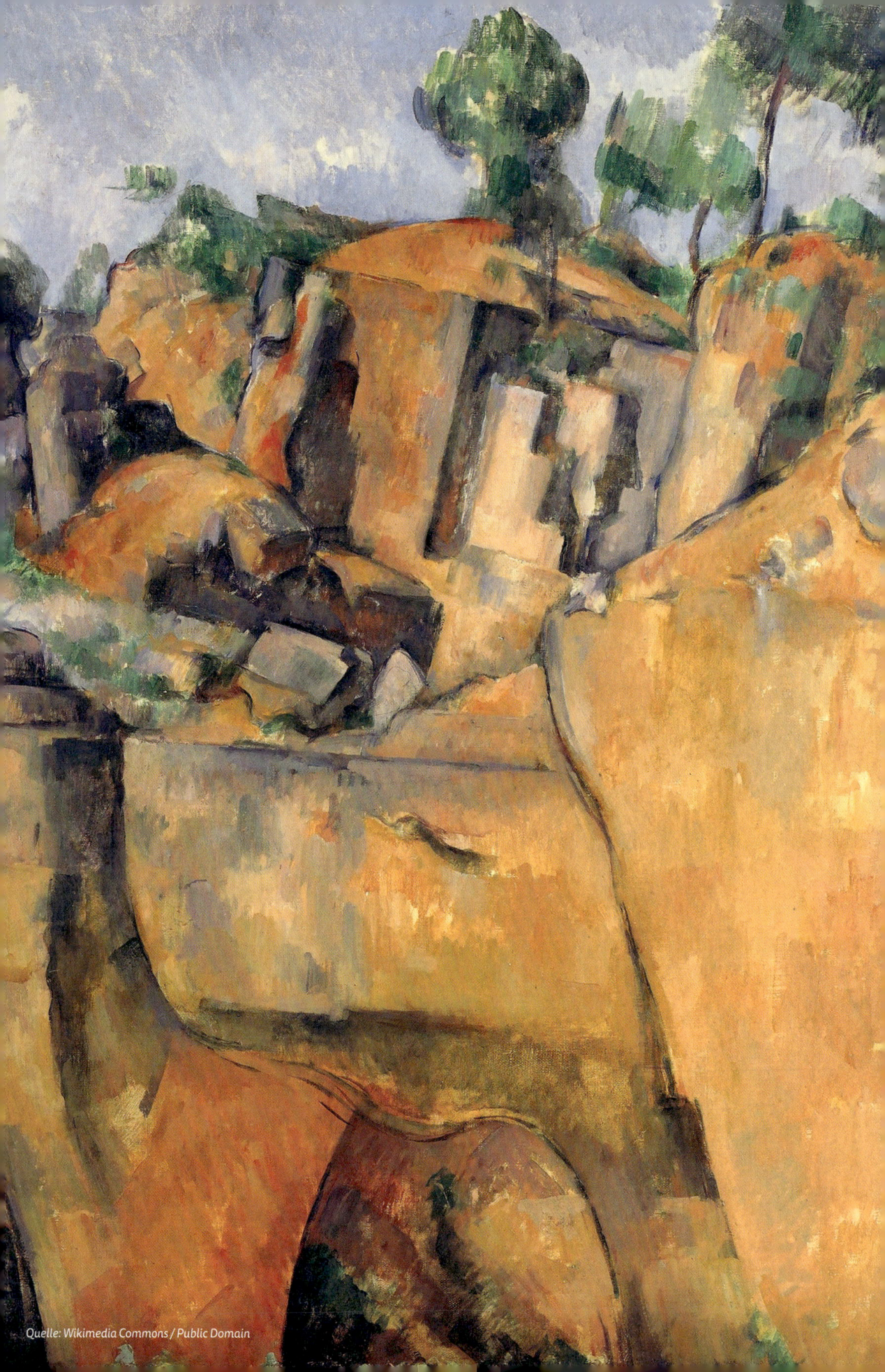

Quelle: Wikimedia Commons / Public Domain

KAPITEL 1 (PRÄLUDIUM)

ZWEI BEGRIFFE ZWISCHEN SEMANTISCHER UNSCHÄRFE UND WISSENSCHAFTLICHER FUNDIERUNG

Paul Cézanne hat genug von der großen Stadt mit ihrer Reizüberflutung und Rastlosigkeit. In den letzten Jahren des ausgehenden 19. Jahrhunderts kehrt er Paris immer öfter den Rücken und zieht sich in die Gegend rund um den Höhenzug Sainte-Victoire in der Nähe von Aix-en-Provence zurück. Die karge Umgebung bietet ihm intensive Eindrücke, kraftvolle Farben und Formen und das Gefühl von Ursprünglichkeit, das Cézanne so sehr sucht. Zu einem seiner Lieblingsmotive avanciert dort der wilde, verlassene Steinbruch Bibémus. Er stellt seine Staffelei an immer wieder neuen Standorten auf, die ihm verschiedene Sichtweisen auf die wuchtigen Gesteinsformationen ermöglichen. In seinen Bildern des

Der Steinbruch Bibémus (Ausschnitt)
Paul Cézanne (ca. 1897)
Höhe: 65 cm; Breite: 81 cm
Museum Folkwang, Essen

Steinbruchs fließen die unterschiedlichen Perspektiven in dasselbe Motiv ein und ergeben dadurch auf den ersten Blick ein verwirrendes Gesamtbild, das sich gelernten Kompositionsregeln und Orientierungspunkten entzieht. Betonte Konturierungen fügen die urgründige Materie neu zusammen. Erst die Synthese aus augenscheinlich unvereinbaren Fragmenten[1] und Zugängen formt eine neue, eigentümliche Harmonie – bis hin zu den feinen Farbnuancen, die im sommerlich-leichten Himmel die Farbkraft des schweren, ockergelben Gesteins reflektieren.

BEGRIFFE MIT STEINBRUCHMENTALITÄT

Auch die Verbindung von Nachhaltigkeit und Design führt Blickwinkel zusammen, die auf den ersten Blick schwierig als Gesamtbild zu denken sind. Hier die wissenschaftliche Fundierung, dort der oberflächliche Lifestyle. Jedoch: Die Verortung von »hier« und »dort« hängt ganz entscheidend vom eigenen Standpunkt ab. Je nach Perspektive kann es sich sowohl bei Design als auch bei Nachhaltigkeit wahlweise um seriöse, akademisch verankerte Disziplinen mit transformativem Potenzial handeln oder aber um seichte, inhaltsleere Floskeln des Zeitgeistes. Denn es gibt Begriffe, die sind selbst wie wilde Steinbrüche. Begriffe, die sich je nach Bedarf zu generischen Bausteinen für alles Mögliche verarbeiten, formen und schleifen lassen. Begriffe, deren Einsatzgebiete so vielfältig und wandelbar sind, dass sie permanent in der Gefahr semantischer Beliebigkeit und inhaltlicher Aushöhlung stehen. Begriffe wie Design und Nachhaltigkeit.

Design kann ein konkretes Entwurfsergebnis meinen, aber ebenso gut einen gestalterischen Prozess oder auch eine heuristisch gedachte Problemlösungskompetenz. Je nach Kontextualisierung kann es spezifisch oder generisch, konkret oder abstrakt, materiell oder ideell gemeint sein. Unter der Bezeichnung »Design« finden sich auf dem Studiengangsinformationsportal Studycheck.de insgesamt 314 Studiengänge, die Bandbreite reicht dabei von Game Design über Transportation Design bis zu Social Design.[2] Das Kosmetikstudio um die Ecke, das in laminierten Aushängen über die Preise des Nail-Designs aufklärt, bedient sich des Designbegriffes genauso selbstverständlich wie Wissenschaftlerinnen und Wissenschaftler, die der Gestaltung gesellschaftlicher Veränderungsprozesse Bezeichnungen wie Transformationsdesign[3] oder Transition Design geben. Bei der großflächigen Fassadenwerbung für die preisreduzierten Designermöbel eines Möbelzentrums findet der Ausdruck gleichermaßen Verwendung wie bei den acht Designprinzipien von Elinor Ostrom zur Errichtung einer globalen umweltökologischen Allmende.[4] Zu Recht spricht Mateo Kries in seinem gleichnamigen Buch von *Total Design*, das den Alltag durchdringe und mitunter seltsame Blüten treibe.[5]

Ähnlich strapaziert und überdehnt wird auch der Begriff Nachhaltigkeit verwendet. Oszillierend zwischen Zukunftsfähigkeit, ökologischem Fußabdruck, Generationengerechtigkeit, Umweltschutz, Kreislaufwirtschaft, planetaren Belastungsgrenzen, Kyoto-Protokoll und *Sustainable Development Goals* ist er zum Containerwort für alles systemisch Wünschenswerte geworden. Als Ummantelung ist der Terminus vielseitig einsetzbar – auch als Camouflage für fragwürdige Inhalte im Sinne von Greenwashing sowie als Platzhalter für banalen Wohlfühl-Kitsch. Wer braucht schon komplexe Nachhaltigkeitsindikatoren und die Auseinandersetzung mit unsicheren systemischen Prognosen, wenn die Google-Bildersuche beim Stichwort »Nachhaltigkeit« so viele schöne Pflänzlinge hervorbringt, getragen von unschuldigen Menschenhänden?

Erschwerend kommt hinzu, dass sowohl Design als auch Nachhaltigkeit geprägt sind von einer permanenten terminologischen

Expansion, die zuweilen zum semantischen Raubbau gerät. Das Bedeutungsspektrum beider Begriffe verändert und erweitert sich ständig, endgültige Definitionen sind nicht abzusehen. Zwei Begriffen, die längst nicht in Stein gemeißelt sind, nähern wir uns daher am besten zunächst mit einem konzisen Freilegen ihrer etymologischen und begriffshistorischen Schichten. Graben wir also zunächst ein wenig an den Fundamenten von Design und Nachhaltigkeit – mit der groben Schaufel, nicht mit dem archäologischen Pinsel.

DESIGN IN ALLER KÜRZE: VON DESIGNARE ZU DESIGN

Den Grundstein aller Designbegriffsetymologie bildet das lateinische Verb *designare*, das zumeist mit »bezeichnen, abgrenzen, angeben« wiedergegeben wird, aber auch »bestimmen«, »anordnen« und »entwerfen« bedeuten kann.[6] Im Lauf der Geschichte wandelt sich das Bedeutungsspektrum nicht nur mehrfach, sondern entwickelt sich im romanischen und angelsächsischen sowie nach dem Zweiten Weltkrieg auch im deutschen Sprachraum dynamisch weiter. Einen signifikanten semantischen Entwicklungsschub erfährt *designare* in der italienischen Renaissance im Begriff *Disegno*. In ihm schwingt erstmals eine geistig-philosophische Dimension mit, denn neben der wörtlichen Übersetzung als »Zeichnung«, »Skizze« oder »Entwurf« meint *Disegno* bereits ab dem frühen 15. Jahrhundert als *disegno entro la testa* den sich in der ideellen Sphäre des Kopfes abspielenden Entwurf (*idea*) im Gegensatz zu der zu Papier gebrachten konkreten Skizze (*forma*).[7] Im *Disegno* zeigt sich somit schon sehr früh die Erweiterung der tatsächlichen materiellen Gestaltung um eine gedankliche, immaterielle Ebene. Es ist niemand Geringeres als Leonardo da Vinci (1452–1519), der die erste Disegno-Akademie begründet und damit die Kunst – damals zunächst noch widerspruchsfrei – mit anderen, materiellen wie immateriellen Spielarten von Gestaltung verknüpft.[8] Das ermöglicht der bildenden Kunst ein theoretisches Fundament und wissenschaftliche Reflexion jenseits des profanen Handwerks.[9] Diese kunsthistorische Öffnung des Designbegriffs durch den *Disegno* wird bisweilen in der Designtheorie idealisierend herangezogen, wenn es um das wissenschaftliche und interdisziplinäre Potenzial von Gestaltung geht. Allerdings dürfen solche allzu verlockenden etymologischen Abkürzungen nicht darüber hinwegtäuschen, dass *Disegno* und Design semantisch nicht äquivalent betrachtet werden können und das heutige Berufsbild des Designers bzw. der Designerin seine Wurzeln weniger in den schöngeistigen Akademien der Renaissance[10] als vielmehr in den seriellen Produktionsverfahren der Industrialisierung des 19. Jahrhunderts hat, wie **KAPITEL 2** zeigen wird.

Im Französischen etabliert sich im 17. Jahrhundert das Verb *dessin*, ebenfalls vom lateinischen *designare* abstammend, als Bezeichnung für Bilder, Zeichnungen und vor allem für die Gestaltung von Stoffmustern in der Textilwirtschaft (*Couture*). Von Frankreich gelangt der Begriff kurz darauf als *dessein* auch nach Deutschland, wo er allerdings eher im Sinne planerischer Absicht und zielgerichteter Konstruktion verwendet wird.[11] Im angelsächsischen Sprachraum ist der sich von *designare* ableitende Ausdruck *design* seit dem 16. Jahrhundert geläufig. Bereits diese kurze Reise durch verschiedene, vorindustrielle europäische Sprachräume vermittelt einen Eindruck von der »geopolitischen Mentalität«[12] der Etymologie des Designbegriffes – wir wollen es dabei belassen.

Die serielle Massenproduktion infolge der von England ausgehenden industriellen Revolution macht schließlich prototypische Entwürfe nötig, was dem Design eine weitere Bedeutungsebene im Sinne von »do or plan (something) with a specific purpose in mind«[13]

beschert. Als geistig-kreativer Prozess vom reinen Handwerk entkoppelt und andererseits durch seine unmittelbare Zweckgebundenheit von der Kunst abgegrenzt, kristallisiert sich Design in der Folge Stück für Stück als eigenständige Disziplin heraus, über deren Anfänge Vilém Flusser ausführt: »Die neuzeitliche, bürgerliche Kultur stellte schroff die Welt der Künste jener der Technik und der Maschinen gegenüber, und daher zersprang die Kultur in zwei voneinander entfremdete Zweige: den wissenschaftlichen, quantifizierbaren, ›harten‹ und den schöngeistigen, qualifizierenden, ›weichen‹. [...] Das Design sprang in die Bresche und bildet die Brücke. Dies konnte es tun, weil in ihm der innere Zusammenhang zwischen Technik und Kunst zu Wort kommt«.[14] Indem *design* im Englischen seit jeher sowohl Substantiv als auch Verb ist, kann auch mit dem deutschen Lehnwort sowohl das Ergebnis im Sinne eines entworfenen Artefaktes als auch die progressive und formgebende Tätigkeit des gestalterischen Prozesses an sich gemeint sein. Die spezifische materielle Erscheinung eines Automobils im Hinblick auf die fertige Form wird genauso als Design bezeichnet wie die ideell-kreative Entwicklungsphase, die der materiellen Form vorausgeht. Diese Doppelfunktion erweist sich bis heute immer wieder als ein wesentlicher Grund für die Begriffsunschärfe.

Als sich Design nach dem Zweiten Weltkrieg allmählich gegenüber deutschen Entsprechungen wie »Gestaltung«, »Entwurf« und »Form« durchsetzt, ist es zunächst umgekehrt. Während die genannten deutschen Begriffe durch ihre Verortung im geisteswissenschaftlich-philosophischen Bereich als zu offen und unkonkret wahrgenommen werden, erscheint Design als passendere Bezeichnung für einen primär »pragmatischen Zugang zur Gestaltung von Dingen, bei denen eher die äußere Hülle als der Sinngehalt im Mittelpunkt stand«[15]. Diese »materialistische Begriffsbestimmung von Design«[16], die dem *Disegno* der Renaissance trotz derselben Sprachwurzel diametral gegenübersteht, ist es, die Design in der allgemeinen Wahrnehmung bis heute oft zur trivialen, subalternen Dienstleistung degradiert. Das wiederum führt regelmäßig zu einer großen Diskrepanz zwischen wissenschaftlich-ideeller Designtheorie einerseits und profaner Designpraxis andererseits, was eine weitere Ursache für die Überdehnung des Begriffsspektrums darstellt.

DESIGN ZWISCHEN LIFESTYLE UND WISSENSCHAFT

Diese Entkoppelung durchzieht die Entwicklung des Designbegriffes nach 1945, so dass zwei antithetischen Entwicklungslinien des Designs nachgespürt werden kann (Abb. 1.1). Auf der einen Seite betätigt es sich in den Jahrzehnten der Nachkriegszeit als Brandbeschleuniger

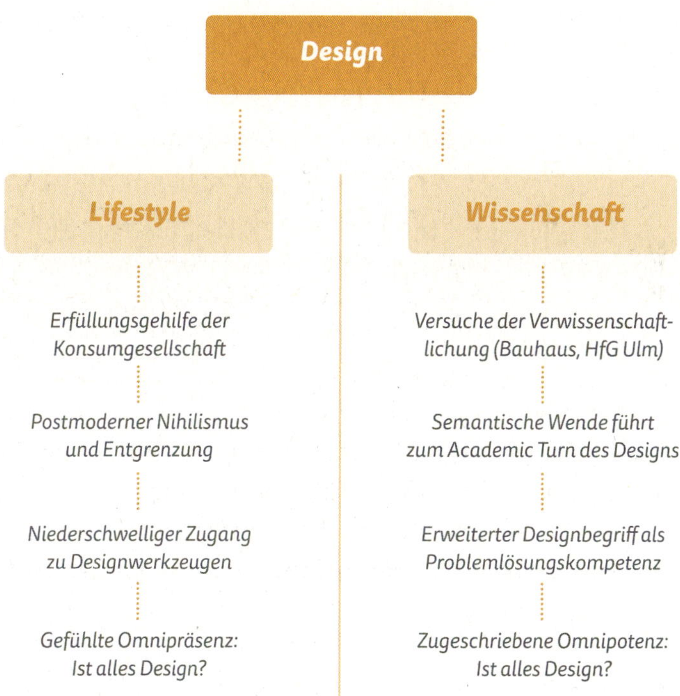

Abb. 1.1: **Die beiden gegenläufigen Entwicklungslinien des Designs nach 1945.**

der Konsumgesellschaft. Die 50er und 60er Jahre des 20. Jahrhunderts bringen im Zuge des sogenannten Wirtschaftswunders neue, konsumorientierte Lebensstile und eine allgemeine Beschleunigung des Alltags mit sich, während die Ressourcen der Erde ebenso unbegrenzt wie ihre Aufnahmekapazität für Schadstoffe und Abfälle zu sein scheinen.[17] Parallel zur allmählichen Etablierung des englischen *Design* gegenüber seinen deutschen Pendants hält in Westdeutschland eine allgemeine kulturelle Anpassung an die nordamerikanische Konsumgesellschaft Einzug, bei der das Design sowohl als Erzeuger (Produktdesign) bzw. Vermittler (Kommunikationsdesign) von Waren und Produkten aller Art und als Erfüllungsgehilfe von Materialismus und Konsumismus fungiert.[18]

Spätestens seit den 1990er Jahren hat das Design als Lifestyle-Faktor und allgegenwärtige Kommunikationsfläche zwischen Warenproduzent und Konsument enorm an Bedeutung gewonnen. Design ist nicht länger mühsames, trockenes Handwerk, sondern die Disziplin des Leichten, Ästhetischen, Sorglosen. Nicht ohne Grund wird der Designberuf landläufig immer noch mit dem Inbegriff eines lässigen Lebens in hippen Werbeagenturen assoziiert: Ausgestattet mit üppigen Budgets werden coole Pitches gewonnen, beim Agenturfrühstück kreative Leuchtfeuer abgebrannt und selbst das unbezahlte Praktikum ist der Eintritt in die glitzernde Medienscheinwelt. Bernhard Bürdek konstatiert: »Das Leben der meisten Menschen ist heute ohne Design überhaupt nicht mehr vorstellbar, Design verfolgt uns von früh bis spät. [...] Design bestimmt nicht nur unser Dasein, sondern inzwischen auch unser Sein«[19]. Design hat, wie Mateo Kries schreibt, »unseren Identitätskern ebenso erreicht wie die Peripherie der Welt«[20]. Indem Design als Berufsbezeichnung nicht geschützt ist und Designwerkzeuge wie Computer, Software und (3D-) Drucker niederschwellig zur Verfügung stehen, kann jeder Mensch

Designtätigkeiten ausführen – und damit die inhaltlichen und ästhetischen Ansprüche an das Design nivellieren und zugleich den Beuys'schen Ausspruch, demzufolge jeder Mensch ein Künstler sei, gehörig missverstehen.

Auf der anderen Seite lässt sich die Designgeschichte jedoch auch als eine Geschichte zunehmender Verwissenschaftlichung und akademischer Fundierung betrachten. So werden bereits am historischen Bauhaus (1919–1933) erste Versuche unternommen, »Designprojekte und Entwurfstheorien in enger Auseinandersetzung und im Austausch mit wissenschaftlichen und technologischen Fragestellungen der Zeit« zu diskutieren.[21] Nach dem Zweiten Weltkrieg leben einige der Debatten und Ansichten aus der Bauhaus-Zeit an der Hochschule für Gestaltung (HfG) in Ulm weiter, die als indirekte Nachfolgeinstitution des Bauhauses betrachtet werden kann. Unter der Leitung ihres ersten Rektors und Bauhaus-Schülers Max Bill setzt die Schule die Tradition des moralisch-ethischen Sendungsbewusstseins fort, das in der funktionalen, rationalen Gestaltung einen gesellschaftspädagogischen Anspruch sieht.[22] Erstmals wird von akademischer Seite der Versuch unternommen, dem Design »mittels wissenschaftlicher Methodik und Rhetorik zu einer als zeitgemäß erachteten Objektivität und Funktionalität« zu verhelfen.[23] Wissenschaftlich-systematische Methoden ersetzen Willkür und intuitives Vorgehen und wichtige Protagonisten wie Horst Rittel (1930–1990) und später Siegfried Maser (1938–2016) entstammen nicht zufällig naturwissenschaftlichen Disziplinen wie der Mathematik.[24] Der Gestaltung werden wissenschaftliche Parameter und Forschungsergebnisse aus Feldern wie der Ergonomie, der Kybernetik und der Wahrnehmungspsychologie zugrunde gelegt.[25] Doch so bahnbrechend der Anspruch auch ist, Design als wissenschaftliche Disziplin zu etablieren, als so fatal erweist sich die bewusste Abgrenzung von emotionalen, künstlerischen und sinnlichen Elementen. Mit dem sogenannten *Design Methods Movement* gibt es im anglophonen Raum fast zeitgleich einen ähnlichen Versuch, das Design zu verwissenschaftlichen. Doch auch diese Bewegung sieht sich bald derselben harschen Kritik ausgesetzt, die auch der HfG Ulm widerfährt. Und das ist nachvollziehbar, denn mit dogmatischer Ratio und einem Korsett aus Logik und Berechnung statt lebenswirklicher Vermittlung bleibt Design letztlich eine blutleere Angelegenheit.

Ab den 1980er Jahren gibt es wiederum im deutschsprachigen Raum in designtheoretischen Fachkreisen ernsthafte Vorstöße und Diskurse bezüglich eines sich wandelnden Designbegriffes. Denn »um zeitgenössischen Herausforderungen gerecht zu werden«, so formuliert es Klaus Krippendorff im Hinblick auf den Designbegriff, können sich Designerinnen und Designer »unmöglich mit dem Produktbegriff des Industriezeitalters begnügen«[26]. Die sogenannte *semantische Wende*, die Krippendorff als Antwort auf diese Sackgasse daraufhin postuliert, vollzieht eine Transformation der Aufgabenbereiche des Designs vom Produktkontext hin zur Diskursebene. Damit geht ein Paradigmenwechsel einher, der »im Design nicht nur einen Modus der Produktgestaltung, sondern der Gesellschafts- und Zukunftsgestaltung« sieht.[27] Das Designverständnis, das neben der reinen Funktionalität eine sinnstiftende oder zumindest sinnhafte Dimension erschließt, löst sich zunehmend von dem angestammten Platz als primär technisch-handwerkliche hin zu einer seriösen wissenschaftlichen Disziplin. Unter dem Schlagwort *Academic Turn* spiegelt dieser zweite Entwicklungsstrang des Designs den allgemeinen Wandel von der Industrie- zur Wissensgesellschaft und verschiebt die Perspektive zusehends in Richtung seiner Problemlösungskompetenz, was letztlich in eine Erweiterung des Designbegriffes jenseits rein »pragmatisch-konsumistischer Funktionalität«[28] mündet. Mit dem Ausdruck *erweiterter Designbegriff*[29] findet ein bewusster Bezug zum erweiterten Kunstbegriff von Joseph Beuys statt: So wie der erweiterte Kunstbegriff soziale Prozesse in der Kunst verankert sieht, so impliziert der erweiterte Designbegriff eine Verortung des Designs im gesellschaftlichen Kontext unter der Prämisse gestalterischer Verantwortung zum Gelingen des großen Ganzen. War bei Beuys der Ausspruch »Jeder Mensch ist ein Künstler« noch eher idealisierende Forderung denn gesellschaftliche Realität, so ist die Einflussnahme von Design und seine Auswirkung auf Lebenswirklichkeiten heute eine Tatsache. Größerer Einfluss bringt naturgemäß aber auch größere Verantwortung mit sich – und fordert von Designschaffenden ein hohes Maß an Reflexionsvermögen. Krippendorff versteht die *semantische Wende* des Designbegriffs daher folgerichtig als »Einladung an das Design, sich selbst mittels des eigenen Diskurses umzugestalten«[30].

Daraus leiten sich Fragen ab: In welche Richtung gestalten Gestalterinnen und Gestalter die Gestaltung? Welche Rolle nimmt das veränderte Verständnis von Design in einer sich verändernden Welt ein? Entwickelt sich das Design weiter in die Breite, also ins Seichte, Triviale, Inflationäre oder aber in die Tiefe, also ins Einflussnehmende, wissenschaftlich Verankerte, Gesellschaft Mitgestaltende? Kurz gesagt: *Quo vadis*, Design?

NACHHALTIGKEIT IN ALLER KÜRZE: VON CARLOWITZ ZU DEN SDGS

Nachhaltigkeit wird in den vergangenen Jahren derart inflationär verwendet, dass der Wald vor lauter Bäumen oft kaum noch zu sehen ist. Genau dort liegt aber die Wurzel des Nachhaltigkeitsbegriffes: im Wald. In der sächsischen Forstwirtschaft wird zu Beginn des 18. Jahrhunderts das Holz immer knapper, die Preise steigen unaufhörlich.

Von der Versorgung mit Holz, quasi dem Erdöl des 18. Jahrhunderts, hängt wiederum der Bergbau und die gesamte Wirtschaft ab. Allein die »mit Holzkohle betriebenen Öfen der Schmelzhütten und Hammerwerke verschlingen Unmengen dieser Ressource«[31]. In diesem Kontext hebt der posthum zur Galionsfigur des Nachhaltigkeitsbegriffes erkorene Hans Carl von Carlowitz (1645–1714), seines Zeichens königlich-polnischer und kurfürstlich-sächsischer Kammer- und Bergrat sowie Oberberghauptmann des Erzgebirges, das Adjektiv »nachhaltend« in seinem Werk *Sylvicultura Oeconomica* wie folgt aus der Taufe: »Wie eine sothane [solch eine] Conservation und Anbau des Holtzes anzustellen, daß es eine continuirliche bestände und nachhaltende Nutzung gebe / weil es eine unentbehrliche Sache ist / ohne welche das Land in seinem Esse nicht bleiben mag.«[32] Der Kontext der Forderung von Carlowitz nach einer »nachhaltenden« Holzwirtschaft ist also eine Rohstoffkrise, die existenzbedrohend ist und die nur durch eine verantwortungsvolle Ressourcenökonomie gelöst werden kann. An dem obigen Ausspruch ist aber nicht nur die oft zitierte erstmalige Verwendung des Terminus »nachhaltende Nutzung« in Bezug auf ökologisch-ökonomische Zusammenhänge interessant, sondern auch der in der Regel weniger beachtete letzte Satz. Carlowitz spricht hier vom *Esse*, lateinisch »Sein«, und verknüpft den Aufruf zur nachhaltenden Nutzung dadurch mit der integralen Frage von Existenz oder Nicht-Existenz eines ganzen Systems. Das Konzept von Nachhaltigkeit ist demnach bereits bei seiner ersten Verwendung als Gegenbegriff zum systemischen Kollaps angelegt.[33] Die empfohlenen Maßnahmen gegen die Bedrohung beinhalten schon bei Carlowitz sowohl ökologische, als auch ökonomische und soziale Aspekte[34] und zeichnen damit den Dreiklang vor, der als *Säulen der Nachhaltigkeit* knapp 300 Jahre später im gesellschaftlichen Mainstream angekommen sein wird – mit Carl von Carlowitz als ihrem Säulenheiligem.

Das führt uns in die Gegenwart, denn auch heute ist das »Land in seinem *Esse*« wieder bedroht. Allerdings bezieht sich das *Esse* mittlerweile nicht mehr auf das überschaubare Sachsen, sondern auf eine globalisierte und vernetzte Welt, die angesichts von systemischen Bedrohungen wie dem anthropogenen Klimawandel und der Überschreitung planetarer Belastungsgrenzen vor existenziellen Bedrohungen steht und die sich mit elementaren Fragen nach dem Erhalt der Lebensqualität und der Schutzwürdigkeit des Ökosystems konfrontiert sieht.

Einen frühen Impuls dieses Neustarts der alten Idee von nachhaltiger Entwicklung setzte der berühmt gewordene Bericht *Grenzen des Wachstums* (engl.: *Limits to Growth*) an den Club of Rome. Darin wurde 1972 nach einem Modell für ein Weltsystem gesucht, das »nachhaltig ist ohne plötzlichen und unkontrollierbaren Kollaps [...] und fähig ist, die materiellen Grundansprüche aller seiner Menschen zu befriedigen«[35]. Zum Einsatz kommen dabei aus heutiger Sicht recht simpel aufgebaute Computermodelle, die mögliche Szenarien der Menschheitsentwicklung mit unterschiedlichen Grundannahmen simulieren, darunter die demografische Entwicklung, die Ausbeutung von Ressourcen, den Naturverbrauch, die Industrieproduktivität per capita und die zur Verfügung stehenden Nahrungsressourcen. Einen weiteren Meilenstein auf dem Weg des Nachhaltigkeitsdiskurses stellt der im Jahr 1987 erschienene Bericht *Our Common Future* dar, landläufig nach der Vorsitzenden der Sachverständigenkommission als *Brundtland-Bericht* bezeichnet. Dessen Kernsatz gehört als eine Art kleinster gemeinsamer Nenner auch heute noch zum Grundbaustein zahlreicher Nachhaltigkeitsdefinitionen und -diskurse: »Nachhaltige Entwicklung ist eine Entwicklung, die gewährleistet, dass künftige Generationen nicht schlechter gestellt sind, ihre Bedürfnisse zu befriedigen, als gegenwärtig lebende«[36].

Die nächste wichtige Landmarke in der Geschichte der Nachhaltigkeit ist der *Erdgipfel von Rio*, die Weltumweltkonferenz der Vereinten Nationen von 1992. Epochal ist diese Konferenz vor allem durch die Tatsache, dass sie überhaupt stattfand mit all den Vertreterinnen und Vertretern gegensätzlicher Weltanschauungen und politischer Systeme, entsandt von Industrienationen, Entwicklungsländern und NGOs. Am Ende stehen immerhin mehrere Deklarationen und Konventionen, darunter als bekanntestes Konferenzergebnis die *Agenda 21*.[37] Bereits das im Rahmen des Erdgipfels verfasste »Erdgelöbnis«, das über 100 entscheidungstragende Persönlichkeiten von George Bush über Helmut Kohl bis zu Fidel Castro unterschreiben, liest sich allerdings wie eine Mischung aus verwässertem Konfirmationsgelöbnis und plattem Eheversprechen: »Ich verspreche, alles in meiner Macht Stehende zu tun, damit die Erde eine sichere und gastfreundliche Heimat für die jetzige und die zukünftigen Generationen ist«[38].

Der Spagat zwischen wohlmeinenden Worten und warmen Absichtserklärungen auf der einen Seite und wirklicher politischer und gesellschaftlicher Transformation auf der anderen Seite[39] setzt sich auch bei den weiteren UNO-Gipfeln in Kopenhagen (2002) sowie erneut in Rio (2012) fort. Abgehalten unter dem Motto *The future we want* werden in Rio schließlich die Weichen für die Formulierung globaler Nachhaltigkeitsziele gestellt, die Anfang 2016 im Zuge der *Agenda 2030* als *Sustainable Development Goals* das Licht der Welt erblicken, zu Deutsch *Ziele für nachhaltige Entwicklung* und in einschlägigen Fachkreisen Kennerschaft ausweisend mit dem Akronym SDGs abgekürzt. Die insgesamt 17 Ziele sind in 169 Unterziele eingeteilt und bilden die Grundlage für globale, nationale und regionale Nachhaltigkeitsstrategien. Auch in Deutschland wird die nationale Nachhaltigkeitsstrategie daraufhin grundlegend überarbeitet und auf die Agenda 2030 und die Nachhaltigkeitsziele hin ausgerichtet. Der

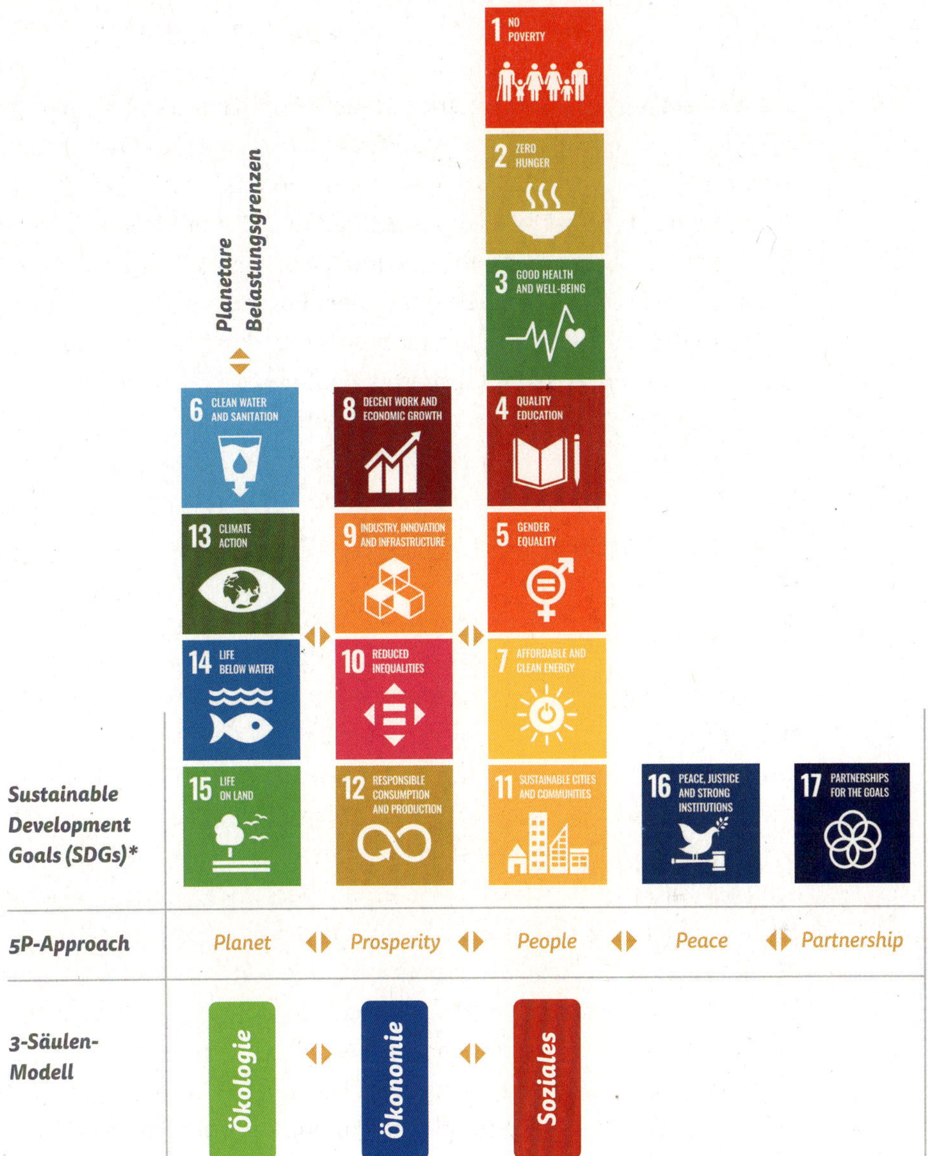

Abb. 1.2: **Bausteine der Nachhaltigkeit:** Nachhaltigkeitsmodelle wie das 3-Säulen-Modell, die »5Ps« und die SDGs hängen zusammen. Allerdings können solche schematischen Verbildlichungen die komplexen Wechselwirkungen nicht wiedergeben, ohne aus einer Infografik ein undurchdringliches Wirrwarr von Spinnfäden zu machen. Denn natürlich stehen weder die drei Säulen isoliert nebeneinander, noch können die SDGs hermetisch betrachtet werden. Jedes Ziel beeinflusst sowohl ökologische als auch ökonomische und soziale Aspekte und steht im direkten oder indirekten Zusammenhang zu anderen Zielen – und manchmal gar in vermeintlichem Widerspruch.

** siehe www.un.org/sustainabledevelopment. Obligatorischer Hinweis: »The content of this publication has not been approved by the United Nations and does not reflect the views of the United Nations or its officials or Member States.«*

Nachhaltigkeitsbegriff hat durch diese Entwicklungen eine erneute definitorische Erweiterung weit über die Brundtland-Formel und das klassische 3-Säulen-Modell hinaus erfahren, wobei sich insbesondere zwischen letzterem und den 17 Zielen viele Zusammenhänge und Kategorisierungsmöglichkeiten ergeben (Abb. 1.2). Eine alternative Zuordnung der 17 Ziele besteht im sogenannten *5P-Approach*, der die fünf Kernbotschaften der Agenda 2030 mit den Begriffen *People*, *Planet*, *Prosperity*, *Peace* und *Partnership* umschreibt, wobei die deutschen Äquivalente Mensch, Planet, Wohlstand, Frieden und Partnerschaft in Ermangelung der Alliterationen nicht ganz so zwingend zusammengehörig klingen. Zusammenfassend lässt sich festhalten, dass die unübersichtliche terminologische Expansion einen weiteren wesentlichen Grund für die Überdehnung des Begriffsspektrums der Nachhaltigkeit liefert.

NACHHALTIGKEIT ZWISCHEN LIFESTYLE UND WISSENSCHAFT

Schaut man in die jährlich herausgegebenen Listen der beliebtesten Vornamen, so fällt ein klarer langfristiger Trend auf. Es sind vor allem weiche, vokalreiche und kurze Namen, die in den Statistiken ganz vorne liegen. Das gleiche lässt sich bei Wortschöpfungen aus Marketingabteilungen beobachten. So lassen sich Namensdesignagenturen teuer dafür bezahlen, beispielsweise im Automobilbereich Wortkreationen wie Mondeo, Amarok, Phaeton oder Tiguan zu erfinden, die den Konsumentinnen und Konsumenten wohlklingend über die Lippen kommen. All die Eigenschaften, die im phonetischen Zeitgeist liegen, erfüllt ein Begriff dagegen ganz und gar nicht: Nachhaltigkeit. Mit seinem harten, kehligen Wortklang und den vier abgehakten Silben versprüht er unter ästhetischen Gesichtspunkten den

Charme eines verstaubten Aktenordners auf dem Dachboden. Oder, wie es der Publizist Ulrich Grober ausdrückt: »Nachhaltigkeit [...] ist ein total unsinnliches Wort. Nach und halten, -ig und -keit. Ächz, würg, gähn!«[40]. Das englische *Sustainability* umweht zwar immerhin noch der kosmopolitische Hauch internationaler Think Tanks, aber etymologisch findet sich auch hier die gleiche Sprödigkeit, hat das lateinische Wurzelwort *sustinere* bzw. *sustentare* doch Bedeutungen wie »aushalten«, »aufrechterhalten« oder auch »etwas zurückhalten« – allesamt nicht gerade linguistische Ausdrücke von Attraktivität und Sinnesfreuden.

Und dennoch ist Nachhaltigkeit in aller Munde. Als zentrales Schlagwort ist es aus Marketingabteilungen und politischen Agenden nicht mehr wegzudenken. Selbst die unnachhaltigsten Branchen und Unternehmen schreiben sich Nachhaltigkeit auf die Fahne. Vom Öl-Multi über den Fastfood-Konzern bis zum Braunkohle-Riesen, niemand verzichtet mehr auf umfangreiche, professionell gestaltete Nachhaltigkeitsberichte. Nachhaltigkeit dringt bis in die Markenkerne und damit den Nukleus der Corporate Identity vor. Beispiele gäbe es viele. Da ist der Energiekonzern, der sein Corporate Design komplett überarbeitet hat. Das Logo kommt nun etwas weicher und kompakter daher, die Bildsprache ist jünger und weiblicher und die Piktogramme erscheinen in neuem, freundlichem, beinahe kindlichem Stil. Die Begründung? »Wir zeigen mit unserem neuen Auftritt, dass RWE für Innovation, Wandel, Transparenz und Nachhaltigkeit steht«, verkündet die Pressemitteilung jenes Konzerns, der Studien zufolge mit 89 Millionen Tonnen nach wie vor Europas größter CO_2-Emittent ist.[41] Auch ein großer Kölner Privatsender, bis dato nicht unbedingt für anspruchsvolles Fernsehprogramm bekannt, hat die Zeichen der Zeit erkannt und seine Corporate Identity 2021 umgekrempelt, begleitet mit der Erklärung: »Wir führen die Marke RTL in die Zukunft, indem wir sie neu aufladen. Mit positiver Haltung steht RTL für Vielfalt und Relevanz, für Zusammenhalt und Nachhaltigkeit«[42]. Spätestens, wenn ein bekannter deutscher Rüstungskonzern auf der Startseite der Internetpräsenz nicht etwa mit den technischen Fertigkeiten seiner neuen Panzer, sondern mit deren CO_2-Einsparpotenzial wirbt, gerät Nachhaltigkeit zur Attrappe. Und auch für Ottilie Normalverbraucherin wird Nachhaltigkeit regelmäßig zur Phrase für gewissensberuhigten Konsum, wenn suggeriert wird, durch den Kauf eines Kastens Biers einer bestimmten Marke zur Rettung des Regenwaldes beizutragen. Das in weiten Teilen der Gesellschaft bestehende große Bedürfnis nach Authentizität, Sinnhaftigkeit und bleibender Bedeutung machen sich Markenkommunikation, Werbung und mitunter auch die Politik zunutze und verwässern die Substanz des Begriffes Nachhaltigkeit nachhaltig. À propos: Auch die Doppeldeutigkeit des Adjektivs »nachhaltig« trägt zur semantischen Oberflächlichkeit bei, denn das Adjektiv »nachhaltig« kann neben der dezidierten Bedeutung »die Nachhaltigkeit betreffend« auch einfach als Synonym für »dauerhaft« oder »anhaltend« verwendet werden. So kann selbst die Forderung nach der Entwicklung von Massenvernichtungswaffen nachhaltig vorgebracht werden und durch den Einsatz von Pflanzenschutzmitteln kann die Biodiversität nachhaltig geschädigt sein.

Auf der anderen Seite stellt sich Nachhaltigkeit immer wieder als zu abstrakt, zu wissenschaftlich und zu interdisziplinär heraus, als dass ihr Konzept zugänglich und greifbar in die Lebensrealitäten der Menschen übertragen werden könnte. Nachhaltigkeit ist zum Schlüsselbegriff für zivilisatorische Fortentwicklung geworden, zur vermeintlichen Antwort auf jedes noch so komplexe Problem im Spannungsfeld von Ökologie, Ökonomie und Gesellschaft. Höchst komplexe Diskurse um Suffizienzstrategien, Systemresilienz, Rebound-Effekte und Zielkonflikte werden ebenso unter dem Dach der

Nachhaltigkeit geführt wie lokale Initiativen und Projekte rund um Lebensqualität und gesellschaftliches Miteinander. Nachhaltigkeit kann aus verschiedenen Wissenschaften mit gänzlich unterschiedlichen Standpunkten betrachtet werden, aus Naturwissenschaften wie Biologie, Geologie und Anthropologie ebenso wie aus Geisteswissenschaften wie Soziologie, Philosophie und Politikwissenschaften, aus betriebs- und volkswirtschaftlicher Sicht ebenso wie aus juristischer Perspektive. Sie meint je nach Argumentationsposition und eigener Verortung das Gleichgewicht aus Ökologie, Ökonomie und Sozialem, kann genauso gut aber auch im Zusammenhang mit allgemeiner Zukunftsfähigkeit oder globaler Generationengerechtigkeit stehen, für transdisziplinäre Verflechtungen, Gerechtigkeitstheorien, Menschenrechtsfragen, Risikomanagement, postwachstumsökonomische Ansätze und vieles andere mehr. Analog zum Design gilt: Die eine Nachhaltigkeitstheorie gibt es nicht, sondern die verschiedenen Ansätze und Zugänge zur Nachhaltigkeit zeichnen erst gemeinsam das Gesamtbild, mal fragmentarisch, mal widersprüchlich, mal kongruent oder kompletiv.

Der Nachhaltigkeitsbegriff hat sich damit von einem spezifisch holzwirtschaftlichen Begriff zu einem holistischen Terminus gewandelt, der diverse Bedeutungsebenen in sich vereint – von hochkomplex bis trivial. Damit stellt sich auch im Falle der Nachhaltigkeit die Frage, wohin diese Erweiterung führt. Mündet die semantische Expansion in eine horizontale Erweiterung im Sinne einer oberflächlichen Streuung, einer breiten, aber flachen und verwässernden Omnipräsenz, oder führt sie zur interdisziplinären, komplexitätskompetenten Verankerung in den Wissenschaften, in der Politik, in der Zivilgesellschaft? Kurz gesagt: *Quo vadis*, Nachhaltigkeit?

DESIGN BRAUCHT SINNHAFTIGKEIT, NACHHALTIGKEIT BRAUCHT SINNLICHKEIT

Wie das folgende Kapitel zeigen wird, war Design in der Vergangenheit in der Regel eher Ursache des Problems als dessen Lösung, und umgekehrt spielt das Design noch bis Anfang des 21. Jahrhunderts keine wesentliche Rolle im Nachhaltigkeitsdiskurs. Selbst in den wegweisenden Meilensteinen um die Jahrtausendwende, wie der Rio-Deklaration und der Agenda 21, finden sich keine Bezüge zu Design und Ästhetik.[43] Doch in den letzten Jahren hat sich der Wind gedreht, und es wird zunehmend die Bedeutung des Designs im Hinblick auf eine nachhaltige Entwicklung anerkannt – als Dreh- und Angelpunkt für zirkuläre oder zumindest effizientere Wertschöpfungsketten, als Vermittlungsdisziplin für komplexe Zusammenhänge und als Brücke zwischen Wissenschaft und Lebensrealitäten, um nur einige Beispiele zu nennen. Dieser Paradigmenwechsel ist zum einen der veränderten Rezeption des Designs geschuldet und zum anderen der Einsicht, welchen Einfluss Design auf nachhaltigkeitsrelevanten Gebieten hat. Am offensichtlichsten ist dieser Einfluss im Produkt- und Industriedesign. Dass Design die gesamte Wertschöpfungskette beeinflusst und Entscheidungen der Entwurfsphase signifikanten Einfluss auf den späteren ökologischen Fußabdruck eines Produktes haben, hat sich mittlerweile herumgesprochen.[44] Mit den Worten des Postwachstumsökonomen Niko Paech lässt sich gar »aus der Nachhaltigkeitsperspektive [...] die gesamte Produktionskette als Designprozess auffassen«[45]. Wenn der Designprozess bereits vor der Entscheidung für oder gegen ein Produkt oder eine Dienstleistung beginnt, kann das im besten Falle dazu führen, dass Produkte erst gar nicht oder zumindest anders entwickelt werden. Auch die Rolle des Kommunikationsdesigns als Anbieter von Dienstleistungen und Services, aber auch als Vermittlungsinstanz für Konsumbotschaften, Lebensstile und Verhaltensweisen ist eine folgenreiche – insbesondere in Zeiten von Digitalisierung und Dematerialisierung, wie KAPITEL 7 darlegen wird.

Die Zukunftsforschung spricht von sogenannten Megatrends und meint damit heute schon absehbare langfristige, ubiquitäre und komplexe Entwicklungslinien, deren soziale, ökologische, ökonomische und kulturelle Auswirkungen gravierend für die Zukunft menschlichen Miteinanders sein werden. Abhängig von der Ausrichtung des jeweiligen Instituts variieren die Bezeichnungen marginal, doch im Wesentlichen herrscht Einigkeit. Das Zukunftsinstitut in Kelkheim kategorisiert die insgesamt zwölf Motoren des Wandels wie folgt (vgl. Abb. 1.3): Globalisierung, Urbanisierung, Demografischer

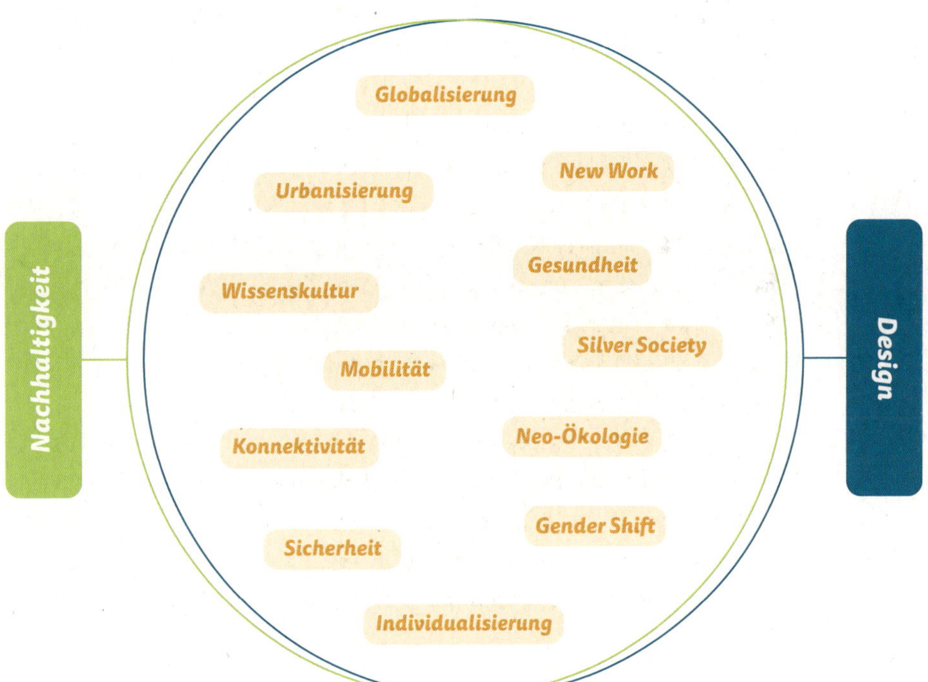

Abb. 1.3: **Megatrends der Zukunft.** Ohne Nachhaltigkeit nicht zukunftsfähig, ohne Design nicht vermittelbar.

Wandel (»*Silver Society*«), Gesundheit, Mobilität, Konnektivität, Individualisierung, Gender Shift, Wissenskultur, Zukunft der Arbeit (»*New Work*«), Neo-Ökologie und Sicherheit.[46] All diesen sich abzeichnenden Entwicklungen ist gemeinsam, dass sie auf der einen Seite direkt mit Fragen der Nachhaltigkeit in Verbindung stehen, teilweise sogar einzelnen oder mehreren Sustainable Development Goals direkt zuzuordnen sind, und auf der anderen Seite maßgeblich durch Designentscheidungen mitgestaltet werden – eine komplexe Angelegenheit, wie **KAPITEL 9** zeigen wird (vgl. Abb 9.1).

Fragen der Nachhaltigkeit sind existenzielle Fragen sowohl für jedes Individuum als auch für die Gesellschaft als Ganzes. Daher darf sie sich nicht nur in wissenschaftlichen Silos abspielen, sondern braucht sinnliche und ästhetische Vermittlung, braucht Brücken in tatsächliche Lebensrealitäten, braucht kreative Zugänge im Sinne einer Problemlösungskompetenz. Ohne Design aber bleibt das Gebäude der Nachhaltigkeit ein Rohbau ohne Türen, vielleicht sogar ein Elfenbeinturm ohne Treppe. Deshalb sind Nachhaltigkeit und Design keine Antagonisten, sondern müssen zusammengedacht werden: Design macht Nachhaltigkeit sinnlicher, Nachhaltigkeit macht Design sinnhafter. Die Gestaltung der Zukunft kann nur in der Synthese beider Begriffe gelingen, denn ohne Nachhaltigkeit gibt es keine Zukunftsfähigkeit, und ohne Design gibt es keine gestaltende Transferkompetenz.

Wer die Zukunft ergründen und *Quo vadis?* beantworten möchte, fängt allerdings am besten erst einmal mit *Unde venis?* an. Und landet damit unweigerlich zunächst in der Industrialisierung, die sowohl das moderne Design hervorgebracht als auch die Grundlage für die heutigen Nachhaltigkeitsdiskurse gelegt hat. Der Steinbruch Bibémus war bereits seit rund fünfzig Jahren verlassen, als Paul Cézanne seine Staffelei aufstellte und den Blick auf die rohe Materie richtete.

Doch während die Ressourcenextraktion bei Bibémus um ca. 1850 endete, nahm sie just in dieser Zeit andernorts auf breiter Front gewaltig Fahrt auf. Als Gesamtphänomen erwies sich die Industrialisierung als einschneidend in ökologischer, sozialer und ökonomischer Hinsicht. Es entstanden Probleme, die das Design immer wieder verstärkt und mitverschuldet hat – und die Nachhaltiges Design helfen kann zu lösen.

---

1 Bei einigen Versionen des Bibémus-Motivs ist im Hintergrund gar der Höhenzug Sainte-Victoire zu sehen. Wer schon einmal vor Ort war, weiß um die Unmöglichkeit einer derartigen Perspektive.
2 vgl. www.studycheck.de (abgerufen am 03.02.2022).
3 siehe Sommer / Welzer: Transformationsdesign.
4 Ostrom: Beyond Markets and States.
5 vgl. Kries: Total Design.
6 vgl. Mareis: Theorien des Designs, S. 36.
7 vgl. ebd.
8 vgl. Erlhoff und Marshall: Wörterbuch Design, S. 88.
9 vgl. Mareis: Theorien des Designs, S. 47.
10 vgl. ebd.
11 vgl. Milev: Design Kulturen, S. 13.
12 ebd.
13 vgl. ebd., S. 36.
14 Flusser: Vom Stand der Dinge, S. 10 f.
15 Kries: Total Design, S. 33.
16 ebd.
17 vgl. Jischa: Folgenabschätzungen, S. 46.
18 vgl. Hauffe: Die Geschichte des Designs, S. 192.
19 Bürdek: Geschichte, Theorie und Praxis der Produktgestaltung, S. 11.
20 Kries: Total Design, S. 82.
21 Mareis: Wissen gestalten, S. 302.
22 vgl. Mareis: Theorien des Designs, S. 88.
23 ebd.
24 vgl. Brocchi / Maxein: Persönlichkeiten: Siegfried Maser.
25 vgl. Hauffe: Die Geschichte des Designs, S. 222.
26 Krippendorff: Die semantische Wende, S. 35.
27 Mareis: Theorien des Designs, S. 132.
28 Milev: Design Kulturen, S. 12.
29 vgl. u.a. ebd.
30 Krippendorff: Die semantische Wende, S. 35.
31 Grober: Die Entdeckung der Nachhaltigkeit, S. 111.
32 https://books.google.de/books?id=_nFDAAAAcAAJ&printsec=frontcover&hl=de&source=gbs_ge_summary_r&cad=0#v=onepage&q&f=false
33 vgl. Grober: Bildwelten der Nachhaltigkeit – zum Design eines Begriffes, S. 38.
34 vgl. Grober: Die Entdeckung der Nachhaltigkeit, S. 117 f.
35 zitiert nach ebd., S. 227.
36 zitiert nach Pufé: Nachhaltigkeit S. 42.
37 vgl. ebd., S. 49 f.
38 zitiert nach Grober: Die Entdeckung der Nachhaltigkeit, S. 264.
39 Beinahe unnötig, in diesem Kontext zu erwähnen, dass von selbigem George Bush aus demselben Jahr folgendes Zitat in Bezug auf das Jubiläum von »Grenzen des Wachstums« überliefert ist: »Vor zwanzig Jahren sprach jemand von den Grenzen des Wachstums. Heute wissen wir jedoch, dass Wachstum der Motor für Veränderungen ist. Wachstum ist ein Freund der Umwelt« (zitiert nach Meadows und Randers 2012, S. 212).
40 Grober: Bildwelten der Nachhaltigkeit – zum Design eines Begriffes, S. 34.
41 Bukold: RWE – Vom Winde verweht?, Vorwort.
42 https://www.bertelsmann.de/news-und-media/nachrichten/inspiration-energie-haltung-rtl-praesentiert-neuen-markenauftritt.jsp
43 vgl. Kurt / Wagner: Kultur – Kunst – Nachhaltigkeit, S. 15.
44 vgl. Wuppertal Institut: Transition Design Guide, S. 10.
45 Paech: Das Postwachstumsdesign, S. 204.
46 vgl. www.zukunftsinstitut.de/dossier/megatrends; Pufé: Nachhaltigkeit, S. 81 f; andere gängige Definitionen siehe z.B. www.umweltbundesamt.de/sites/default/files/medien/378/publikationen/die_zukunft_im_blick_trendbericht.pdf sowie www.z-punkt.de/uploads/default/WEB1_ZP_Megatrends_A5.pdf

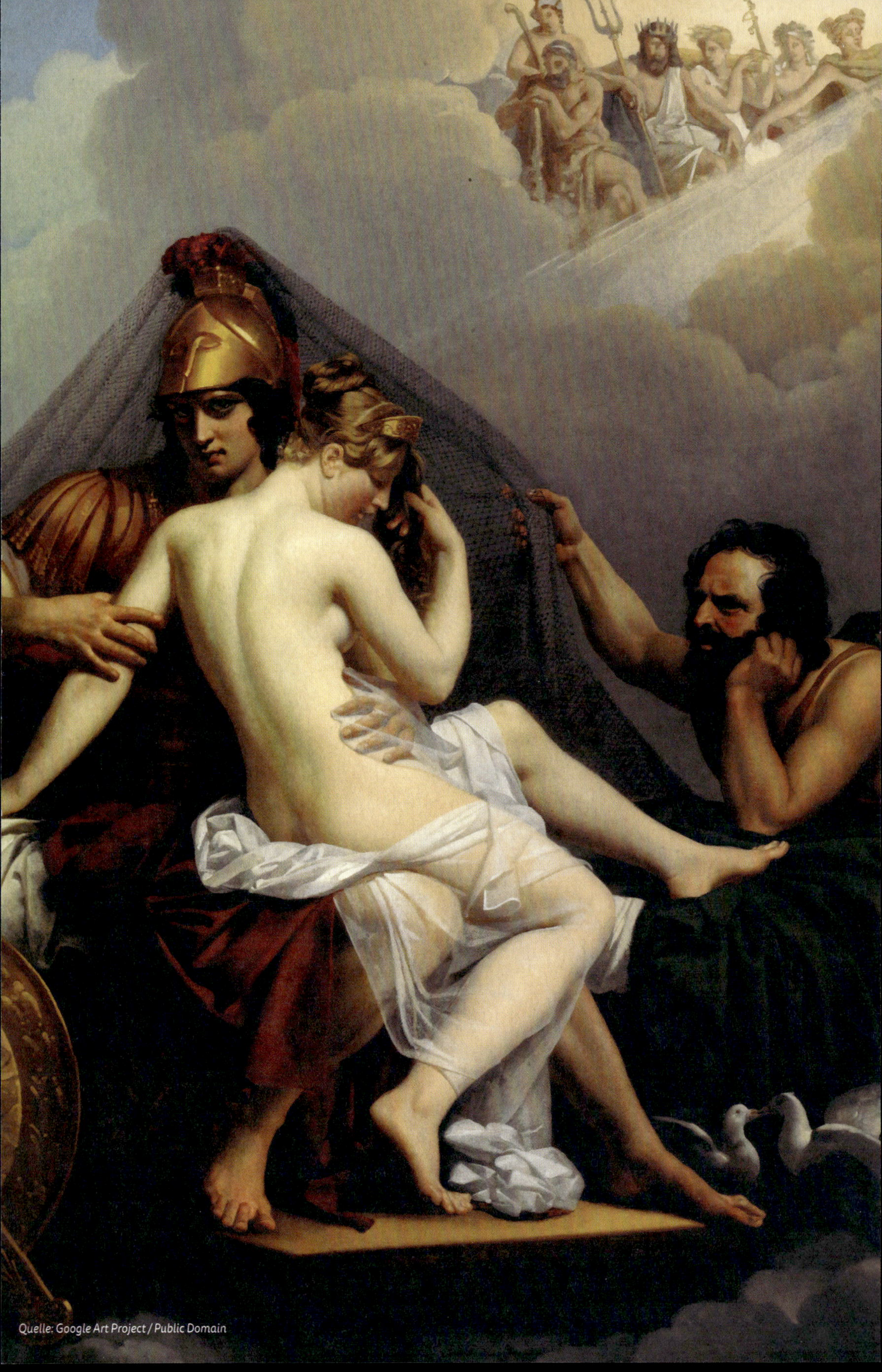

Quelle: Google Art Project / Public Domain

KAPITEL 2

DIE GEBURT DES DESIGNS UND DER NACHHALTIGKEIT AUS DEM GEIST DER INDUSTRIALISIERUNG

Das Gemälde zur Linken zeigt eine ausgesprochen delikate Szene aus dem achten Gesang der Odyssee[1], die Homer uns in einer unterhaltsamen Binnenerzählung als *Comic Relief* zum Besten gibt. Die Handelnden sind die olympischen Götter: Hephaistos, der wenig attraktive Gott der Metallurgie und des Feuers, muss vom stets bestens informierten Sonnengott Helios erfahren, dass seine Gattin, die Liebesgöttin Aphrodite, während seiner Abwesenheit vom Olymp den Kriegsgott Ares heimlich empfängt, um mit ihm Dinge zu tun, die mit ehelicher Treue nicht in Einklang zu bringen sind. Um die beiden in flagranti zu ertappen, baut er eine technisch ambitionierte Vorrichtung, ein selbst für Götter unsichtbares netzartiges Material, das er als Falle im Ehebett montiert.

Ares und Aphrodite, überrascht von Hephaistos (Ausschnitt)
Alexandre Charles Guillemot (1827)
Höhe: 146 cm; Breite: 113,7 cm
Indianapolis Museum of Art

Kaum dass er dem Olymp den Rücken zu kehren scheint, findet sich Ares auch schon bei Aphrodite ein, der Rest ergibt sich daraus. Im Handumdrehen sind sie unauflöslich ineinander verstrickt in der inkriminierenden Stellung, und ebenda taucht der Gatte auf, der wutentbrannt die Olympier versammelt (bei Homer nur die Männer, in unserem Bild auch die Göttinnen), damit sie Zeugen des Unrechts werden, das er erdulden muss. Es folgen eine Reihe anzüglicher Zoten auf Kosten der beiden Gefesselten.

Guillemot ist diskreter als Homer: Ares, in vollem Feldherrenornat, blickt uns mit düster gesenktem Blick direkt an, grimmig aber beherrscht, die nackte Aphrodite mehr rahmend als bergend. Diese sitzt dramatisch ausgeleuchtet in einer balletthaften Pose auf des Kriegsgotts rechtem Knie, den Blick abgewandt, die Augen vor dem Gatten gesenkt und zur Sicherheit auch noch hinter einer Locke verbergend. Hephaistos aber, der Gott der Industrialisierung, lupft das Netz, in dem die beiden sich in erstaunlich edler Haltung verstrickt haben – nur das turtelnde Taubenpaar weist deutlich auf das tatsächliche Geschehen hin. Der Blick des Metallurgen ist skeptisch, missbilligend staunend, das Kinn sinnend auf die Faust gestützt. Rechts oben im Bild schauen die restlichen Olympier äußerst interessiert, wie gebannt, auf das delikate Geschehen. Aber exakt im Mittelpunkt des Bildes, wo die Diagonalen sich kreuzen, liegt die große sonnengebräunte Hand des Kriegsgottes, umhüllt von einem Hauch transparentesten Textils, auf dem Bauch und der Seite der Liebesgöttin, eine seltsam intime Geste aus Anfassen und Verhüllen. Was hat diese klassische Szene, gemalt vom französischen Klassizisten Alexandre-Charles Guillemot (1786–1831), mit unserem Sujet, dem Nachhaltigen Design, zu tun? In unserer Allegorese steht, kurz und bündig, Ares für das Design, Aphrodite für die Nachhaltigkeit, das Netz des Hephaistos für die Industrialisierung – und die olympischen Götter, liebe

Leserinnen und Leser, das sind im Verlaufe dieses Buches Sie. Gehen wir in die Details!

ARES STEHT FÜR DAS DESIGN – EIN DRAMA IN FÜNF AKTEN

Krieg sei der Vater aller Dinge, überliefert ein Fragment des Heraklit.[2] Ares, der Kriegsgott, ist auch in unserer Deutung als Designer der Gestalter aller Dinge; er repräsentiert ein Design, wie es sich all zu häufig zeigt: zupackend, wo nötig brutal, besitzergreifend. Es ist ein Design, das gedankenlos Ressourcen verbraucht, um Oberflächen aufzuhübschen, Botschaften zu beschönigen und Umsatz um des Umsatzes Willen zu generieren, komme was wolle. Aggressiv, dekorativ, sinnfrei, verantwortungslos. Dafür unternehmen wir einen zweiten, etwas anders fokussierten Galopp durch die bereits in KAPITEL 1 skizzierte Designgeschichte – Thema mit Variation. Wir erzählen sie als Drama in fünf Akten.

AKT 1: DER VORHANG HEBT SICH ÜBER DER INDUSTRIALISIERUNG. Seinen Ursprung hat das, was wir heute mit Design bezeichnen, in der Industrialisierung. Es unterscheidet sich grundlegend von vorindustriellen Entwurfs- und Produktionsweisen, wie sie im Handwerk und auch noch in der Protoindustrie üblich waren. Zwar zeichnet sich bereits, wie im ersten Kapitel dargelegt, im Kunstverständnis der Renaissance eine Trennung ab zwischen dem Künstler als dem inspirierten Entwerfer und dem Kunsthandwerker als getreuem Umsetzer des Entwurfs, jedoch bedurfte es eines Geflechts soziokultureller, sozioökonomischer und technischer Veränderungsprozesse, die nicht selten bis ins Mittelalter zurückreichen[3] und im Verlaufe des 18. Jahrhunderts manifest werden. Dazu gehören eine bedeutende Effizienzsteigerung der Landwirtschaft[4] sowie eine Liberalisierung der ländlichen Herrschaftsverhältnisse[5], die es erst ermöglichen, die ländliche Bevölkerung von der Subsistenz und Schollengebundenheit zu entlasten und Freiräume für die protoindustrielle Heimarbeit zu schaffen. Technische Innovationen wie die mechanischen Webstühle, manuell oder von Tieren oder Wasserkraft betrieben, steigern beispielsweise die textile Produktivität und erfordern Spezialisierung. Diese beschleunigt ihrerseits die technischen Innovationen, nicht zuletzt in den hochdifferenzierten Produktionsprozessen der Manufakturen, in denen handwerkliche Spezialisten im räumlichen Verbund miteinander kooperieren. Das alles ereignet sich noch vor der Optimierung der Dampfmaschine durch James Watt im Jahr 1769, die durchaus nicht den Urknall der Industrialisierung darstellt, sondern erst in den bestehenden Strukturen von Protoindustrie und Manufaktur ihre Hebelwirkung im Wechselspiel mit großen gesellschaftlichen Modernisierungen entfalten kann. In diesem Strudel von Handwerk, Mechanisierung, serieller Produktion und Standardisierung von Waren und Produkten formt sich das Berufsfeld eines technisch-ästhetischen Entwurfslieferanten zum Zwecke der unternehmerisch effizienten und skalierbaren Produktion für internationale Märkte, die sich schon im 18. Jahrhundert neu erschlossen.

AKT 2: DESIGN ALS HEROISCHE AVANTGARDE. Die Konsolidierung des Designs im Zuge der Industrialisierung ereignete sich nicht nur in der industriellen Adaption vormals handwerklicher Techniken (am prominentesten nach wie vor die in den 1830er Jahren von Michael Thonet aus der Weinfassherstellung adaptierte Bugholztechnik), sondern auch in der allmählichen Entwicklung einer designspezifischen Formsprache, die zunächst in der Architektur entwickelt

> *»Ich habe folgende erkenntnis gefunden und der welt geschenkt: evolution der kultur ist gleichbedeutend mit dem entfernen des ornamentes aus dem gebrauchsgegenstande. Ich glaubte damit neue freude in die welt zu bringen, sie hat es mir nicht gedankt.«*
>
> Adolf Loos: *Ornament und Verbrechen*, S. 277.

und später vom Design adaptiert wurde. Wir möchten diese zweite Phase der Designgeschichte die Avantgarde nennen, denn sie zeichnet sich durch eine Ästhetik der Reduktion und Funktionalität aus. Ihr Credo wurde vom amerikanischen Architekten Louis Sullivan (1856–1924) formuliert: *Form follows function*.[6] Das ist freilich ein gelungenes Misreading, denn Sullivan versucht eigentlich, eine spätromantische Ästhetik des Hochhauses nach dem Vorbild der Natur als eine technische Ästhetik zu etablieren.[7] Die Ästhetik der Reduktion rückt das Design um die Wende zum 20. Jahrhundert eng heran an die künstlerische Avantgarde und partizipiert an ihrer hyperbolischen Wirkungszuversicht. Ein extremes wie prominentes Beispiel kommt wiederum aus der Architektur, nämlich vom Wiener Architekten Adolf Loos (1870-1933), der in seinem Aufsatz *Ornament und Verbrechen* von 1908 einen ikonoklastischen Furor sondergleichen entfacht. In einer verstörenden Mischung aus heiligem Zorn und prophetischer Larmoyanz (das Laster der Propheten, auf das wir in **KAPITEL 5** zurückkommen werden) verwirft er alles bloß Ornamentale als zivilisatorischen Atavismus.[8] Bei aller Problematik des Tonfalls und Überspitzung der Thesen erweist sich Loos als auf der ästhetischen Höhe der Zeit (ein Thema, auf das es in **KAPITEL 4** zurückzukommen gilt).

Dieses heroische Zeitalter des Designs bringt mit dem Bauhaus auch ein erstes gestalterisches Didaktik-Konzept hervor, das die Spezialisierungen der Einzeldisziplinen im Bau als eine Art Gesamtkunstwerk (auch hier klingt ein spätromantischer Grundton deutlich an) wieder zusammenführen will. Die transdisziplinäre

Grundorientierung, die wissenschaftlich-theoretische Fundierung, die vielfältigen kulturellen Aktivitäten und die starke Vernetzung mit den Stakeholdern (das Bauhaus-Manifest spricht noch von »Fühlung mit dem öffentlichen Leben«[9]) sind nach wie vor verfolgenswerte Elemente eines zukunftsfähigen Designstudiums. Die hehren sozialreformerischen Ansprüche des Bauhauses lassen sich (ein wenig boshaft) verdichten auf das Stichwort »Massen-Gestaltung«: Gestaltung für die sozialen Massen (die in der Zwischenkriegszeit noch weniger übel beleumundet waren als nach 1945) durch massenfähige Produktion. Ziel war es, möglichst vielen Menschen durch möglichst gute Gestaltung ein möglichst gutes Leben zu ermöglichen. Dass es eine deutliche Diskrepanz zwischen Anspruch und Erfüllung geben muss, darf nicht überraschen; die Umstände sind zum hundertjährigen Jubiläum des Bauhauses breit diskutiert worden.[10] Eine Endlichkeit von Ressourcen oder Belastungsgrenzen der Natur scheint zu diesem Zeitpunkt noch keine mögliche Denkfigur gewesen zu sein.

AKT 3: DAS DESIGN IN DER MARKETING-DIASPORA. Es ist das Ende des Zweiten Weltkriegs und der sich in den Fünfzigern zuspitzende Ost-West-Konflikt, der den dritten Akt unserer kleinen Designgeschichte eröffnet, denn sowohl die östlich-planwirtschaftlichen als auch die westlich-marktwirtschaftlichen Systeme versuchen, ihre Legitimation insbesondere aus der Befriedigung der Konsumbedürfnisse ihrer Bürgerinnen und Bürger zu beziehen.[11] Das Design im Westen verliert den heroischen Gestus der Avantgarde und schlägt um in eine servile Unterwerfung unter das Gebot des Marketings, gewissermaßen als dessen dekorativer Wurmfortsatz – ein Selbstverständnis von Design, das bis heute in vielen Bereichen der Designwelt noch eine dominante und traurige Rolle spielt. Im Siegeszug der erdölbasierten Kunststoffe in Industrie- und Verpackungsdesign verstofflicht sich diese Epoche des Konsumismus und begründet eine Traditionslinie bis hin zum Plastikmüll in den Ozeanen unserer Tage. Adornos ästhetisches Diktum, dass »im Material sich Geschichte sedimentiert«[12], erweist die Geschichte dieser Zeit als eine des Niedergangs. So zumindest lässt sich die tragische Variante der Ereignisse erzählen. »Wo aber Gefahr ist, wächst das Rettende auch«, schreibt Hölderlin in seiner Hymne *Patmos*.[13] So gibt es denn auch eine Unterströmung unter der Oberfläche in dieser konsumistischen Appendixphase des Designs, die nicht unerwähnt bleiben darf: Es ist das hohe Innovationstempo und die Professionalisierung des Designs in vielerlei Hinsicht. Beispielsweise verzichtet man auf den avantgardistischen Gestus und forscht, was die Bedürfnisse von Zielgruppen und Milieus sind, um sich diesen klüger anbiedern zu können. Eine stärkere Faktenbasierung hält Einzug ins Design. Das Leuchtturmprojekt des Designs in der Zeit des Kalten Krieges war, wie **KAPITEL 1** gezeigt hat, die Ulmer Hochschule für Gestaltung, die in den Sechzigern eine immer stärkere Methoden- und Wissenschaftsorientierung pflegte – zum Leidwesen der Kreativen. Eine der prägenden Gestalten dieser Methodenorientierung war Horst Rittel (1930–1990), dem wir den Begriff der *Wicked Problems*[14] verdanken, mit dem er komplexe Probleme bezeichnet, die sich einer linearen, monomethodischen Lösungsstrategie prinzipiell entziehen – die Herausforderungen der Nachhaltigkeit fallen regelmäßig in diese Kategorie. So ist die Zeit der Marketing-Diaspora zugleich eine Zeit, in der das Design differenzierter, professioneller, raffinierter, komplexer und klüger wird; es versteht sehr viel besser, wie Menschen wirklich agieren und reagieren, auch wenn man sie nur als Absatzmarkt betrachtet. Aus der sozialen Masse der Avantgarde werden reale Zielgruppen mit realen Bedürfnissen, und hinter der abgeräumten Utopie entdeckt man reale Lebenswelten.

AKT 4: DESIGN WIRD KRITISCH REFLEKTIERT. Gerade dieser Entwicklungsstrang, den Hegel und andere wohl dialektisch genannt hätten, ist die Voraussetzung für einen Prozess der Kritik und Selbstkritik, an dessen Ende das Nachhaltige Design als Disziplin erst möglich wird. Und damit öffnet sich der Vorhang über dem vierten Akt unserer Designgeschichte, den wir *Phase der kritischen Reflexion* nennen möchten, und Viktor Papanek (1923–1998) betritt die Bühne mit dem Buch *Design for the Real World* (zuerst 1970). Das Buch wiederum eröffnet mit der viel zitierten Stelle: »Es gibt Berufe, die mehr Schaden anrichten als der des Industriedesigners, aber viele sind es nicht. Verlogener ist wahrscheinlich nur noch ein Beruf; Werbung zu machen, die Menschen davon überzeugen, dass sie Dinge kaufen müssen, die sie nicht brauchen […]«.[15] Bei aller berechtigter Kritik an Details von Papaneks Blick auf Entwicklungsländer und einem gewissen postkolonialen Ballast setzt Papanek nicht nur den Ton, sondern auch die Basis für eine kritische Reflexion der Probleme und Potenziale von Design in ökonomischer, gesellschaftlicher und ökologischer Hinsicht. Eine scharfe Konsumkritik veröffentlicht Wolfgang Fritz Haug in seiner *Kritik der Warenästhetik*[16] von 1971, dessen schonungsloser Blick auf die unerquicklichen Wechselwirkungen von Werbung und Konsum zwar unbestrittene Originalität hat, aber gleichzeitig durch die strenge dogmatische Ankettung an die marxistische Diktion und Dialektik ihren Erkenntnisgewinn nicht so recht entfalten kann. Bereits 1962 legt die Biologin Rachel Carson (1907–1964)[17] mit *Silent Spring*[18] ein wirkmächtiges Buch vor, das gemeinhin als einer der Leittexte der US-Umweltbewegung verstanden wird und schon im gleichen Jahr auch auf Deutsch erscheint.

Überhaupt ist der Anfang der Siebziger eine Achsenzeit für Nachhaltigkeitsdiskurse. Die beunruhigenden Ergebnisse aus dem Bericht *Grenzen des Wachstums* an den Club of Rome aus dem Jahr

1972 laufen auf eine zentrale Pointe hinaus: Ein Weiter-so wird in eine zivilisatorisch-ökonomisch-ökologische Katastrophe führen. Diese Einsicht ist wenig überraschend, denn auf einem begrenzten Planeten ist unbegrenztes Wachstum nicht möglich, auch bei Einbeziehen aller Produktivitätszuwächse und anderer Effekte. Diese schlichte Einsicht wird sehr schnell anschaulich: Am 7. Dezember 1972 schießt ein Crew-Mitglied der Apollo-17-Mission auf dem Weg zum Mond ein Foto von der Erde, das als *Blue Marble* (Abb. 2.1) in der Umweltbewegung und anderen Bewegungen wie dem Küng'schen Weltethos-Projekt ikonisch wird.[19] Worin liegt seine ikonische Bedeutung? Wir sehen die Erde als Planeten von der antarktischen Eismasse über Afrika bis zur Arabischen Halbinsel am oberen sichtbaren Rande der Erdkugel. Die blauweiße Kugel schwebt in der Schwärze des Alls, fragil und verloren, die dünne Atmosphäre ebenso unsichtbar wie nationale oder Blockgrenzen. Dem Bild ist nicht abzulesen, dass im Nahen Osten (in der Nordpolgegend des Fotos) eine Woche vor der Verleihung des Friedenspreises des Deutschen Buchhandels am 14. Oktober 1973 an den Club of Rome in der Frankfurter Paulskirche der Jom-Kippur-Krieg (6.–26. Oktober) gegen Israel ausbricht, in dessen Folge

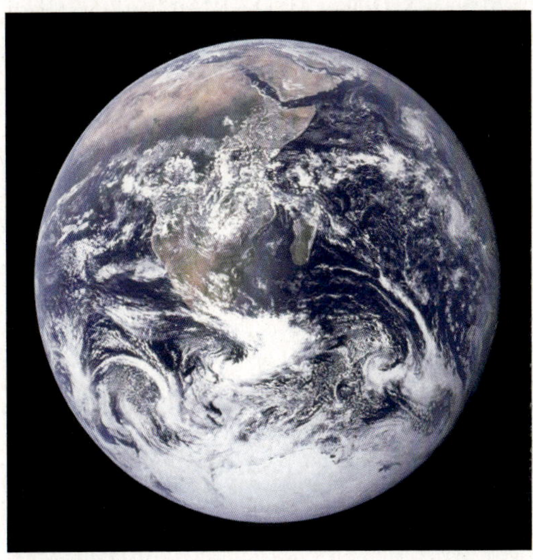

Quelle: Wikimedia Commons / Public Domain

Abb. 2.1: **Der Blick auf das fragile große Ganze wird ikonisch.**
Die 1972 im Rahmen der Apollo-17-Mission entstandene Aufnahme der »Blue Marble«.

die arabischen Ölförderstaaten ihre Ölexporte in den Westen drosseln, worauf ein erster Ölpreisschock nicht nur Deutschland erschüttert – und die wachstumsverwöhnte Nachkriegsgesellschaft erstmals die Knappheit einer zentralen Ressource in ihrem konkreten Alltag erfährt, zum Beispiel als einen ersten autofreien Sonntag am 27. November des Jahres. So wird allmählich die Frage nach den Folgen des Konsums und des formgebenden Designs gegenwärtiger: Zunächst rücken Emissionen durch die Produktion in den Mittelpunkt, dann beginnt ein allmähliches Analysieren der Wertschöpfung als komplexer Zusammenhang, das *Life Cycle Assessment* und die Rede von *Ecodesign* wird geläufiger.

AKT 5: DIE AKADEMISCHE WENDE. Um nicht den Eindruck zu erwecken, dass die genannten und umgebenden Themen und Texte allgemeines Erwachen und Umkehr zur Folge gehabt hätten: Alle wurden heftig und kontrovers diskutiert, zu keinem Zeitpunkt waren sie Mainstream. Aber die Gedanken waren in der Welt, der Diskurs nahm seinen Lauf und entfaltete sich produktiv. Seit Anfang der Siebziger wird das Gestalten immer wieder zum Gegenstand kritischer Reflexion, radikaler Hinterfragung und differenzierter Untersuchung. So wundert es nicht, dass wir im fünften Akt unserer Designgeschichte einen *Academic Turn* erleben, wie er in KAPITEL 1 dargestellt ist. Einerseits lässt sich von einer Akademisierung des Designs durch die institutionelle und curriculare Veränderung des Designs sprechen, wie sie zuerst in der HfG Ulm sich vollzieht, zum anderen aber auf einer abstrakteren Ebene der Hinterfragung der eigenen disziplinären Grundlagen. Und genau das zeichnet die Akademisierung einer Disziplin aus: die Reflexion ihrer eigenen Geschichte, um die historische Bedingtheit der Gegenwart des Fachs zu erschließen. Erste spezialisierte Forschungen zur Designgeschichte erscheinen seit den 1970er

Jahren[20], hie und da sind schon in den Sechzigern Publikationen zu finden.[21] Desgleichen Designtheorie, die freilich in Form von Manifesten das Design (in frühen Texten meist in der Nachbarschaft der Architektur) von Anfang an begleiten; aus der Philosophie ist vor allem an Heideggers *Bauen Wohnen Denken*[22] und Adornos Festrede zum fünfzigjährigen Jubiläum des Deutschen Werkbunds unter dem Titel *Funktionalismus heute*[23] zu denken. Mit dem Begriff des Nachhaltigen Designs wird das Tempo der Akademisierung deutlich beschleunigt, denn Nachhaltiges Design stellt vor jeder Formgebung stets erst die empirische Frage, welches Problem es konkret zu lösen gilt, bevor entschieden wird, ob überhaupt eine neue Gestaltung hier der richtige Lösungsansatz sein kann und nicht vielmehr etwas ganz anderes. Diese Grundsatzfrage gleicht frappierend der Grundlagenkrise der Wissenschaften, die in der Regel einem Paradigmenwechsel[24] vorausgeht, wie die Mathematik und die Physik sie um 1900 durchlaufen haben. Welche Hoffnungen und Perspektiven für die Zukunft des Designs sich daraus ableiten lassen, wollen wir im letzten Kapitel formulieren. In diesem fünften Akt wäre auch noch vom *Digital Turn* im Design und für das Design zu sprechen gewesen, dem wollen wir aber ein eigenes, das KAPITEL 7 widmen, weil die Konsequenzen und Herausforderung für das Design wie für die Nachhaltigkeit gewaltig sind.

APHRODITE STEHT FÜR DIE NACHHALTIGKEIT

Im Zentrum unseres Gemäldes ruht die Hand des Ares auf der nackten Haut der Aphrodite, umhüllt von einem raffiniert dünnen Textil. Das ist tiefsinniger, als der Maler beabsichtigte, denn in der Tat ist es die Textilfabrikation, in der die Industrialisierung sich als Protoindustrialisierung allmählich ankündigt, noch bevor die Dampfmaschine alles beschleunigt, verschiebt und verändert. Bereits im

18. Jahrhundert konnte die Produktivität der Landwirtschaft gesteigert werden, die stets die Voraussetzung für Innovation ist, denn erst wenn Menschen aus der täglichen Sorge um die Subsistenz entbunden sind, können sie sich (häufig in urbanen Lebenswelten) anderen, kreativeren und innovativeren Dingen zuwenden. Das war bereits im Mittelalter durch die Verbreitung der Dreifelderwirtschaft der Fall gewesen, durch die Erträge gesteigert und mehr Menschen ernährt werden konnten; die Städte des Hochmittelalters erblühten und entfalteten ihre Kreativität. Das ist ein Umstand, den wir unseren Studierenden immer wieder vor Augen führen: Die Produktivitätssteigerung der Landwirtschaft ist Voraussetzung dafür, dass wir uns den Luxus leisten können, viele Jahre in Vollzeit-Bildung zu investieren, uns der Kreativität und den Zukunftsfragen zu widmen (im Falle des Nachhaltigen Designs freilich ein sehr nützlicher Luxus).

Im Kontext der Landwirtschaft ist aber schon zu Ende des 18. Jahrhundert der Gedanke an die Begrenztheit der Ressourcen geläufig: Robert Malthus (1766–1834) legt in seinem *Essay on the Principle of Population* (1798)[25] dar, die Lebensmittelproduktion wachse linear, die Bevölkerung hingegen exponentiell, was notwendig in die sprichwörtlich gewordene Malthusianische Katastrophe führen müsse.[26] Das war freilich schlecht informiert, vielmehr waren nämlich die Produktivitätssteigerung der Landwirtschaft sowie die Protoindustrialisierung die demografischen Treiber.[27] Der industriellen gehen agrarische Revolutionen voraus, just in jener Schwellenzeit zwischen 1750 und 1815, der wir uns im folgenden Kapitel zuwenden. Ihr wesentlicher Effekt ist aber die Freisetzung zahlreicher, vormals in der Landwirtschaft beschäftigter Arbeitskräfte. Die soziale Dimension der Nachhaltigkeit wird also schon vor Inbetriebnahme der ersten industriell tauglichen Dampfmaschine virulent. Und als James Watt die höchst ineffiziente Newcomen'sche Dampfmaschine zum Abpumpen von Grubenwasser (1709) im Jahr 1769 um einen Kondensator erweitert und patentiert, ist die Kohle nicht nur ein guter Brennstoffersatz für das auf den britischen Inseln seit je knappe Holz, sondern treibt auch die Mechanisierung durch die neu erschlossene Energiequelle erheblich an – ein sich selbst verstärkender Effekt. Als schließlich eine Dampfmaschine 1804 erstmals auf Räder gesetzt wird[28], ist auch die Revolution der Mobilität und die stete Beschleunigung als einer der markanten Megatrends der Neuzeit gesetzt. Mit der unumkehrbaren Etablierung der Dampfmaschine als Universalantrieb für alle mechanischen Vorgänge kann nicht nur die Kohle viel effizienter abgebaut werden, man braucht auch sehr viel mehr davon. Und um die Dampfmaschinen samt Infrastruktur zu bauen, bedarf es einer sehr schnell wachsenden Stahlindustrie, die wiederum selbst sehr viel Kohle verbraucht. So wird schon in der Mitte des 19. Jahrhundert ein Effekt sehr deutlich, der uns heute als *Rebound-Effekt* bekannt ist: Die Effizienzsteigerung der Dampfmaschine führt nicht zu weniger, sondern zu mehr Kohleverbrauch, weil ihr Einsatz immer wirtschaftlicher wird.[29] Und damit nimmt die Karbonisierung unserer Lebensweise ihren Anfang, die sich nicht erst heute als ein äußerst drängendes Problem erweist.

IM NETZ DES HEPHAISTOS

Design und Nachhaltigkeit sind genealogisch unauflöslich im Netz des Hephaistos, der Industrialisierung, miteinander verschlungen, verflochten, verstrickt. Die ökologischen, soziokulturellen und ökonomischen Problembereiche der Nachhaltigkeit sind genau hier angelegt; das Design als Disziplin desgleichen. Wir möchten also pointiert formulieren: Die Industrialisierung ist die Mutter aller Nachhaltigkeitsprobleme, mit denen wir uns heute konfrontiert sehen, sie ist aber auch die Mutter des Designs. Folglich sind Design und Nachhaltigkeit offenkundige Geschwister, wie auch Ares und Aphrodite in der homerischen Genealogie, was unserer Initialszene eine weitere Ebene von Delikatesse hinzufügt. Daraus folgt Bemerkenswertes: Design und Nachhaltigkeit sind nicht nur zwei Disziplinen, die aufgrund aktueller Herausforderungen zueinander ins Verhältnis gesetzt werden müssten, obgleich sie sonst wenig miteinander zu schaffen hätten, sondern sie sind Geschwister, geboren aus der Industrialisierung. Nachhaltiges Design ist also nicht etwa eine Spezialisierung oder Subdisziplin des Designs, gewissermaßen die kreative Öko-Nische, sondern es ist das einzige Design im vollen Sinne seiner Herkunft. Um es ein wenig pathetisch mit Hegel zu sagen, dessen geschichtsphilosophisches System eben den Geist der Schwellenzeit atmet, dem wir uns im folgenden Kapitel zuwenden wollen: Allein das Nachhaltige Design ist Design im vollen Sinne: an sich als gute Gestaltung, für sich als kritisch sich selbst reflektierende Disziplin, an und für sich in der Fülle seiner Potenziale, die in der Unmittelbarkeit der konkreten Problemstellung jeweils den großen Problemhorizont der Nachhaltigkeit aus der Komplexität in die Realität überführt.

DIE GRUNDFRAGEN DES NACHHALTIGEN DESIGNS

Wenn wir eine schlichte wie grundlegende Frage stellen, wird das alles noch einmal viel deutlicher und lebensweltlicher. Was machen Designerinnen und Designer eigentlich? Die Antwort ist klar: Sie transformieren mit technischen und ästhetischen Mitteln Natur in Kultur, sind also Motoren eines zivilisatorischen Metabolismus. Ein wenig profaner gesprochen: Sie transformieren Ressourcen in Produkte und Dienstleistungen. Aus dieser grundlegenden Antwort ergeben sich einige weitere Grundfragen, die Design in jedem einzelnen gestalterischen Prozess beantworten muss, um ein Nachhaltiges Design zu werden.

Die erste Frage ist, wie wir gesehen haben, auch die älteste, sie ist seit je im land- und forstwirtschaftlichen Sektor gestellt worden: **Wie gehen wir mit den endlichen Ressourcen des Planeten um?** Dass sie begrenzt sind, ist evident, nicht nur auf der *Blue-Marble*-Fotografie, sondern in allen Bereichen unseres Produzierens und Konsumierens. Unsere extraktive Kultur[30] und ihre immer prominenter werdende Kulturtechnik des Gestaltens muss also Antworten auf diese Frage finden, um langfristig Bestand haben zu können. Es ist die Input-Frage: Was stecken wir in unseren zivilisatorischen Metabolismus alles hinein? Das erweist sich in allen Sektoren unserer Wirtschaft als relevant: Das Öl, das wir weiterhin munter verfeuern, ist ja auch der zentrale Rohstoff für die Produktion vielfältiger Werkstoffe, der Kunststoffe, ähnlich wie das Holz durch die gesamte Holzzeit der Menschheit hindurch gleichermaßen Werk- wie Brennstoff war. Die verschiedenen Erze als Ausgangsbasis für die Metalle sind entscheidend für eine Reihe von Sektoren, nicht zuletzt für die Energieproduktion und die Informations- und Kommunikationstechnologie (IKT), die mit der Digitalisierung ungeahnte Wachstumsraten aufweist. Wir widmen uns diesem Thema ausführlich in KAPITEL 7. Die Bauindustrie basiert nach wie vor auf knapper werdenden Ressourcen wie dem Sand, der eben nicht in so unerschöpflichen Mengen vorhanden ist, wie die Redewendung vom Sand am Meer suggeriert.[31] Gleichzeitig produzierte der Bausektor im Jahr 2019 mit 55 Prozent den weitaus größten Teil aller Abfälle in Deutschland.[32] Und die Böden selbst, die Basis für unsere Ernährung, werden dauerhaft geschädigt durch unsere extensive Landwirtschaft. So könnte man fortfahren, doch die Begrenztheit der Ressourcen ist bei aller Brisanz noch nicht die brisanteste Frage. Diese möchten wir als zweite stellen.

Wie gehen wir mit den endlichen Senken der Biosphäre um? Bei aller Popularität der Peak-Oil-Thematik vor einigen Jahren übersah man in populären Diskursen häufig, dass wir deutlich mehr Ressourcen zur Verfügung hätten und folglich verbrauchen könnten, als die Biosphäre es verkraften kann. Anders formuliert lautet die Output-Frage: Was emittieren wir durch Gestaltung in Biosphäre und Gesellschaft? Hier hilft, bei aller Unschärfe, das Konzept der Planetaren Grenzen, das 2009 erstmals formuliert und 2015 erweitert und präzisiert wurde[33]: Die Aufnahmefähigkeit der Biosphäre für den Ausstoß unserer Lebensweise ist begrenzt. Dabei wird jeweils ein global auftretendes Phänomen und eine geeignete Messgröße definiert, mit der sich das Phänomen quantifizieren lässt. Man beforscht die Belastungsgrenzen, die meist irreversible Kipppunkte darstellen (vgl. KAPITEL 9), und schließlich werden aktuelle Messwerte mit den definierten Schwellenwerten abgeglichen und auf dieser Basis der Stand des Problems bewertet. Diese Phänomene sind im Einzelnen: die klimawirksamen Emissionen und, ein Folgeeffekt, die Versauerung der Ozeane durch die vermehrte Aufnahme von CO_2; der stratosphärische Ozonverlust und die atmosphärische Aerosolbelastung. Für neue Substanzen und modifizierte Lebensformen wird es sich als schwer erweisen, angemessene Grenzwerte zu finden, ebenso sind die Kriterien für die Süßwassernutzung noch unbefriedigend, weil die globale Ungleichverteilung vom Konzept nicht abgebildet wird. Der Landnutzungswandel wird im Wesentlichen durch die bewaldete Fläche und deren Dezimierung beschrieben. Besonders kritisch sind die unmittelbar mit der Landwirtschaft verbundenen Phänomene der Phosphor- und Stickstoffzyklen, bei denen wir weit über die Stränge schlagen. Die Mutter aller Planetaren Grenzen ist aber die Integrität der Biosphäre, die insbesondere die Biodiversität abbildet, denn hier geht es um das Leben und seine Resilienz selbst. Die Planetaren Grenzen sind auch in die *Sustainable Development Goals* eingeflossen und prägen deren ökologische Dimension wesentlich.

Und damit kommen wir zur dritten Frage: ***Wie können wir langfristig gute Lebensbedingungen für alle Menschen sicherstellen?*** Sowohl die Ressourcen als auch die Probleme der Biosphäre sind auf dem Planeten äußerst ungleich verteilt. Insofern ist eine zukunftsfähige Entwicklung auch immer eine Frage der Teilhabe auf verschiedenen Ebenen: Die Teilhabe kommender Generationen an Wohlstand und Ressourcen ist 2021 eindrucksvoll im Klima-Urteil des Bundesverfassungsgerichts bekräftigt worden.[34] Die berechtigten Interessen an Entwicklung und Wohlergehen bilden den entwicklungspolitischen Kern der SDGs. Das kann nur bedeuten, dass die Ansprüche der Menschen in Entwicklungs- und Schwellenländern nicht gegen die Status-Quo-Bedürfnisse der hochentwickelten Länder aufgerechnet werden dürfen, sondern prioritär sind. Das ist eine besonders delikate Angelegenheit angesichts unserer globalen Wertschöpfungsketten, wie sie nicht nur im IKT- oder Fashion-Sektor dominieren und im gestalterischen Alltag immer wieder zu berücksichtigen sind. Das bedeutet aber auch für den Konsum, dass er etwas anderes ist als hohle Repräsentation, spätkapitalistischer Markenfetischismus oder flamboyante Ressourcenverschwendung – er ist zuallererst reale und alltägliche Bedürfnisbefriedigung.[35]

Die vierte Grundfrage des Nachhaltigen Designs ist die Sinnfrage von Gestaltung: ***Ist bei einer spezifischen Problemlösung ein weiteres, neues Design-Ding der richtige Weg?*** Oder wäre vielmehr etwas ganz anderes wie Kommunikation oder Aufklärung, Regulatorisches oder Politisches das Mittel der Wahl? Damit ist nicht nur die Sinnfrage gestellt, es ergibt sich daraus eine erhebliche Erweiterung des Designbegriffs weit über Produkte, Services und Kommunikation hinaus, ins Systemische. Auch diese Frage hat ihre Vorgeschichte in den ästhetischen Diskursen unserer Schwellenzeit von 1750 bis 1815, wir kommen darauf in KAPITEL 4 zurück.

Wir können es nicht oft genug sagen: Nachhaltiges Design ist eine Problemlösungs-Disziplin. Die zu lösenden Probleme ergeben sich aber stets entlang der Wertschöpfungskette. Daher lautet die fünfte Grundfrage des Nachhaltigen Designs: ***Welche ökologischen, sozialen, kulturellen und wirtschaftlichen Impacts hat eine gestalterische Entscheidung entlang der Wertschöpfungskette?*** Hier gibt es nun keine absoluten und immerwährenden Antworten, sondern es gilt das *Best-Practice*-Prinzip, nämlich das Identifizieren des aktuell geeignetsten Weges, das konkrete Problem gestalterisch anzugehen. Die Wertschöpfungskette hat traditionell vier Stationen. Erstens die Extraktion von Ressourcen für die benötigten Materialien, Gerätschaften, Infrastrukturen und Energiemengen. Es kommt zweitens die Produktionsphase hinzu, die in der Gegenwart meist global und komplex strukturiert ist, so dass sie äußerst schwer nachzuvollziehen ist, je in Abhängigkeit von der Komplexität eines Produkts. Smartphones sind dafür das klassische Beispiel, aber auch jedes T-Shirt, jeder Apfel, jeder Joghurtbecher, jedes Duschgel hat seine eigene

1. *Wie gehen wir mit den **endlichen Ressourcen des Planeten** um?*
2. *Wie gehen wir mit den **endlichen Senken der Biosphäre** um?*
3. *Wie können wir **langfristig gute Lebensbedingungen für alle Menschen** sicherstellen?*
4. *Ist bei einer spezifischen Problemlösung eine **weiteres, neues Design-Ding** der richtige Weg?*
5. *Welche **ökologischen, sozialen, kulturellen** und **wirtschaftlichen Impacts** hat eine gestalterische Entscheidung **entlang der Wertschöpfungskette**?*

Abb. 2.2: **Fünf Grundfragen des Nachhaltigen Designs.**

komplexe Geschichte. Der dritte Abschnitt der Wertschöpfungskette ist die Nutzungsphase, in der das entsprechende Produkt in Gebrauch ist und dort auch wieder Energie, weitere Produkte, Stoffe und Infrastrukturen benötigt, aber auch Dienstleistungen braucht. Hier treten die Konsumentinnen und Konsumenten in ihrer konkreten Lebenswelt in die Interaktion mit dem Gestalteten. Viel zu oft ruht der strenge Blick der Nachhaltigkeitsbewegten auf dem Tun und Lassen dieser bemitleidenswerten Geschöpfe, und allzu gerne nimmt man sie in die Verantwortung für Probleme, die an ganz anderen Stellen der Wertschöpfung ihren Ursprung haben. Zuletzt kommt die *Post-Use*-Phase, die traditionell noch zu häufig in der Müllverwertung endet. Es ist das große Projekt der *Circular Economy*, Produkte so zu gestalten, dass sie deutlich weniger Primärressourcen benötigen, also solche, die als *Virgin Materials* unmittelbar der Natur entzogen werden. Sie sollen vielmehr im Kreislauf geführt, länger und anders genutzt oder sogar weitgehend in Services aufgelöst werden können. Der Zirkularität sind freilich Grenzen gesetzt (beispielsweise durch die Grundsätze der Thermodynamik und die prinzipielle Unmöglichkeit eines Perpetuum Mobile), so dass sie ein ganz wesentlicher, aber kein allein selig machender Bestandteil des Nachhaltigen Designs sein können.

Diese vier Abschnitte der Wertschöpfungskette sind jeweils durch komplexe Logistik und immense Transportwege miteinander verbunden (vgl. Abb 2.3), die nicht vernachlässigt werden dürfen.[36] Die Produktionsorte sind heute häufig in Südostasien, während viele Erze in Zentralafrika und Südamerika abgebaut werden, der Konsum findet wesentlich im globalen Norden statt. Die globalen Lieferketten und ihre Vulnerabilität wurden seit Beginn der Corona-Krise[37] und 2021 durch die Havarie im Suez-Kanal überdeutlich. Auf dem Weg zu den Konsumenten spielt der Handel eine entscheidende, wenn auch gern beschwiegene Rolle: Es sind die großen Einzelhandelskonzerne,

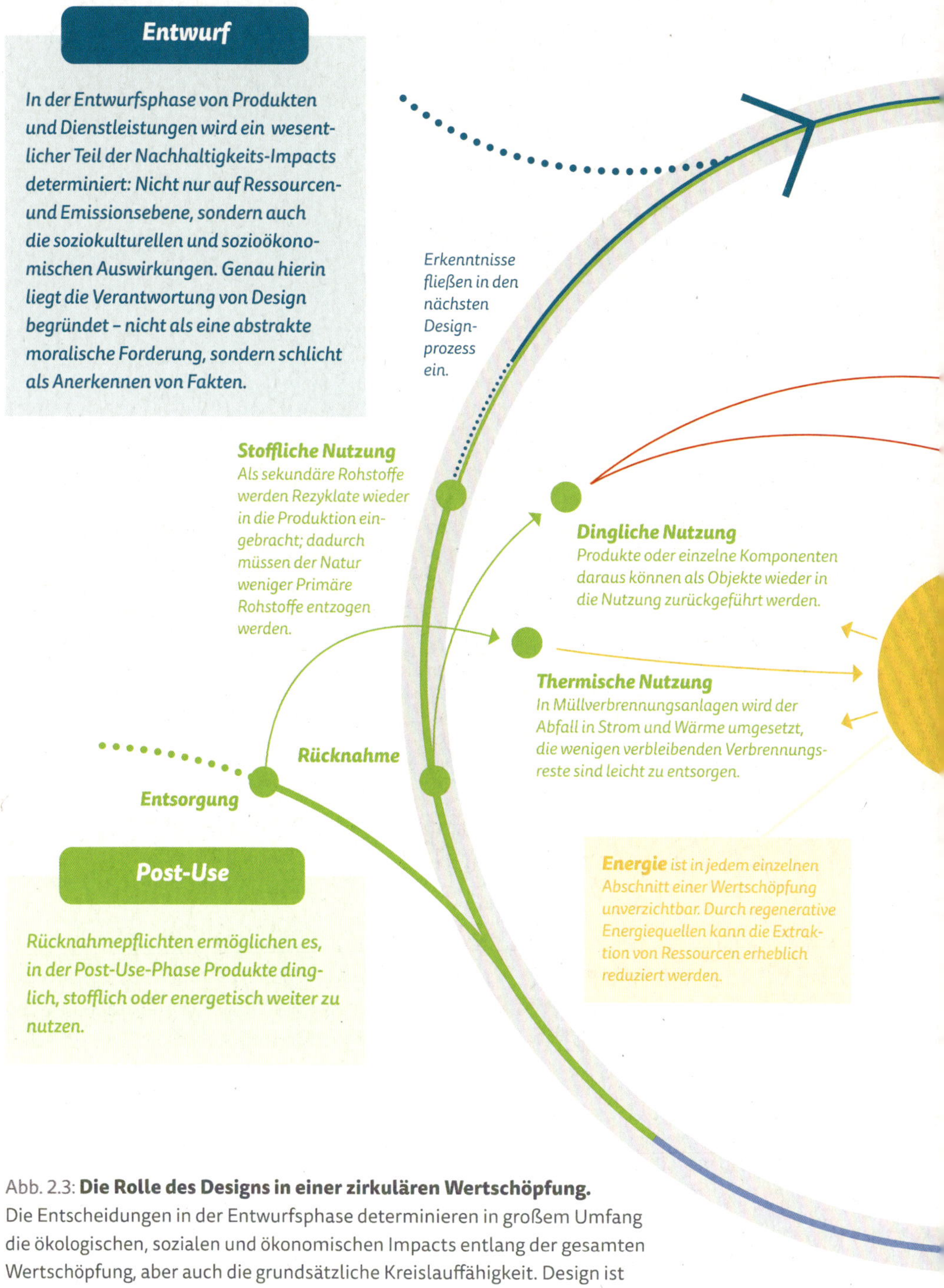

Entwurf

In der Entwurfsphase von Produkten und Dienstleistungen wird ein wesentlicher Teil der Nachhaltigkeits-Impacts determiniert: Nicht nur auf Ressourcen- und Emissionsebene, sondern auch die soziokulturellen und sozioökonomischen Auswirkungen. Genau hierin liegt die Verantwortung von Design begründet – nicht als eine abstrakte moralische Forderung, sondern schlicht als Anerkennen von Fakten.

Erkenntnisse fließen in den nächsten Designprozess ein.

Stoffliche Nutzung
Als sekundäre Rohstoffe werden Rezyklate wieder in die Produktion eingebracht; dadurch müssen der Natur weniger Primäre Rohstoffe entzogen werden.

Dingliche Nutzung
Produkte oder einzelne Komponenten daraus können als Objekte wieder in die Nutzung zurückgeführt werden.

Thermische Nutzung
In Müllverbrennungsanlagen wird der Abfall in Strom und Wärme umgesetzt, die wenigen verbleibenden Verbrennungsreste sind leicht zu entsorgen.

Rücknahme

Entsorgung

Post-Use

Rücknahmepflichten ermöglichen es, in der Post-Use-Phase Produkte dinglich, stofflich oder energetisch weiter zu nutzen.

***Energie** ist in jedem einzelnen Abschnitt einer Wertschöpfung unverzichtbar. Durch regenerative Energiequellen kann die Extraktion von Ressourcen erheblich reduziert werden.*

Abb. 2.3: **Die Rolle des Designs in einer zirkulären Wertschöpfung.**
Die Entscheidungen in der Entwurfsphase determinieren in großem Umfang die ökologischen, sozialen und ökonomischen Impacts entlang der gesamten Wertschöpfung, aber auch die grundsätzliche Kreislauffähigkeit. Design ist eine wesentliche Stellschraube.

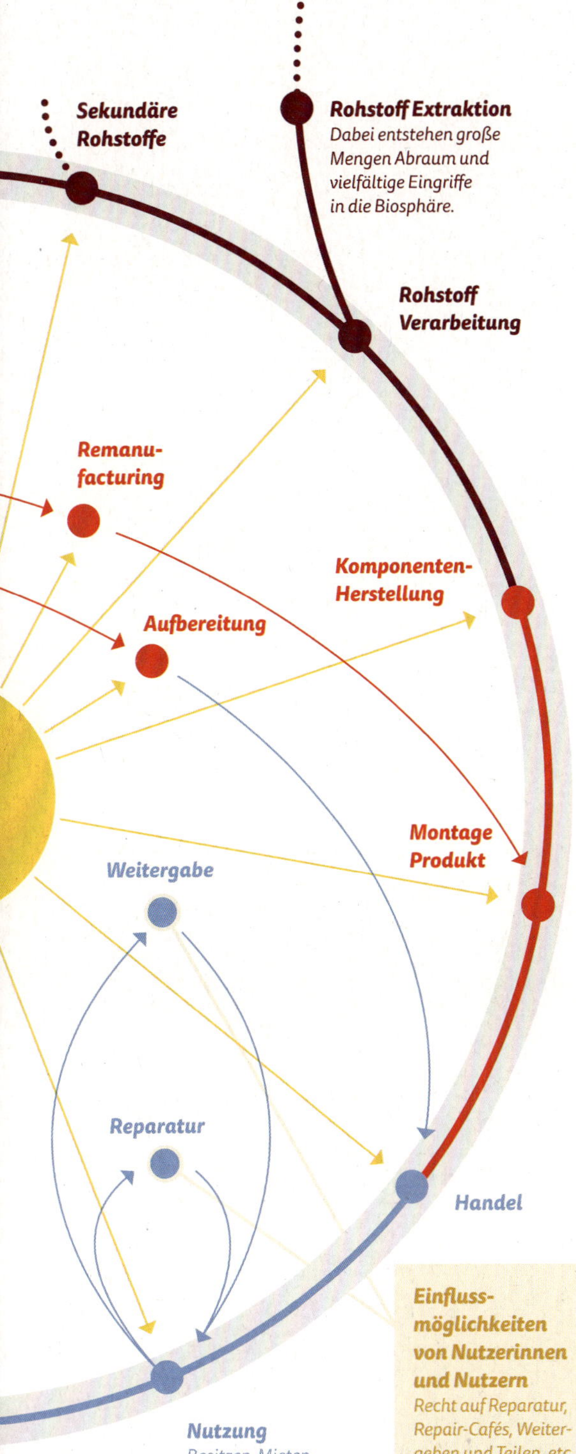

Rohstoffe

Primäre Rohstoffe (virgin materials) werden der Natur entzogen, um dem industriellen Metabolismus zugeführt zu werden. Aus ihnen werden Produkte hergestellt und Energie gewonnen.

Produktion

Aus einzelnen Komponenten und Zwischenprodukten werden die fertigen Produkte hergestellt. Südostasien ist die Werkbank der globalisierten Welt. Vor Ort entstehen ökologische, aber auch eine Vielzahl sozioökonomischer Auswirkungen.

Gebrauch

Über den Handel, einen wesentlichen Pull- und Push-Faktor, gelangen die Produkte in den Gebrauch. Die Dauer der Nutzungsphase, aber auch konkrete Praktiken haben einen wesentlichen Einfluss auf den Impact. Viel hängt vom Design ab: Langlebigkeit, Modularität, Reparierbarkeit, aber auch Funktionalität und Vermeidung von ästhetischer Obsoleszenz. Innovative Nutzungs- und Geschäftsmodelle wie Product-Service-Systeme bieten für Unternehmen die große Chance, ihren Anteil der Wertschöpfung zu vergrößern.

die entscheiden, was in die Regale kommt und was folglich wo und unter welchen Bedingungen produziert wird. Die unternehmerische Verantwortung, die sich daraus ergibt, diskutieren wir in KAPITEL 6.

Diese fünf Grundfragen könnten eine sechste Frage nach sich ziehen: Ist es bei dieser Überfrachtung mit Verantwortung überhaupt noch möglich, gut zu gestalten? Die Antwort lautet schlicht und einfach: Ja, es ist möglich! Es ist sogar sehr gut möglich, es setzt aber auch eine grundsätzliche transdisziplinäre Neugier von Designerinnen und Designern voraus, um sich auf diese vielfältigen Anforderungen überhaupt kompetent einlassen zu können. Es gibt für jede der fünf Fragen zahlreiche probate Mittel, die eingesetzt werden können, man muss es eben nur in die eigene gestalterische Routine überführen. Und auf das »Ja, es ist möglich!« folgt eine zweite, nicht weniger emphatische Antwort: »Ja, denn es ist auch nötig!« Auf mittlere Frist ist ein anderes Design als Nachhaltiges Design weder ökologisch zu verantworten noch ökonomisch zu realisieren. Denn Nachhaltiges Design ist nichts anderes als gutes Design, denn es weiß, was es tut – und warum. Und wofür. Sich mit dem ohnehin Notwendigen anzufreunden ist eine alte stoische Tugend[38], und das Nachhaltige Design stellt sich dieser Notwendigkeit als Wendigkeit in der Not, die uns die zahlreichen Haupt- und Nebenstränge der Industrialisierung gebracht haben.

---

1 Homer: Odyssee, Achter Gesang, V. 266–366. Besonders lesenswert ist die frische und klangvolle Hexameter-Übersetzung von Kurt Steinmann, die 2007 bei Manesse erschien.

2 Heraklit: Fragment B 53, S. 19.

3 Schott: Europäische Urbanisierung, S. 41–49.

4 Liedtke: Die Industrielle Revolution, S. 11–16. Ziegler: Die Industrielle Revolution, S. 18–26.

5 Liedtke: Die Industrielle Revolution, S. 17–19. Ziegler: Die Industrielle Revolution, S. 27–29.

6 Sullivan: The tall office building artistically considered. Bei Sullivan lautet die Formulierung stets: »Form ever follows function«.

7 vgl. dazu Di Stefano: Form follows Function? Misunderstanding and Value of a Sullivan's Concept.

8 Loos: Ornament und Verbrechen, S. 277 f.

9 vgl. Bauhaus-Manifest und Programm von 1919.

10 vgl. die Bauhaus-Ausgabe der Zeitschrift »Aus Politik und Zeitgeschichte« zum Jubiläum.

11 Für die Bundesrepublik: Sudrow: Kleine Ereignisgeschichte der Währungsreform 1948. Für die DDR: Kaminsky: Illustrierte Konsumgeschichte der DDR, S. 23–86.

12 Adorno: Ohne Leitbild, S. 17.

13 Hölderlin: Patmos. Erste Fassung, V. 3 f., S. 447.

14 Rittel: Planen, Entwerfen, Design. Ausgewählte Schriften zu Theorie und Methodik.

15 Papanek: Design für die reale Welt: Anleitungen für eine humane Ökologie und sozialen Wandel, S. 7 f. Zu der Stelle vgl. auch Brocchi/ Draser/ Fuhs:

Verantwortungsbewusstes Produktmanagement aus der Perspektive des nachhaltigen Designs, S. 35 f.

16 Eine erweiterte Auflage erschien 2009: Kritik der Warenästhetik. Gefolgt von Warenästhetik im High-Tech-Kapitalismus.

17 2014 ist in diesem Verlag ihre Biografie erschienen. Steiner: Rachel Carson. Pionierin der Ökologiebewegung.

18 Aktuelle deutsche Taschenbuch-Ausgabe: Carson (2019): Der stumme Frühling.

19 Dazu auch Schmid, Philosophie der Lebenskunst, Kapitel »Der Blick von Außen auf den Planeten« (S. 399–407).

20 So zum Beispiel die von Kramer und Bürdek an der HfG Offenbach betreute Diplomarbeit von Thomas Meyer (1976): Produktplanung und Produktgestaltung im Zeitalter des Merkantilismus am Beispiel der Manufaktur Höchst: Ein Beitrag zur Kunst- und Designgeschichte.

21 Herbert Lindinger brachte beispielsweise in der Zeitschrift Form 1964 Beiträge zur Designgeschichte der Antike, der Französischen Revolution und zum 19. Jahrhundert (Form, Hefte 26, 27 und 28).

22 Heideggers Text »Bauen Wohnen Denken« basiert auf einem Vortrag von 1951 bei den Darmstädter Gesprächen und spielt in der Architektur- und Designtheorie eine prominente Rolle.

23 Adorno: Funktionalismus heute.

24 Den Begriff »Paradigmenwechsel« hat Thomas S. Kuhn 1962 in »The Structure of Scientific Revolutions« geprägt.

25 Eine aktuelle deutsche Neuübersetzung von Christian M. Barth mit konkreten Bezügen zu Migrations- und Nachhaltigkeitsfragen erschien 2021 bei Matthes & Seitz in Berlin.

26 Der Einwand von Kritikern des Grenzen-des-Wachstums-Berichts, dass das Team um Meadows auch einem Malthusianischen Fehlschluss erliege, ist nicht ganz von der Hand zu weisen.

27 vgl. Liedtke: Die Industrielle Revolution, S. 11.

28 vgl. ebd., S. 37–40.

29 Das Phänomen wurde nach William Stanley Jevons zunächst das »Jevons paradox« genannt. Jevons: The Coal Question. 1865. Seit den 1980er Jahren wird beobachtet, dass Effizienzgewinne stets durch Mehrverbraucht teilkompensiert werden. Einen kompakten Überblick zur umweltpolitischen Diskussion von Rebound-Effekten bietet eine Publikation des Umweltbundesamts. Semmerling: Rebound-Effekte: Wie können sie effektiv begrenzt werden?

30 Das Stichwort Extraktivismus ist ein zentraler Begriff für Harald Welzer, z. B. in »Selbst denken«, S. 18–21.

31 Sie hat, wie so viele Redewendungen, biblische Wurzeln: Gen. 22, 17: Unzählige Nachkommenschaft, die dem Abraham verheißen wird – demografischer Wandel. Gen. 41, 49: Getreide als unerschöpfliche Ressource.

32 So die Zahlen des Statistischen Bundesamts für 2019. Für Bau- und Abbruchabfälle wurden 230,9 Millionen Tonnen ermittelt, das entspricht 55,4 Prozent.

33 vgl. Steffen et al.: Planetary boundaries: Guiding human development on a changing planet.

34 Der Beschluss wurde am 24. März 2021 gefasst, die entsprechende Pressemitteilung Nr. 31/2021 am 29. April 2021 veröffentlicht.

35 vgl. dazu Draser / Liedtke: Konsum ist nachhaltig und nicht-nachhaltig – Ambiguität befruchtet das Leben.

36 In einem Projekt mit Master-Studierenden der Geodäsie und Geoinformatik an der Hochschule Bochum im Sommersemester 2020 modellierten wir mit geodätischen und geoinformatischen Mitteln die zurückgelegten Strecken der Produktion von Smartphones unter der Berücksichtigung von vier zentralen Rohstoffen; dabei ergaben sich Wegstrecken von etwa 45.000 km. Auch bei anderen studentischen Projekten für weniger komplexe Produkte ergaben sich stets ähnliche Zahlen.

37 Das Münchner IFO-Institut hat sich seit 2020 intensiv mit der Frage auseinandergesetzt. Einen guten Überblick gibt Bunde: Covid-19 und die Industrie: Führt die Krise zum Rückbau globaler Lieferketten?

38 Die begrenzte Ressource schlechthin ist freilich die menschliche Lebenszeit; diese in der Moderne so trefflich ausgeblendete Gewissheit ist seit jeher Gegenstand der philosophischen Reflexion. Insbesondere die Stoa beschäftigt sich mit dem Fügen in das ohnehin Notwendige. In dem Lehrbrief Von der Kürze des Lebens pointiert Seneca (ca. 1–65): »[...] sein Leben lang muss man sterben lernen« (S. 123). Michel de Montaigne (1533–1592) erhebt in einem Essay genau das zum zentralen Gegenstand der Philosophie: »Philosophieren heißt sterben lernen«. (Montaigne: Essais, S. 45–52). Wilhelm Schmid hat mit seiner Philosophie der Lebenskunst 1998 ein fundamentales Werk zu der Thematik vorgelegt; der Frage der begrenzten Lebenszeit widmet sich insbesondere das Kapitel »Äußerste Sorge: Vom Leben mit dem Tod« (S. 348–355).

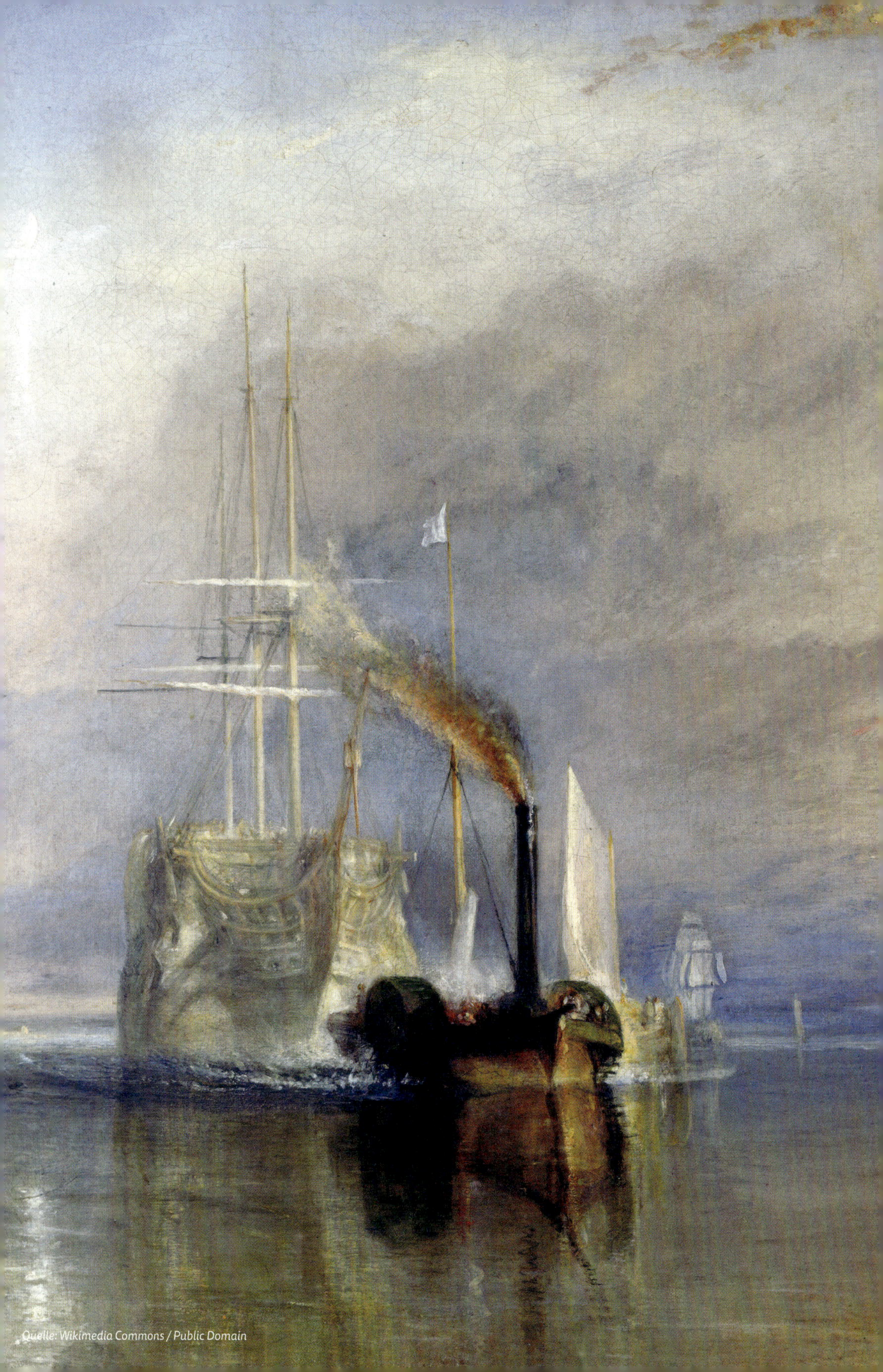

KAPITEL 3

GEBURTSHELFER DES DESIGNS UND DER NACHHALTIGKEIT: DIE SCHWELLENZEIT VON 1750 BIS 1815

William Turners berühmtes Gemälde *The Fighting Temeraire* aus dem Jahre 1839 versinnbildlicht unsere Schwellenzeit[1] auf dichteste Weise: Das ausgediente, aber glorreiche Kampfschiff *Temeraire*, die »Furchtlose«, die 1805 in der Schlacht bei Trafalgar entscheidend zur Niederlage der französisch-spanischen Flotte beigetragen hatte, wird von einem Dampfboot zum Abwracken geschleppt. Es ist ein tragisch-heroischer Moment, den Turner in ein opulentes Farbenmeer taucht. Die *Temeraire* glänzt in Weiß und Gold, wie ein homerischer Held vor Troja in seiner Rüstung, nicht unähnlich dem gerüsteten Kriegsgott Ares im Sinn-Bild des zweiten Kapitels. Geschleppt wird sie aber von einem kleinen braunschwarzen Schaufelrad-Dampfschiff, das mitten in die blütenweiße Takelage der *Temeraire* hineinrußt, dreckig und

***The Fighting Temeraire* (Ausschnitt)**
William Turner (1839)
Höhe: 90,7 cm; Breite: 121,6 cm
National Gallery, London

laut wie das Kohle- und Dampfzeitalter selbst, für das es in unserer Allegorese steht. Während rechts im Bild (auf unserem Ausschnitt nicht mehr zu sehen) die Sonne in prächtigen Rot- und Goldtönen versinkt, erhebt sich hoch links oben im Bild die Mondsichel. Dort der Niedergang eines goldenen, hier der Aufgang eines silbernen Zeitalters, wie es Homers Zeitgenosse Hesiod in *Werke und Tage*[2] schildert: Die Menschen sind den Göttern entfremdet, eine vorweggenommene Säkularisierung; in Ovids Version aus den *Metamorphosen* sind es klimatische Extreme und die Mühen der landwirtschaftlichen Produktion, die das silberne Zeitalter kennzeichnen.[3] Bei Turner treffen wir also auch auf ein für die Romantik nicht ganz untypisches Narrativ von der technisch-industriellen Moderne als Niedergang und Entfremdung einer einstmals unversehrten primordialen Ordnung, die es mit ästhetischen Mitteln zu restaurieren gilt – ein Unterfangen, das in Nachhaltigkeitsdiskursen immer noch und immer wieder nachklingt.

In Turners Bild verdichten sich Jahrzehnte der Umbrüche und Übergänge zu einem einzigen liminalen Moment. Eine Zeit gewaltiger Veränderungen wird sichtbar gemacht, in der nicht nur die Industrialisierung, die Disziplin des Design und die Herausforderungen der Nachhaltigkeit ihren Ursprung haben. Die Industrialisierung ereignet sich nicht isoliert, sondern ist in diese Schwellenzeit von der Aufklärung bis zur Romantik gebettet, in der wesentliche und langfristige Entwicklungslinien bis in unsere Gegenwart ihren Anfang nehmen und für das Thema dieses Buchs konstitutiv sind. Daher erscheint es uns nicht nur lohnend, sondern auch erforderlich, die Megatrends, wie wir sie in **KAPITEL 1** eingeführt haben (vgl. Abb. 1.3), in diesem deutlich erweiterten Kontext zu lesen. Durch sie werden die soziokulturellen, ökonomischen und lebensweltlichen Rahmenbedingungen geformt, in denen das Design seinen Wirkungsraum in der Gegenwart entfaltet. Zurück also zu Turner und in die Schwellenzeit, die für unsere Frage so markant ist. Für Turner steht nicht ein Schiff im Mittelpunkt des Bildes, vielmehr ist das Licht sein Held. Beginnen auch wir also mit der Bewegung, die das Licht in den Mittelpunkt ihrer Metaphorik stellt.

FRÖHLICHE WISSENSCHAFT: MÜNDIGKEIT UND KOMPLEXITÄT

Die Aufklärung bringt in ihrem Selbstverständnis das Licht der Vernunft zum Leuchten, im Englischen als *Enlightenment*, im Französischen als *Siècle des Lumières*, das Zeitalter der Lichter. Für Kant ist sie in seiner summarischen Antwort »der Ausgang des Menschen aus seiner selbst verschuldeten Unmündigkeit«[4]; allgemeiner gesprochen ist sie das konsequente Herauslösen aus tradierten Strukturen aller Bereiche, eine Prävalenz des Rationalen nicht nur in Gestalt der Wissenschaften, vor allem aber eine grundlegende Zuversicht in das Fortschreiten zu einer immer besseren, humaneren, weniger abergläubischen Lebenswelt. Die Euphorie des Aufbruchs klingt in den Titeln von Nietzsches mittleren Schriften nach, wenn er von *Morgenröthe* und *Fröhlicher Wissenschaft* spricht.

Ein groß angelegtes Projekt der Befreiung des Wissens und der allgemeinen Bildung ist die ab 1751 von Diderot und d'Alembert herausgegebene *Encyclopédie*, die im Untertitel »ein durchdachtes Wörterbuch der Wissenschaften, Künste und Handwerke« genannt wird, mit dem Ziel, das verstreute Wissen verschiedenster Bereiche zu bündeln und so der Gegenwart und kommenden Generationen als Ressource zugänglich zu machen.[5] Bemerkenswert ist an der *Encyclopédie*, dass in den rund 70.000 Artikeln von über 140 Autoren handwerkliches und künstlerisches Wissen gleichberechtigt neben akademischem

Wissen steht und damit auch eine soziale Egalität ausdrückt. Wikipedia stellt sich nicht nur durch die Namensgebung in diese Traditionslinie, die dem Megatrend der Wissenskultur zuzuordnen ist; einen ähnlich aufklärerischen Charakter beanspruchen auch Organisationen wie Creative Commons und andere Open-Source-Bewegungen.

Kaum dass der letzte von 35 Bänden im Jahre 1780 erschienen ist, wird mit der *Encyclopédie méthodique* ein neuer systematischer Ansatz unternommen, indem spezialisierte Fachlexika die unterschiedlichsten Disziplinen von der Metaphysik und Naturgeschichte über Forstwirtschaft und Ackerbau bis hin zur Manufaktur und den Bildenden Künsten behandeln. Schon im 18. Jahrhundert unterwandert die Spezialisierung den eigentlich enzyklopädischen Anspruch der allgemeinen Bildung, ein Phänomen, das mit der zunehmenden Komplexität des Spezialwissens die Wissenschaften vor erhebliche transdisziplinäre Herausforderungen stellt, weil verschiedene Wissens-Diskurse sich zunehmend aus den Augen verlieren; dieses Buch versteht sich daher als programmatischer Versuch, regelmäßig die

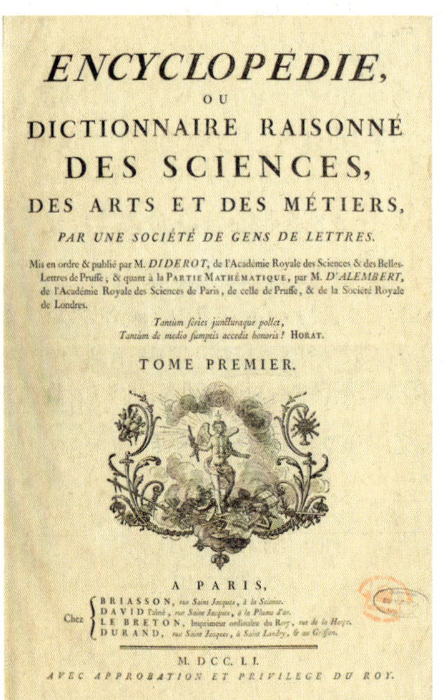
ENCYCLOPÉDIE,
OU
DICTIONNAIRE RAISONNÉ
DES SCIENCES,
DES ARTS ET DES MÉTIERS,
PAR UNE SOCIÉTÉ DE GENS DE LETTRES.
Mis en ordre & publié par M. *DIDEROT*, de l'Académie Royale des Sciences & des Belles-Lettres de Pruſſe; & quant à la PARTIE MATHÉMATIQUE, par M. *D'ALEMBERT*, de l'Académie Royale des Sciences de Paris, de celle de Pruſſe, & de la Société Royale de Londres.
Tantùm ſeries juncturaque pollet,
Tantùm de medio ſumptis accedit honoris! HORAT.
TOME PREMIER.
A PARIS,
Chez BRIASSON, *rue Saint Jacques, à la Science.*
DAVID l'aîné, *rue Saint Jacques, à la Plume d'or.*
LE BRETON, Imprimeur ordinaire du Roy, *rue de la Harpe.*
DURAND, *rue Saint Jacques, à Saint Landry, & au Griffon.*
M. DCC. LI.
AVEC APPROBATION ET PRIVILEGE DU ROY.

Quelle: Encyclopedie de D'Alembert et Diderot / Wikimedia Commons / Public Domain

Abb. 3.1: **Titelseite des ersten Bandes der Encyclopédie von 1751.** Das Werk will Wissen über die Wissenschaften, Künste und Handwerke allgemein und systematisch zugänglich machen und hat bis heute Vorbildcharakter.

Schwellen zwischen verschiedensten Disziplinen zu überschreiten, denn sowohl die Nachhaltigkeit als auch das Design sind transdisziplinäre Disziplinen *sui generis* (vgl. **KAPITEL 9**).

Der Anspruch der *Encyclopédie* auf Egalität war eine Herausforderung des politischen Status Quo, nicht umsonst wurde sie mehrmals mit Zensurmaßnahmen konfrontiert. In Kants Programmschrift klingt die politische Dimension ebenfalls mit, wenn er von einer aufgeklärten Regierung erhofft, »den Menschen, der nun mehr als Maschine ist, seiner Würde gemäß zu behandeln.«[6] In der staatlichen Praxis des 18. Jahrhunderts bedeutet das eine Professionalisierung der Verwaltung, die zum Besten der Menschen eine beachtliche Bürokratie entfaltet. Der Alltag wird mit allen erdenklichen Vorschriften zum Bauen und Haushalten, zur Hygiene und Gesundheit reguliert;[7] im Zusammenhang mit dem rasanten Wachstum der Städte und den damit verbundenen sozialen wie gesundheitlichen Herausforderungen ein durchaus hilfreiches Eingreifen.[8] Dennoch ist es eine Signatur moderner und gegenwärtiger Zivilisationskritik, die Überreglementierung und das Ersticken in Bürokratie zu beklagen.[9]

ORDNUNG IM WALDE: DER FORST ALS RESSOURCE

Die Aufklärung als Strategie des Fortschritts prägt auch die Land- und Forstwirtschaft, wie in **KAPITEL 2** bereits angedeutet wurde. Die agrarischen Rationalisierungen gehen der Industrialisierung noch voraus und ermöglichten sie erst. Die alte Dreifelderwirtschaft wird deutlich verbessert durch den Anbau neuer Sorten, durch neue Anbaurotationen, aber auch durch die mechanische Verbesserung von landwirtschaftlichen Geräten, was jeweils die Produktivität erhöht und dadurch Arbeitskräfte beschäftigungslos macht.[10] Es kann durch effizientere Weidewirtschaft auf weniger Weidefläche mehr

Vieh gehalten werden, so dass mehr Ackerland zur Verfügung steht.[11] Die freigesetzten Arbeitskräfte werden in der heimischen Protoindustrie tätig, vor allem in den textilbezogenen Handwerken, häufig unter Mitwirkung der gesamten Familie samt Kindern, die dadurch weniger zur Last als zu Arbeitskräften werden – im Märchen von Hänsel und Gretel klingt die defizitäre Versorgungssituation nach.[12]

Die Grundlage für die dynamische demografische Entwicklung ist gelegt,[13] aber auch die Grundlage für den Pauperismus des 19. Jahrhunderts, die Verelendung der urbanen Industriearbeiter. Am stärksten wird deren Situation durch die Entwicklung der Textilindustrie geprägt. Die Stoffherstellung wird vor allem in Großbritannien seit dem letzten Drittel des 18. Jahrhunderts zunehmend mechanisiert, beispielsweise durch Erfindungen wie das Fliegende Schiffchen an den mechanischen Webstühlen oder die *Spinning Jenny*. Sie wird noch per Hand betrieben und lässt sich mit der Heimarbeit vereinbaren, größere Geräte wie die *Waterframe*-Maschine sind auf Wasserkraft angewiesen und bedürfen der Zentralisierung – die Fabrik entsteht. Nur recht langsam setzt sich die Dampfmaschine als Antrieb auch für die textilen Mechaniken durch, dann aber um so gründlicher.[14]

Ein für unseren Kontext prominentes Rationalisierungsprojekt ist das forstwirtschaftliche Standardwerk von Carlowitz, das ähnlich wie die *Encyclopédie* darauf abzielt, eine Ressource für die Gegenwart und Zukunft zu sichern. Wir finden im land- und forstwirtschaftlichen Bereich eine Denkfigur der Begrenztheit des natürlich Vorhandenen, der Übergriffigkeit menschlicher Naturaneignung. Gerade die Diskurse um die Ressource Holz sind dafür paradigmatisch, denn stammesgeschichtlich haben wir den allergrößten Teil unserer Existenz in der Holzzeit verbracht. Im altorientalischen *Gilgamesch*-Epos besteht das erste Abenteuer der beiden Heroen Gilgamesch und Enkidu darin, Humbaba, den Wächter der Zedernwälder des Libanon, zu überwältigen, um die Hölzer zum Bau eines prächtigen Tempels in Uruk zu verwenden.[15] Der alttestamentliche Prophet Nehemia erbittet sich vom Perserkönig einen Holzlieferbrief an den Aufseher ebenjener Humbaba-Wälder, um einen anderen Tempel, den in Jerusalem, wieder aufzubauen.[16] Im zweiten Chorlied der sophokleischen *Antigone* beklagt der Chor das exploitative Naturverhältnis des Menschen: »Ungeheuer ist viel. Doch nichts / Ungeheuerer, als der Mensch.«[17] Die Strophen lesen sich wie ein Streifzug durch die Sektoren unserer Lebenswelten: Schiffsverkehr, Ackerbau, Tierhaltung, Fischerei und Jagd, Bauwesen.

Als Carlowitz 1713 den Begriff der Nachhaltigkeit in der Forstwirtschaft einführt (vgl. KAPITEL 1), ist das nicht der Anfang, sondern die systematische Zusammenfassung einer Entwicklung, die bis ins Hochmittelalter zurückreicht. Während im Frühmittelalter die Ressource Wald reichlich vorhanden ist und keiner Regulierung bedarf, führen die zahlreichen Rodungen zwecks Siedlungs- und Ackerbau zu einer deutlichen Verknappung; wir alle kennen Ortsnamen, die bis heute in ihrer Etymologie den Rodungs-Ursprung nachklingen lassen.[18] Schon im 14. Jahrhundert führt der Holzmangel im Umfeld von Handelsstädten zu ernsthaften Problemen; in Nürnberg ist es der Kaufmann und Unternehmer Peter Stromer (ca. 1310–1388), der 1368 ein unerhört innovatives Aufforstungsprogramm startet, dessen Vorbild die Waldlandschaften Mitteleuropas bis heute prägt.[19] Die frühneuzeitlichen Forstordnungen regulieren bald den restriktiven Umgang mit der Ressource, bis der Beginn der Industrialisierung das Holz als Brenn- und Werkstoff zurückdrängt und die Wälder von der Übernutzung einigermaßen entlastet werden. Die romantische Ästhetisierung des Waldes spielt als Gegenbewegung zur industriellen Umformung der Lebenswelt für Nachhaltigkeitsdiskurse eine prominente, wenn auch nicht immer produktive Rolle.

DER MOLOCH WÄCHST: URBANISIERUNG UND SOZIALE DISRUPTIONEN

Die land- und forstwirtschaftlichen Innovationen und Erfolge ermöglichen eine wachsende Arbeitsteiligkeit insbesondere in den schnell wachsenden Städten. Das bedeutet freilich auch, dass die Gestaltung von Produkten und Dienstleistungen als Disziplin bedeutsamer wird für die täglichen Lebensvollzüge. Bereits Anfang des 19. Jahrhunderts gibt es die ersten Lebensmittelkonserven, die Worcestershiresauce als praktisches Würzmittel ist ab Ende der 1830er Jahre erhältlich.

Das urbane Wachstum der Industrialisierungs-Hot-Spots ist explosionsartig: Zu Beginn unserer Schwellenzeit hatte Manchester als paradigmatische frühe Industriestadt keine 20.000 Einwohner, um 1800 waren es bereits 76.000, und 1851 über 300.000.[20] Mit einer entsprechenden zeitlichen Verschiebung zeigen sich ähnliche Zahlen auch für das Ruhrgebiet im 19. Jahrhundert.[21] Da im 18. Jahrhundert viele deutsche Städte noch von mittelalterlichen Befestigungen eingeengt waren, erzwangen sowohl militärische Gründe als auch die rapide Urbanisierung das Schleifen zahlreicher Stadtmauern – der Großteil davon während unserer Schwellenzeit.[22] Ein beispielloses Großprojekt urbaner Umgestaltung war die radikale Demolierung des mittelalterlichen Paris durch Georges-Eugène Haussmann ab Mitte des 19. Jahrhunderts[23], die im 20. Jahrhundert eine Reihe stadtplanerischer Großphantasien anregte; die dunkle, totalitäre Seite der großen Avantgarde-Entwürfe wird darin sichtbar. Der Megatrend der Urbanisierung spielt sich heute vor allem in den Megacities des globalen Südens dramatisch ab: explosionsartig wachsende urbane Agglomerate mit riesigen informellen Sektoren, defizitären Infrastrukturen und gewaltigen sozioökonomischen wie ökologischen Problemen.[24]

Die massiven sozialen und ökonomischen Disruptionen während der Schwellenzeit sind nirgends besser verdichtet als in Heinrich Heines Ballade *Die schlesischen Weber* (1844). Insbesondere die prekären Lebens- und Arbeitsbedingungen senken zunächst die Lebenserwartung. Auf den britischen Inseln ging sie im Vergleich zur vorindustriellen Zeit zurück, erst Mitte des 19. Jahrhunderts wird die Schwelle zum längeren Leben überschritten, wie es bis heute die demografische Entwicklung prägt.[25] Die vielfältigen Ursachen dafür sind hygienische, medizinische, stadtplanerische und infrastrukturelle Verbesserungen und eine bessere Ernährung der Arbeitenden.[26] Zeitgenössische Schilderungen zeichnen ein verstörendes Bild der frühen Industriestädte.[27] Bis ins 20. Jahrhundert hinein wird die Großstadt als menschenverschlingender Moloch geschildert, wie in Georg Heyms Gedicht *Der Gott der Stadt* (1910), in Fritz Langs Film *Metropolis* (1927) oder in Charlie Chaplins *Modern Times* (1936).

AUF NEUEN GLEISEN: BESCHLEUNIGUNG UND STANDARDISIERUNG

Unsere Schwellenzeit ist eine Zeit der Beschleunigung, und paradigmatisch steht dafür die Eisenbahn. Im englischen Bergbau waren Fahrzeuge auf Schienen im 18. Jahrhundert schon gebräuchlich, um Kohle zu transportieren, sie wurden aber meist von Menschen oder Pferden gezogen. Es war dann der Ingenieur Richard Trevithick, der 1802 eine Dampfmaschine auf Räder setzte und so die Lokomotive erfand, die 1804 in einem walisischen Bergwerk erstmals auf Schienen zum Einsatz kam. Das Konzept erwies sich als besonders geeignet, nicht nur die großen Mengen Kohle, sondern auch Stahl zu transportieren, der in der Schwerindustrie nun gebraucht wurde, aber auch die wesentliche Zutat für die Eisenbahn selbst war – ein sich selbst verstärkender Effekt, denn zum Bau einer Meile Schienen-Infrastruktur wurden rund 300 Tonnen Eisen benötigt.[28] Als 1825 im jungen nordostenglischen Industriegebiet zwischen Stockton und Darlington die erste Eisenbahnstrecke in Betrieb geht, erweist sich die ungeheure Nützlichkeit der neuen Infrastruktur schnell, denn Distanzen schrumpfen, neue Märkte eröffnen sich, Kosten sinken, Absatzmärkte wachsen.[29] Zehn Jahre später wird die erste Eisenbahnstrecke in Deutschland zwischen Nürnberg und Fürth eröffnet.

Eine neuartige Infrastruktur zieht eine Kaskade von Standardisierungen nach sich; zum einen bedarf es einer einheitlichen Spurbreite, die bis heute nicht überall konsequent umgesetzt ist und erheblichen Aufwand verursacht. Zum anderen erfordert ein Eisenbahn-Fahrplan ein einheitliches Zeitmaß in den verschiedenen Orten entlang der Linie und nicht mehr die jeweils vom Kirchturm vorgegebene Ortszeit. In Großbritannien ist dieser Prozess der Zeitstandardisierung erst in den 1880er Jahren abgeschlossen,[30] in Deutschland wird per Reichsgesetz 1893 eine einheitliche Zeitbestimmung erlassen. Am eindrucksvollsten hat die ungeheuerliche Wirkung der Eisenbahn auf die Menschen Heinrich Heine in einem Zeitungsartikel von 1843 formuliert, in dem er von der Eröffnung zweier neuer Linien nach Orléans und Rouen berichtet:

„Während aber die große Menge verdutzt und betäubt die äußere Erscheinung der großen Bewegungsmächte anstarrt, erfaßt den Denker ein unheimliches Grauen, wie wir es immer empfinden, wenn das Ungeheuerste, das Unerhörteste geschieht, dessen Folgen unabsehbar und unberechenbar sind. […] Welche Veränderungen müssen jetzt eintreten in unsrer Anschauungsweise und in unsern Vorstellungen! Sogar die Elementarbegriffe von Zeit und Raum sind schwankend geworden. Durch die Eisenbahnen wird der Raum getötet, und es bleibt uns nur noch die Zeit übrig.“[31]

Die neue Mobilitäts-Infrastruktur verändert das Weltverhältnis ganz grundlegend; Heine zeigt sich erschüttert und begeistert zugleich. Was die Eisenbahn und später das Dampfschiff, das Automobil und das Flugzeug für den Raum bedeutet, das bedeuten die Kommunikations-Infrastrukturen für die Zeit: Die Telegrafie entfaltet mit dem ersten funktionsfähigen transatlantischen Seekabel (1866) ihre explosive Wucht,[32] heute in Form der Glasfaser- und Satellitennetze.

REVOLUTION, GENIE UND HAPPINESS

Unsere Schwellenzeit ist eine äußerst turbulente Zeit mit den disruptiven Ereignissen um die Französische Revolution ab 1789 bis zum Ende des Napoleonischen Zeitalters, das 1815 in Wien besiegelt wurde. Sie erschüttert den Kontinent in seinen Grundfesten, euphorisierend und perhorreszierend, überlieferte Ordnungen relativierend, Neuordnungen akzelerierend. Die jakobinische Schreckensherrschaft

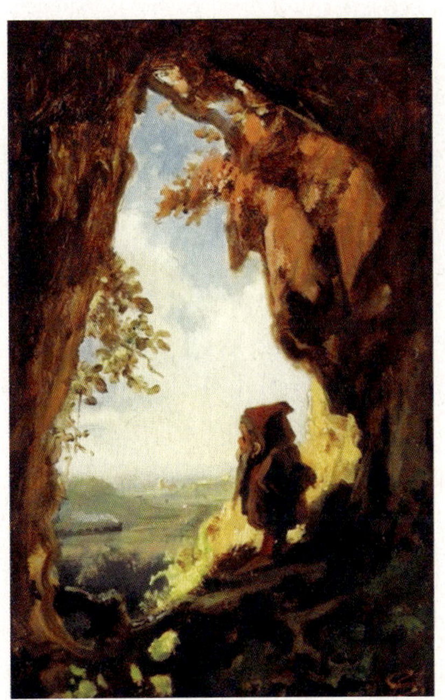

Quelle: Wikimedia Commons / Public Domain

Abb. 3.2: **»Gnom, Eisenbahn betrachtend«, gemalt von Carl Spitzweg um 1848.** Mehr als verdutzt, nämlich verdattert blickt Spitzwegs Gnom auf das unerhörte Gefährt, das seine Landschaft dampfend durchquert. Der Zug fährt in Leserichtung, der Gnom blickt zurück. Sein Raum ist entzaubert, die Zeit desgleichen: Nicht mehr der Kirchturm, vielmehr die Bahn bemaßt sie. Draußen das gleißende Licht der Aufklärung, der Gnom auf der Schwelle, und wir als Betrachter und heimliche Romantiker noch tiefer in der Gnomengrotte verkrochen als der selbst. Spitzwegs Werk ist wie ein Spiegelbild zu Heines Text; die romantische Ironie verbindet sie.

und Napoleons imperiale Diktatur zeigen, dass alles anders werden kann, aber zu einem hohen Preis und ohne planbar zu sein – komplexe Grundbedingung auch einer nachhaltigen Transformation.

Der Französischen geht eine Revolution voraus, die für unser Anliegen von nicht minderem Interesse ist: die Unabhängigkeitserklärung der Vereinigten Staaten von Amerika von 1776. Für unsere Frage nach den großen soziokulturellen Entwicklungslinien ist eine Formulierung aus der Präambel der *Declaration of Independence* von besonderer Bedeutung, nämlich die unveräußerlichen Rechte, die jedem Menschen eigen sind: »among these are Life, Liberty and the pursuit of Happiness.«[33] Das letzte Element wurde zeitgenössisch mit »Bestreben nach Glückseligkeit« übersetzt, heute ist »das Streben nach Glück« üblich, aber auch »nachjagen« ist eine mögliche Bedeutung. In jeder Nuance steht das nach individuellem Glück strebende Subjekt im Mittelpunkt der Idee, verbunden mit der Freiheit, das zu tun.

Diese Denkfigur ist der Kern der neuzeitlichen Individualisierung, die geistesgeschichtlich zwar schon längst angelegt war, nun aber als zentrales Staatsziel eines neuen und dynamischen Staatswesens den Durchbruch in die Lebenswirklichkeit schafft. Das individuelle Streben nach Glück steht die ganze Neuzeit hindurch in einem lebhaften Spannungsfeld zu den dominanten modernen Mustern von Rationalisierung, Standardisierung und Formalisierung, wie Reckwitz zeigt,[34] die das jeweils Individuelle überlagern, einhegen und reglementieren. Der Durchbruch zur spätmodernen Gesellschaft als einer *Gesellschaft der Singularitäten* ist jedoch gar nicht so abrupt, sondern als Unterströmung der Moderne[35] schon früh erkennbar. Man denke nur an Goethes *Werther* (1774), das stürmend-drängende Original-Genie, den ebenfalls Goethe'schen *Prometheus* (ca. 1772, siehe KAPITEL 4), der schöpferisch alle regulierenden Autoritären verwirft, oder die romantische, ganz und gar innerliche Seelenlandschaft, die

Eichendorffs lyrisches Ich in *Mondnacht* (1835) durchfliegt, derweil schon eine erste Eisenbahn durch die reale Landschaft fährt. Dieser Megatrend der Individualisierung, der seinen ersten markanten lebensweltlichen Auftritt 1776 erlebt, hat sich heute in die Breite von Lebensstilen und sozialen Milieus hin entfaltet und beschäftigt nicht zuletzt auch die Nachhaltigkeitsforschung[36], denn die Entfaltung der Singularitäten (Reckwitz) ist wesentlich gekoppelt an bestimmte Konsummuster, die wiederum durch industrielle Produktion realisiert werden, wodurch zuletzt Ressourcen verbraucht und die Senken der Biosphäre belastet werden. Eine intime Kenntnis der jeweiligen ästhetischen, kommunikativen, symbolischen und pragmatischen Bedürfnisse von Zielgruppen ist daher ein entscheidendes Instrument des Nachhaltigen Designs, auf das wir in **KAPITEL 10** näher eingehen werden.

BEANTWORTUNG DER GRETCHENFRAGE

Eine markante Entwicklungslinie der Schwellenzeit ist die Relativierung des Religiösen, die im Zuge der Aufklärung voll entfaltet, was seit der Reformation und ihrer institutionellen Implementierung im Westfälischen Frieden von 1648 angelegt war: die Gleichstellung der katholischen, lutherischen und reformierten Konfession, die eine grundlegende Ambiguitätstoleranz etabliert. 1779 dehnt Lessing in seinem aufklärerischen Drama *Nathan der Weise* das Konzept auf die drei abrahamitischen Religionen aus. Die Pointe der zentralen Ringparabel im dritten Akt lautet: »Umsonst; der rechte Ring war nicht erweislich.«[37] Die Religion schrumpft damit auf die Konfession zusammen, zu einer verinnerlichten Haltung, *nice to have*, aber entkoppelt von der realen und relevanten Welt da draußen. Friedrich Schleiermacher, der Romantiker unter den evangelischen

Theologen, versteht Religion ganz in der Traditionslinie der mittelalterlichen Mystik als »Sinn und Geschmack für das Unendliche«[38], als ein »schlechthiniges Abhängigkeitsgefühl«[39], kurz und bündig als eine innere Befindlichkeit. Auch hier also das innerliche Exil des Religiösen.

Ähnlich relativierend wirkt Kants Internierung der Religion »innerhalb der Grenzen der bloßen Vernunft«[40]. Er amputiert der Religion sowohl den performativ-rituellen als auch den Offenbarungscharakter und schrumpft sie auf die Funktion, eine Gemeinschaft (Kirche) und Autorität (Gott) zu simulieren, die den Menschen davon abhalten soll, sich zu sehr seinem Hang zum Bösen zuzuwenden. Die Religion wird damit zu einer Art mild sanktionierender Straßenverkehrsordnung. Die harsche und aggressive Religionskritik im 19. Jahrhundert einerseits (Feuerbach, Marx, Nietzsche) und die historische Dekonstruktion des Christentums aus der Theologie heraus (Leben-Jesu-Forschung, David Friedrich Strauß) haben das Religiöse bei weitem nicht so beschädigt wie die wohlwollenden *Theologumena* der Innerlichkeit. Und dennoch haben sich einige religiöse Muster und Strukturen als persistent erwiesen, denn sie tauchen an überraschender Stelle wieder auf: in den Nachhaltigkeitsdiskursen, hier in der Regel zu beiderseitigem Nachteil. Wir werden in KAPITEL 5 darauf zurückkommen.

Von ganz anderer, nicht theologischer Seite ist das Religiöse aber nicht minder folgenreich unter Beschuss genommen worden: Die Etablierung der Eisenbahn erfordert, wie oben geschildert, eine Standardisierung der Zeitmessung zugunsten des Fahrplans und damit zu Ungunsten des Kirchturms, der bis dato der Taktgeber des täglichen Lebens gewesen war und mittlerweile für eine Mehrheit der Bevölkerung mehr Lärm als Sinn zu emittieren scheint. Die kalte Entmachtung der Religion vollbrachte allerdings eine Disziplin, die über

Jahrhunderte hinweg eine *ancilla theologiae* gewesen war: die bildende Kunst. Dieses Phänomen ist für unser Thema des Nachhaltigen Designs so grundlegend, dass wir ihm ein eigenes, das folgende KAPITEL 4 widmen.

---

1 Um den liminalen Charakter der Zeit von etwa 1750 bis 1815 hervorzuheben, haben wir uns für den Begriff Schwellenzeit entschieden, der uns anschaulicher und weniger determiniert erscheint als benachbarte Termini wie Reinhart Kosellecks »Sattelzeit« oder Karl Jaspers »Achsenzeit«, die nach wie vor in Gebrauch sind.
2 Hesiod: Werke und Tage, V. 127–142.
3 Ovid: Metamorphosen, 1. Buch, V. 113–124. Das Motiv ist uns auch aus Genesis 3 bekannt: die Vertreibung aus dem Paradies und die Mühsal des Ackerbaus.
4 Kant: Was ist Aufklärung, S. 35.
5 Zur Bedeutung der Enzyklopädien und anderer Wissensspeicher vgl. Osterhammel: Die Verwandlung der Welt, S. 42–44.
6 Kant: Was ist Aufklärung, S. 42.
7 Martus: Aufklärung, S. 77–81.
8 vgl. Schott, Europäische Urbanisierung, S. 223–252.
9 Für Foucault münden die großen Entwicklungslinien, die wir in diesem Kapitel diskutieren, in einer Reihe von administrativen Dispositiven, die zuletzt zu einer Art »Bio-Politik« als bürokratische Herrschaft über den Körper gerinnen (Foucault: Der Wille zum Wissen, S. 131–153). Ganz anders die Perspektive von Kersten / Neu / Vogel: Politik des Zusammenhalts. Über Demokratie und Bürokratie. Das Werk endet mit einem »Lob der Bürokratie« (S. 135–142).
10 vgl. Liedtke: Die Industrielle Revolution, S. 13–15.
11 vgl. ebd., S. 15 f.
12 Grimm: Nr. 15: Hänsel und Gretel. In der ersten, noch etwas raueren Auflage ist es keine böse Stiefmutter, sondern die Mutter selbst, die das Aussetzen der Kinder initiiert. Das war den Brüdern Grimm in der 2. Auflage dann wohl doch zu viel des Sozialrealismus.
13 vgl. Liedtke: Die Industrielle Revolution, S. 19–22.
14 vgl. ebd., S. 32–35.
15 Maul: Das Gilgamesch-Epos, Tafel V.
16 Nehemia 2,8. Die alttestamentlichen Parallelen zur sehr viel älteren altorientalischen Literatur sind immer wieder verblüffend. Gerade das Gilgamesch-Epos ist stark rezipiert worden.
17 Sophokles: Antigone, V. 332 f., hier in der feierlichen Übersetzung von Hölderlin. Das ganze Chorlied: V. 332–375. Bei Hölderlin: S. 331 f.
18 Sie enden auf -rath oder -rod, auf -ried und -reuth, und selbst der Schweizerische Gründungs-Mythos, der Rütli-Schwur, trägt die kleine Rodung im Namen. vgl. König: dtv-Atlas zur deutschen Sprache, S. 131 / Reitzenstein: Rodungsnamen auf -ried aus karolingischer Zeit.
19 vgl. Hamberger: Der Tannensäer von Nürnberg, S. 50. / vgl. Schmidt: Die Wurzeln der Nachhaltigkeit liegen im Wald, S. 12.
20 vgl. Schott: Urbanisierung, S. 202.
21 vgl. Steinberg: Das Ruhrgebiet im 19. und 20. Jahrhundert.
22 vgl. Mintzker: The Defortification of the German City, S. 85–183.
23 vgl. Schott: Urbanisierung, S. 253–273.
24 Schmidt-Kallert: Magnet Stadt.
25 vgl. Osterhammel: Die Verwandlung der Welt, S. 258 f.
26 vgl. ebd., S. 260–267 / Schott: Urbanisierung, S. 223–245.
27 So Tocqueville in seinem Reisebericht von 1835, am wirkmächtigsten ist freilich die Schrift von Friedrich Engels geworden, die er 1845 basierend auf seiner eigenen Erfahrung der Textilindustrie in Manchester schrieb: »Die Lage der arbeitenden Klasse in England«. Vgl. zu beiden auch Schott: Urbanisierung, S. 202–208.
28 vgl. Liedtke: Die Industrielle Revolution, S. 39.
29 vgl. ebd., S. 39.
30 vgl. ebd., S. 40.
31 Heine: Artikel LVII vom 5. Mai 1843.
32 vgl. Osterhammel / Petersson: Geschichte der Globalisierung, S. 54.
33 vgl. National Archives (Hrsg.): Declaration of Independence, 2. Absatz.
34 vgl. Reckwitz: Die Gesellschaft der Singularitäten, S. 27–41.
35 vgl. ebd., S. 96–100.
36 Götz / Deffner / Stieß: Lebensstilansätze in der angewandten Sozialforschung am Beispiel der transdisziplinären Nachhaltigkeitsforschung.
37 Lessing: Nathan der Weise, 3. Akt, 7. Auftritt.
38 Schleiermacher: Über die Religion, S. 53.
39 Schleiermacher: Der christliche Glaube, S. 15.
40 Kant: Die Religion innerhalb der Grenzen der bloßen Vernunft.

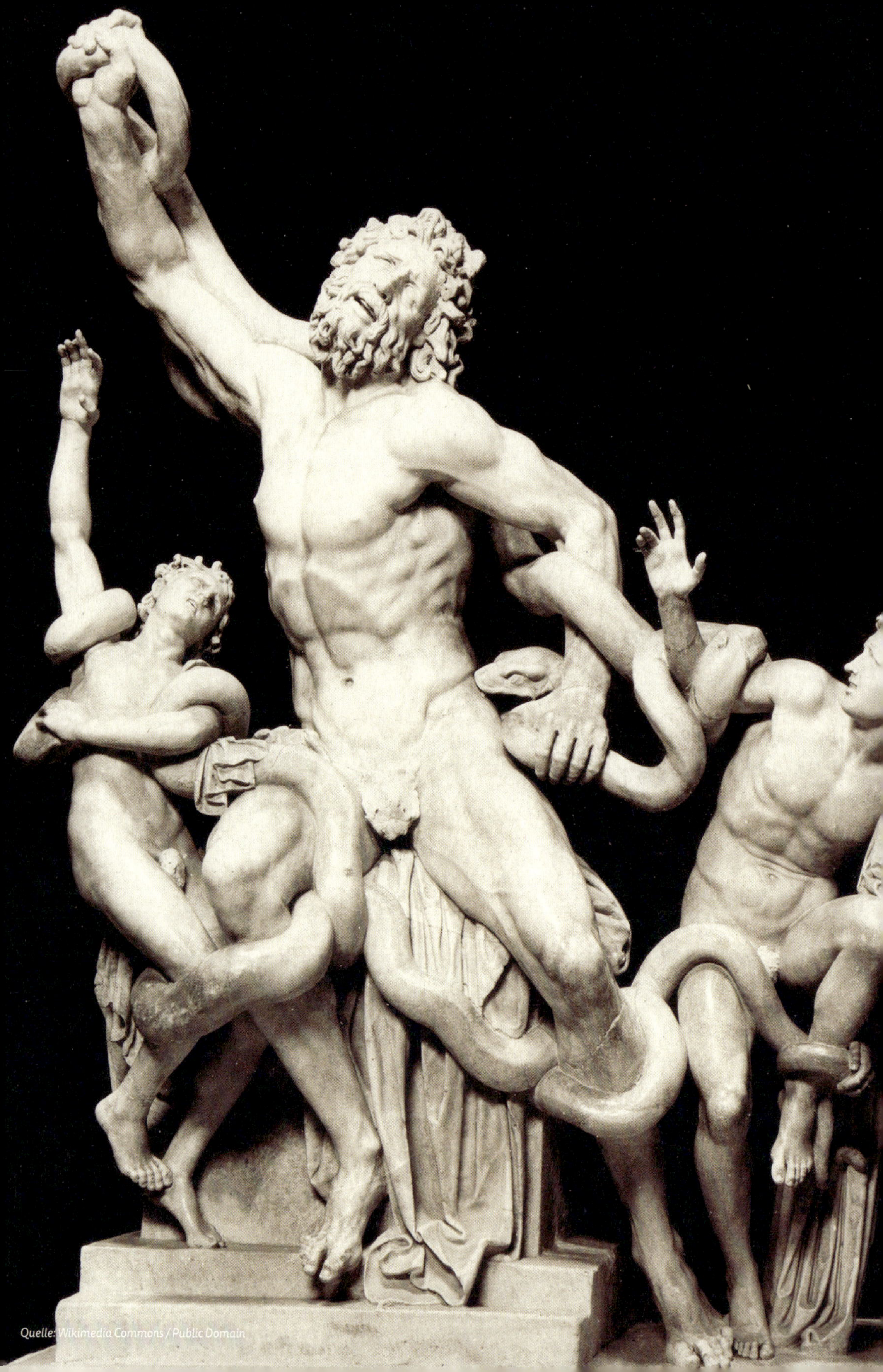

Quelle: Wikimedia Commons / Public Domain

KAPITEL 4

ÄSTHETISCHE DISKURSE ERÖFFNEN DEN WIRKUNGSBEREICH DES DESIGNS

Kein anderes Werk als die berühmte Laokoon-Gruppe im Cortile Ottagono der Vatikanischen Museen eignet sich besser als Sinn-Bild für dieses Kapitel. Doch ist es weder die dargestellte Szene, eine Episode um das trojanische Pferd und die Eroberung Trojas, die in vielfachen Varianten überliefert wurde und durch Vergils *Aeneis* zu Bekanntheit gelangte[1], noch ist es die spezifische künstlerische Ausführung, die seit dem römischen Universalgelehrten Plinius[2] Gegenstand vielfacher Überlegungen geworden ist, die das Werk für unser Anliegen besonders relevant macht. Vielmehr sind es die unerschöpflichen ästhetischen Diskurse, die genau zu Beginn unserer Schwellenzeit ihren Ursprung nehmen.

Laokoon-Gruppe (Ausschnitt)
vermutlich Hagesandros, Polydoros und Athanadoros (ca. 1. Jh. v. Chr.)
Höhe: 184 cm; Breite: ca. 240 cm
Vatikanische Museen, Vatikanstadt

SKULPTUR UND DISKURS

Die marmorne Skulptur entstand wahrscheinlich in der zweiten Hälfte des 1. Jahrhunderts v. Chr. als römische Kopie eines griechischen Bronze-Originals und zierte den Palast des Kaisers Titus (39–81 n.Chr.), als Plinius über sie schrieb. Im Zentrum der etwa 180 cm hohen Skulptur wehrt sich der trojanische Priester Laokoon vergebens gegen zwei übermächtig ihn und seine beiden Söhne umwindende Schlangen – höchste Gefahr, tiefstes Pathos, doch »vom mildernden Hauch der Schönheit«[3] veredelt. Goethe nennt die Szene »eine tragische Idylle«[4], wie er sich überhaupt als intimer Kenner der Gruppe erweist: »[W]ie sie jetzt dasteht, ist sie ein fixierter Blitz, eine Welle, versteinert im Augenblicke, da sie gegen das Ufer anströmt.«[5]

In Vergils Fassung ahnden die Götter durch die Schlangen Laokoons Versuch, das trojanische Pferd als List zu entlarven und damit den längst beschlossenen Fall Trojas abzuwenden. Was in der robusten Bronze ein Leichtes war, ist im fragilen Marmor schier unmöglich – und doch geglückt. Plinius lobt in wenigen Zeilen eben dieses Glücken, jedoch wurde ihm die Bemerkung seit der Renaissance so ausgelegt, dass er die Gruppe als beispiellos gelungenes Werk betrachte. So ist es nicht verwunderlich, dass die Zeitgenossen elektrisiert sind, als der geschäftstüchtige Winzer Felice de Fredis im Januar 1506 die Skulptur in einem seiner Weinberge entdeckt. Ein päpstlich entsandter Experte erkennt sofort das von Plinius erwähnte Werk, und so entfaltet die Laokoon-Gruppe vom Augenblick ihrer Wiederentdeckung an ihre Wirkung stets im dichten Dunstkreis von Diskursen, die sie umgeben. Der Experte ist der Architekt Giuliano da Sangallo, dessen Sohn das Ereignis in Versform verdichtet;[6] sein Begleiter ist kein Geringerer als Michelangelo, dem wir im Wesentlichen den Begriff des *Disegno* verdanken (vgl. KAPITEL 1); und der Papst ist Julius II., der paradigmatische Renaissance-Papst, der innerhalb weniger Wochen die Laokoon-Gruppe erwirbt und mit ihr das Zentrum seiner Antikensammlung formt. Schon im Jahr der Wiederentdeckung ist determiniert, was als antikes Ideal der Kunst zu gelten hat – und die Choreografie für die ästhetischen Diskurse unserer Schwellenzeit ist aufgestellt. Wir haben uns deshalb bei der Fotografie für unser Buch nicht für den aktuellen Stand der Rekonstruktion entschieden, sondern für die einer fehlerhaften Rekonstruktion des 19. Jahrhunderts, um die sich die meisten Diskussionen entspinnen.

MIMETISCHE VARIATIONEN

Die Diskurse über die Künste und das Schöne sind von der Antike bis zum Beginn unserer Schwellenzeit nicht sonderlich vielfältig. Im Mittelpunkt steht die Frage nach der *Mimesis*: wie gut die Kunst einerseits die Natur, andererseits abstrakte Ideen nachahmend darstellen kann. Das Mimetische kann defizitär verstanden werden als Schein und Täuschung, als Abweichung von der Fülle des Originals, wie es im platonischen Denken der Fall ist. Doch schon Aristoteles verwirft Platons Bedenken und versteht die *Mimesis* als eine ganz eigene und unverzichtbare Form des Erkenntnisgewinns. Ästhetische Reflexion besteht bis zur Mitte des 18. Jahrhunderts im Wesentlichen darin, diese aristotelische Position vielfältig weiterzuführen und zu variieren. Selbst der spätantike Neuplatonismus sieht in der Kunst etwas aufscheinen, das über die stofflichen Qualitäten der Dinge hinausweist. Diese anagogische Wirkweise der Kunst leitet also vom Stofflichen ins Intelligible, vom Weltlichen ins Geistige. Ähnlich leuchtet in der allegorischen Wirkweise der Kunst des Hochmittelalters in der ästhetischen die göttliche Schönheit auf; am deutlichsten wird das in der Licht-Allegorie der gotischen Kathedralen. Das mimetische

Verständnis der Renaissance behält diese Choreografie bei, den Part des Intelligiblen übernimmt aber die Natur, deren grundlegende Prinzipien in der Kunst zur Anschauung gebracht werden. Und auch noch die Herausgeber der *Encyclopédie* (vgl. KAPITEL 3) sehen in der *Mimesis* das Verfahren, das die angemessene Distanz (»*cette juste distance*«) zu den unmittelbaren Erscheinungen herstellt, damit ihre Erfahrung wahrheitsfähig wird.[7]

In alledem, von der Antike bis in die Renaissance, sind die Künstler nicht mehr als Nutzen mehrende Handwerker und Dienstleister. Was Horaz in der *Ars Poetica* für die Dichter formuliert, lässt sich auf die Künste als Ganzes ausdehnen: Die Dichter wollen entweder nützen oder unterhalten oder beides zugleich.[8] Isidor von Sevilla (ca. 560–636), der große Enzyklopädist der ausklingenden Antike, strukturiert das Wissen seiner Zeit mit weitreichenden Folgen für die folgenden Jahrhunderte. Auf ihn geht die Einteilung der *Septem Artes Liberales* zurück, zu denen die bildenden Künste ausdrücklich nicht gehören; in seinen *Etymologiae* werden sie in den letzten beiden von zwanzig Bänden unter den Handwerken abgehandelt, zusammen mit Schiffs- und Hausbau, Ton- und Wollverarbeitung.[9] Ein gutes Jahrhundert später beschließt das zweite Konzil von Nicäa (787), welche Rolle die Ikonen in der Liturgie haben dürfen: eben nur als Abbildung des anzubetenden Gegenstandes. Für Handwerk und Ausführung sind die Künstler verschiedener Disziplinen zuständig, für den kreativen Gehalt hingegen der kirchliche Auftraggeber als der eigentlich inspirierte Akteur.[10] Diese Grundkonstellation ist heute in einem oberflächlichen Begriff von Design auf das Verhältnis von Designern und ihren Auftraggebern übergegangen (vgl. KAPITEL 1). Während ästhetische Diskurse seit Aristoteles im Wesentlichen mimetische Variationen sind, setzt mit Anheben unserer Liminalzeit eine grundlegende Verschiebung der Zuständigkeiten zwischen Kunst und Design ein.

KUNST UND ERLÖSUNG

Ab der Mitte des 18. Jahrhunderts, tausend Jahre nach dem zweiten nicäischen Konzil, explodieren mit einem Mal die ästhetischen Diskurse, die das Verhältnis von Kunst und Handwerk, Religion und Wissenschaft vollständig neu justieren. Die Kunst und ihre Möglichkeiten, ja geradezu ihr Erlösungspotenzial rücken in den Mittelpunkt des Denkens, weitgehend auf Kosten der Religion, die von der autonom werdenden Kunst verdrängt und auf ihre ethische Dimension reduziert wird.

Es ist das Jahr 1750: Goethe ist ein Jahr alt, Voltaire kommt für längere Zeit an den Potsdamer Hof von Friedrich II., und es erscheinen die *Aesthetica* des Hallenser Philosophieprofessors Alexander Gottlieb Baumgarten. Gleich im ersten Absatz der Vorbemerkungen definiert er die Ästhetik als »die Wissenschaft der sinnlichen Erkenntnis«;[11] sie gilt ihm angesichts ihrer theoretischen Erkenntnisfähigkeit als »ältere Schwester« der Logik.[12] Baumgarten setzt den Ton und das Thema, sein Werk wirkt während unserer Schwellenzeit auf keine Geringeren als Kant, Herder und Hegel. Um in der Überfülle der ästhetischen Phänomene während der Schwellenzeit nicht die Orientierung zu verlieren, wollen wir einige markante Positionen stellvertretend für die weitläufigen Verschiebungen genauer in den Blick nehmen.

LAOKOONS NORMATIVE EINFALT

Johann Joachim Winckelmann (1717–1768), der Baumgarten aus seinen Semestern in Halle kannte,[13] gibt 1755 seine Stelle als Bibliothekar in Nöthnitz bei Dresden auf und zieht, frisch zum Katholizismus konvertiert, gen Italien, um dort eine zügige Karriere bis

»Das allgemeine vorzügliche Kennzeichen der griechischen Meisterstücke ist endlich eine edle Einfalt, und eine stille Größe, sowohl in der Stellung als im Ausdrucke. So wie die Tiefe des Meers allezeit ruhig bleibt, die Oberfläche mag noch so wüten, ebenso zeiget der Ausdruck in den Figuren der Griechen bei allen Leidenschaften eine große und gesetzte Seele. Diese Seele schildert sich in dem Gesichte des Laokoons, und nicht in dem Gesichte allein, bei dem heftigsten Leiden.«

Johann Joachim Winckelmann: Gedanken über die Nachahmung der griechischen Werke in der Malerey und Bildhauerkunst, S. 20.

hin zum päpstlichen Aufseher der Altertümer zu machen. Der Beschleunigung der Karriere dient nicht zuletzt ein Büchlein, das er im gleichen Jahr herausgibt und ein Jahr später in der zweiten Auflage um eine (selbst verfasste) Gegenargumentation samt deren beredter Widerlegung erweitert. Das Werk heißt *Gedanken über die Nachahmung der griechischen Werke in der Malerey und Bildhauerkunst*, und die prominenteste Rolle darin spielt, 250 Jahre nach ihrer Wiederentdeckung, eben unsere Laokoon-Gruppe. Das Buch trifft einen Nerv und importiert einen Streit in den deutschsprachigen Raum, der in Frankreich von 1687 bis 1716 ausgetragen worden war: die *Querelle des Anciens et des Modernes*[14]. Wie bei der Industrialisierung ist Deutschland auch in der ästhetischen Diskussion einige Jahrzehnte verspätet. Winckelmanns Position ist pointiert und klar auf der Seite der *Anciens*: »Der gute Geschmack, welcher sich mehr und mehr durch die Welt ausbreitet, hat sich angefangen zuerst unter dem griechischen Himmel zu bilden. [...] Die reinsten Quellen der Kunst sind geöffnet: glücklich ist, wer sie findet und schmecket. [...] Der einzige

Weg für uns, groß, ja, wenn es möglich ist, unnachahmlich zu werden, ist die Nachahmung der Alten, […] sonderlich der Griechen.«[15] Die Kunst der Antike ist für Winckelmann also von normativer Kraft, und die Laokoon-Gruppe »war den Künstlern im alten Rom ebendas, was er uns ist; […] eine vollkommene Regel der Kunst.«[16] Worin genau die im Laokoon sich so idealtypisch offenbarende Norm besteht, ist jene »edle Einfalt und stille Größe«, die sich nicht wie bei Vergil durch »schreckliches Geschrei« äußert. Vielmehr sind sie »durch den ganzen Bau der Figur mit gleicher Stärke ausgeteilet und gleichsam abgewogen«, wobei »dem schmerzlich eingezogenen Unterleibe« eine besondere Expressivität zukommt.[17] Die *Mimesis* ist hier weder eine

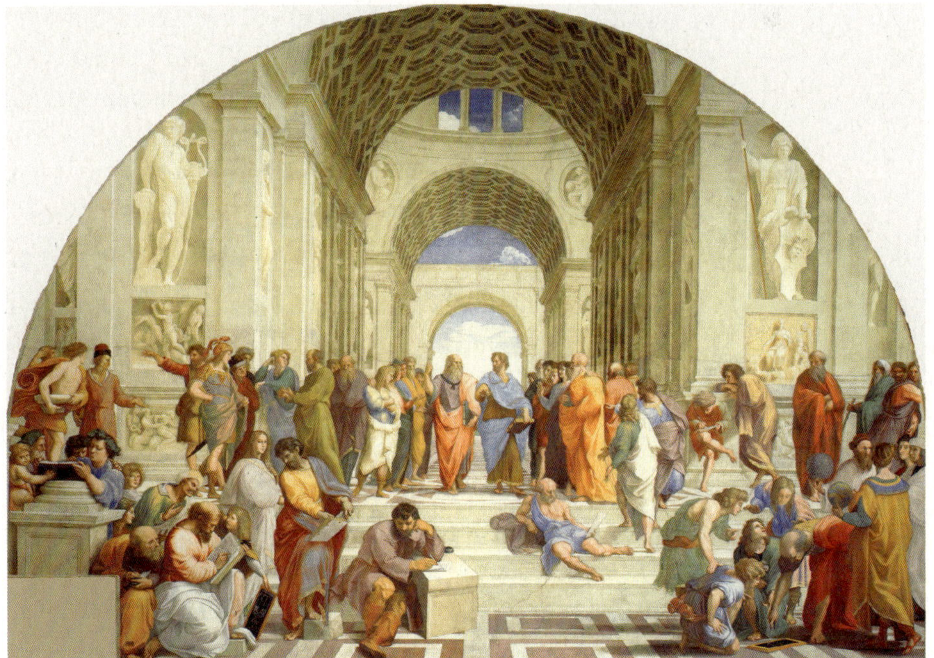

Quelle: Wikimedia Commons / Public Domain

Abb. 4.1: **Raffael: »Die Schule von Athen« (1511).** Einige Protagonisten dieses Kapitels sind darin erkennbar: Die beiden zentral schreitenden Figuren sind Platon (in Gestalt von Leonardo da Vinci, rotes Gewand) und Aristoteles (blaues Gewand). Der nachdenkliche Heraklit im Vordergrund trägt die Züge von Michelangelo Buonarroti und der junge Raffael selbst blickt uns scheu ganz rechts im Bild an.

Nachahmung der Natur noch ein Abglanz göttlicher Wahrheit, sondern ein kunstimmanentes Verfahren, »eine bloß im Verstande entworfene geistige Natur.«[18] Dieser Denkfigur werden wir gleich bei Hegel wieder begegnen. Die künstlerische Norm ist innerästhetisch, die Kunst erweist sich hier erstmals als eigengesetzlich, als autonom[19] – ein einschneidender Moment! Es ist dieses sich Ablösen von nichtästhetischen Maßgaben, das für unser Anliegen von besonderer Bedeutung ist.

GOETHES PROMETHEISCHE ORIGINALITÄT

Ein halbes Jahrhundert nach Winckelmanns großem Jahr, in Schillers Todesjahr 1805, veröffentlicht Goethe einen Band zu Winckelmanns Gedenken,[20] das die große Nähe zu dessen Werk liebevoll verdichtet. Goethe ist zu diesem Zeitpunkt schon ganz Geheimrat, seine italienische Reise liegt fast zwei Jahrzehnte zurück, die er als Stürmer und Dränger antrat, um als Klassiker zurückzukehren. Der Sturm und Drang, eine furiose literarische Jugendbewegung, koinzidiert weitgehend mit dem Werk des jungen Goethe, insbesondere den *Leiden des jungen Werthers* (1774), den Sesenheimer Liedern, die Anfang der 1770er Jahre während seiner Straßburger Studienzeit entstanden, und den großen Hymnen, eine von ihnen *Prometheus*[21]. In diesem Gedicht kristallisiert die ganze Bewegung des Sturm und Drang in dichtester und klarster Form. Prometheus ist im griechischem Mythos nicht nur der widerständige Titan, der die Götter beim Opfer betrügt und die Menschen aus Ton formt, sondern auch der Kulturheros, der diesen Menschen gegen den Willen der etablierten Olympier das Feuer bringt und zuletzt brutal bestraft wird.[22] Goethes Hymne ist eine Schmährede und Unabhängigkeitserklärung dieses Prometheus gegen Zeus, den Chef der olympischen Oligarchie:

»Bedecke deinen Himmel, Zeus, / Mit Wolkendunst, / Und übe, dem Knaben gleich, / Der Disteln köpft, / An Eichen dich und Bergeshöhn; / Mußt mir meine Erde / Doch lassen stehn, / Und meine Hütte, die du nicht gebaut, / Und meinen Herd, / Um dessen Glut / Du mich beneidest.«

Prometheus, das lyrische Ich, traut Zeus als Naturgott kaum noch Wirkmacht zu, denn er selbst ist ein Kulturheros – die Erde als Landbau, die Hütte als Architektur, die Glut als Energieproduktion. Überhaupt kennt er »nichts Ärmeres / Unter der Sonn als euch, Götter!«, die sich »kümmerlich« von religiösen Praktiken leichtgläubiger Menschen nähren. Bei allen Nöten seit Kindheitstagen halfen die Götter nicht, sondern vielmehr die originäre titanische Schöpferkraft, die Prometheus vollständig aus seinem Inneren nimmt: »Hast du nicht alles selbst vollendet, / Heilig glühend Herz?« Daher verweigert er den himmlischen Autoritäten jede Ehre und verlässt sich voller Pathos ganz allein auf die Kraft der eigenen Kreativität:

»Hier sitz' ich, forme Menschen / Nach meinem Bilde, / Ein Geschlecht, das mir gleich sei, / Zu leiden, zu weinen, / Zu genießen und zu freuen sich, / Und dein nicht zu achten, / Wie ich!«

Dieses ganz eigene *Pursuit of Happiness* (vgl. KAPITEL 3) ist der Kern des Sturm und Drang: Das schöpferische *Originalgenie*[23], original im Sinne von ursprünglich, ist in seiner Kreativität eigengesetzlich, wie es schon Winckelmann für die Kunst postuliert. Es ist selbst im Leiden als Teil des Strebens nach Glück unerschöpflich produktiv, auch gegen alle äußeren Zwänge, die nicht nur in den normativen Ästhetiken, sondern auch in den gesellschaftlichen Konventionen der ursprünglichen Originalität widerstehen – Werther scheitert daran.

So flüchtig der Sturm und Drang in seiner Zeit war, so dauerhaft hat er das Bild des kreativen Menschen geprägt: autonom aus sich selbst schöpfend, Normen nicht aus Tradition und Gegenwart, sondern allein aus dem Material und sich selbst zu gewinnen. Gegenwärtig scheint das Originalgenie seinen stereotypen Wirkungskreis im *thinking out of the box*, an Kickern und Tischtennisplatten in feschen Lofts gefunden zu haben. Den Anspruch des Designs auf Kreativität erleben wir heute ähnlich versandet (vgl. KAPITEL 1). Gleichzeitig erhebt ambitioniertes Design den Anspruch, selbst ähnlich original und erlösungfähig zu sein, wie Goethes Prometheus es für sich in Anspruch nimmt. Prometheisch ist unsere Liminalzeit aber auch in einem anderen Sinne als die Zeit der Industrialisierung, wie wir sie in KAPITEL 2 erschlossen haben: Das prometheische Feuer treibt diese Zivilisation der grundlegenden Umgestaltung der Biosphäre als Ganzes an.[24]

WACKENRODERS ÄSTHETISCHE HERZENSERGIESSUNGEN

Im Jahre 1797 erscheint in Berlin anonym ein Büchlein mit dem seltsam schwärmerischen Titel *Herzensergießungen eines kunstliebenden Klosterbruders*, worin ein greiser Mönch mit ästhetischer Vergangenheit in Briefen an jüngere Künstler seine quasi-religiösen Erfahrungen im Angesicht der Werke eines Raffael und Michelangelo schwärmerisch besingt. Hinter dem greisen Geistlichen verbergen sich zwei Berliner Mittzwanziger: Wilhelm Heinrich Wackenroder (1773–1798) und Ludwig Tieck (1773–1853). Die beiden kennen sich schon aus Berliner Schultagen und entfalten ein ästhetisches Programm einer absoluten Kunst und Musik, das für die Romantik konstitutiv wird. Nicht mehr die Antike ist hier Maßstab aller Dinge, sondern die Meister der Renaissance, die sich vor dem heidnischen Licht des griechischen Himmels in den züchtigen Kerzenschein der christlichen Kathedrale geflüchtet haben. Was auf den ersten Blick eine Vereinnahmung der Renaissance-Kunst durch christliche Frömmigkeit zu sein scheint, ist vielmehr die Usurpation des Religiösen durch das Ästhetische – die zentrale Verschiebung für unser Anliegen.

Horchen wir in den Text hinein, um ein Gespür für die Verschiebung zu entwickeln: »Aber immer dachte ich mit einem stillen, heiligen Schauer an die großen gebenedeiten Kunstheiligen«[25], die ihre Meisterschaft »nur durch göttliche Eingebung erlangt haben«,[26] schreibt der Klosterbruder. Dieser Kunstheilige ist zuallererst der »göttliche«[27], der »himmlische Raffael«[28], der immer wieder ekstatische Erlebnisse auslöst: »Heiße Tränen der Begeisterung, der reinsten Ehrfurcht treten in mein irdisches Auge und machen meinen Sinn himmlischtrunken, wenn ich jetzt vor seinen Werken stehe und sie mir tief in Sinn und Herz einpräge.«[29] So wird denn immer wieder »das Allerheiligste der Kunst«[30] oder ein neuer »Altar zur Ehre Gottes«[31] besungen und eine Sehnsucht nach völliger ästhetischer Entäußerung: »Soll es mir auch nicht einmal vergönnt sein, dir, o heilige Kunst, ganz zu leben?«[32]

Abb. 4.2: **Friedrich Overbeck: »Italia und Germania« (1811).** Overbeck als Protagonist der Nazarener steht unter unmittelbarem Einfluss Wackenroders: Die Künstler der Renaissance sollen mit christlich-deutschem Geiste versöhnt werden.

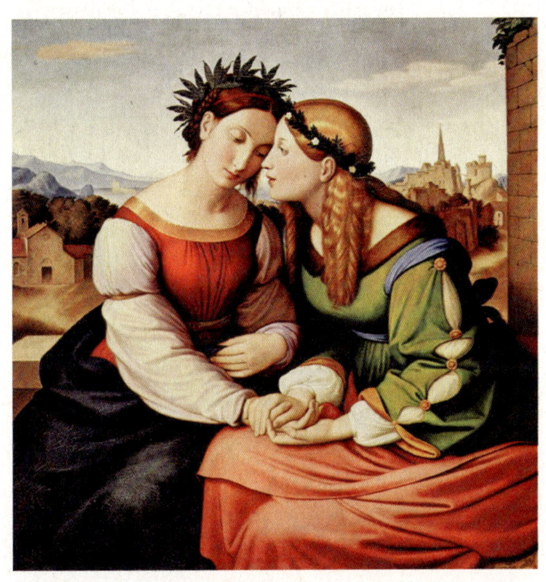

Quelle: Wikimedia Commons / Public Domain

Es sind nicht mehr die religiösen Werke, sondern die der Kunst, in denen das Göttliche sich offenbart: »In ewig wechselnder Gestalt erhebt sie sich […] zum Himmel empor, und dem allgemeinen Vater, der den Erdball mit allem, was daran ist, in seiner Hand hält […]. Er erblickt in jeglichem Werke der Kunst […] die Spur von dem himmlischen Funken, der, von ihm ausgegangen, durch die Brust des Menschen hindurch, in dessen kleine Schöpfungen überging, aus denen er dem großen Schöpfer wieder entgegenglimmt.«[33] Bedarf es da noch einer weiteren religiösen Praxis als der ästhetischen? Offenkundig nicht, denn im ästhetischen Erlebnis ereignet sich alles ganz unmittelbar, was zuvor religiöse Bemühungen leisteten. Die Kunst und ihre Werke sind an die Stelle der Religion getreten, die durch Kants subtile Dekonstruktion auf ihre sittliche Erbaulichkeit zusammengedampft worden war (vgl. KAPITEL 3). Den Klassikern, insbesondere Goethe, der herzlich wenig für Christliches übrig hat, geht das viel zu weit; seine Invektiven gegen das »klosterbrudrisierende Unwesen«[34] sind Legion. Wo die Kunst sich aber anschickt, die Position der Religion einzunehmen, hinterlässt sie eine Leerstelle, auf die wir zurückkommen werden.

HEGELS ABSOLUTE KUNSTRELIGION

Der theoretische Vollender dieses fulminanten Aufstiegs der Kunst ist der schwäbisch-preußische Philosoph Georg Wilhelm Friedrich Hegel (1770–1831). Schon aus seiner Studentenzeit liegt ein Fragment in seiner Handschrift vor, das in der Philosophie *Das älteste Systemprogramm des deutschen Idealismus* genannt wird. Ein Ziel des zweiseitigen Blatts ist ein »Monotheismus der Vernunft und des Herzens, Polytheismus der Einbildungskraft und der Kunst, dies ists, was wir bedürfen!«[35] Wir erkennen die wesentlichen Bewegungen wieder:

die Prävalenz von Vernunft (Aufklärung) und Herz (schöpferisches Subjekt) und das Abräumen der tradierten Religion zugunsten von Kreativität und Kunst.

Etwa zehn Jahre später ist Hegel als Professor in Jena etabliert und passt sein System der Wissenschaften der neuen Position an. In der *Phänomenologie des Geistes* (1807) versucht er ein philosophisches System als eine Geschichte der Selbstfindung des Geistes zu erzählen, beginnend mit dem einfachen Bewusstsein, das sich über das Selbstbewusstsein, den Geist und die Vernunft bis zur Religion und dem absoluten Wissen (Philosophie) erhebt. Wer die Kunst hier vermisst, findet sie verschmolzen mit der Religion als Kunstreligion: Sobald der menschliche Geist die archaische Stufe von Religiosität (Hegel nennt sie »natürliche Religion«) überschritten hat, wird die Religion Kunst, oder anders gesagt: eine der höchstmöglichen Erscheinungsformen des Geistes ist die Kunst. Oder in Hegels Worten: »Der Geist ist Künstler.«[36] Die Künstler sind »die in sich gegangene Individualität, der absolute Leichtsinn des sittlichen Geistes, der [...] vollkommen seiner sicher [...] zum freisten Genusse seiner selbst gelangt ist.«[37] Wir erkennen unmittelbar den Goethe'schen Prometheus wieder, »ein Individuum, das [der Geist] sich zum Gefäße seines Schmerzes erwählt«[38]. Dieser Schmerz entspringt einer gewissen Grundtonalität des Verlusts von Welt, wie wir sie der Miene des Spitzweg'schen Gnoms ablesen können (vgl. Abb. 3.1). Und fast könnte man jenem im Angesicht der Eisenbahn Hegels Worte in den Mund legen: »Dieses ist der in sich gewisse Geist, der über den Verlust seiner Welt trauert und sein Wesen, über die Wirklichkeit erhoben, nun aus der Reinheit des Selbst hervorbringt. / In solcher Epoche tritt die absolute Kunst hervor«.[39]

In den deutlich späteren *Vorlesungen über die Ästhetik* wird Hegel noch expliziter: »In dieser ihrer Freiheit nun ist die schöne Kunst erst wahrhafte Kunst und löst dann erst ihre höchste Aufgabe, wenn sie sich in den gemeinschaftlichen Kreis mit der Religion und Philosophie gestellt hat und nur eine Art und Weise ist, das Göttliche, die tiefsten Interessen des Menschen, die umfassendsten Wahrheiten des Geistes zum Bewusstsein zu bringen und auszusprechen.«[40] Das ist eine ganz beachtliche Karriere der Kunst: vom nachahmenden Handwerk auf Augenhöhe mit Religion und Philosophie!

Doch der höchste Augenblick der Kunst ist kurz: »Der Gedanke und die Reflexion hat die schöne Kunst überflügelt. [...] Deshalb ist unsere Gegenwart ihrem allgemeinen Zustande nach der Kunst nicht günstig. [...] Die Kunst ladet uns zur denkenden Betrachtung ein, [...] was die Kunst sei, wissenschaftlich zu erkennen.«[41] Dieses Diktum vom Auslaufen der Kunst in die ästhetische Theorie erweist sich uns durchaus nicht als ein Ende der Kunst, sondern als eine erhebliche Erweiterung ihrer Erkenntnismöglichkeiten; dem Sinnenhaften der Kunstwerke hat sich immer stärker das Sinnhafte der Reflexion hinzugesellt. Und in einer mimetischen Pirouette scheint das Design es heute der Kunst gleichtun zu wollen: Die Problemlösungszuversicht hat die bloße zweckorientierte Formgebung weit überflügelt.

SCHILLERS ÄSTHETISCHE REVOLUTIONS-PROPHYLAXE

Ungefähr zu der Zeit, als Hegel das *Systemprogramm* aufschreibt, veröffentlicht Friedrich Schiller (1759–1805) seine Briefe *Über die ästhetische Erziehung des Menschen* (1795). Konkreter Anlass für die Überlegungen ist eine theoretische Zwickmühle, in die ihn das gewaltigste historische Ereignis unserer Schwellenzeit gebracht hat: die Französische Revolution ab 1789. Schiller ist seit 1792 Ehrenbürger der Französischen Revolution, gleichzeitig aber frischer Kant-Fan. Wie kann er die Revolution gleichzeitig legitim finden und mit Kant ablehnen? Dieses Kunststück kann natürlich nur die Kunst vollbringen oder vielmehr die ästhetische Erziehung, »denn die Kunst ist eine Tochter der Freiheit, und von der Notwendigkeit der Geister […] will sie ihre Vorschrift empfangen. Jetzt aber herrscht das Bedürfnis und beugt die gesunkene Menschheit unter sein tyrannisches Joch.«[42] Anders gesagt: Wäre der Staat ästhetischer, so wären folglich die Menschen freier und damit eine Revolution überflüssig, »weil es die Schönheit ist, durch welche man zu der Freiheit wandert.«[43]

Der Mensch, stellt Schiller ganz im Sinne von Kants Aufklärungsverständnis fest, »ist aus seiner langen […] Selbsttäuschung aufgewacht, und mit nachdrücklicher Stimmenmehrheit fordert er die Wiederherstellung in seine unverlierbaren Rechte.« Hier klingt die *Declaration of Independence* mit. Das praktische Problem ist aber, dass der Mensch sich revolutionär erhebt, um »sich gewaltsam zu nehmen, was ihm nach seiner Meinung mit Unrecht verweigert wird.«[44]

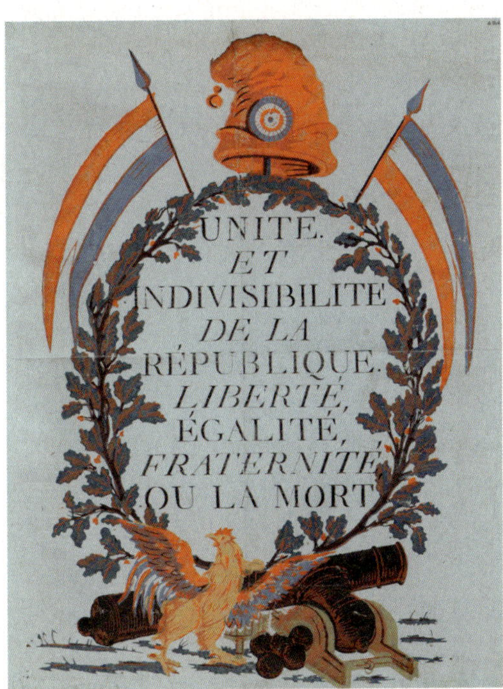

Quelle: *Wikimedia Commons / Public Domain*

Abb. 4.3: **Ein Propagandaplakat der Ersten Republik aus dem Jahr 1793 formuliert das Motto »Einheit, Unteilbarkeit der Republik, Freiheit, Gleichheit, Brüderlichkeit oder der Tod«.** Die martialische Bildwelt wird gekrönt von der Jakobinermütze. Die Schreckensphase 1793/1794 kostete mehrere zehntausend Menschen das Leben.

Genau hier soll nun die autonom gewordene Kunst zusammen mit der Wissenschaft eingreifen, denn sie erfreut »sich einer absoluten Immunität von der Willkür der Menschen. Der politische Gesetzgeber kann ihr Gebiet sperren, aber darin herrschen kann er nicht.«[45] So politisch-ästhetisch das bisher klingt, zeigt doch eine weitere Bemerkung, wie eng die Kunst auch bei Schiller mit der Religion verbunden ist: »Es ist also nicht bloß poetisch erlaubt, sondern auch philosophisch richtig, wenn man die Schönheit unsre zweite Schöpferin nennt.«[46] Schiller traut der Kunst also zu, das Programm der aus dem Ruder laufenden Revolution zu erfüllen, was sie unter allem Gewaltexzess nicht zu leisten vermochte: »Hier also, in dem Reiche des ästhetischen Scheins, wird das Ideal der Gleichheit erfüllt«[47] – Liberté, Égalité, Fraternité. Die Ziele der Revolution werden in Umgehung der Revolution erfüllbar, Kunst sei Dank!

Die Größe des Anspruchs ist seither nicht geringer geworden. Wenn Joseph Beuys davon spricht, dass jeder Mensch ein Künstler sei und an der *sozialen Plastik* mitgestalte,[48] dann steht er ganz in der Tradition von Schillers ästhetischer Erziehung. Auch bis in die Nachhaltigkeitsforschung reicht Schillers Ansatz: Wenn Uwe Schneidewind die *Große Transformation* im Sinne einer nachhaltigen Entwicklung als *Zukunftskunst* bezeichnet, versteht er diese Kunst ganz in Schillers Sinne, denn die Große Transformation beschreibt er »als einen Prozess [...] von vielen Akteuren [...] mit einem klar definierten Kompass«, um »in komplexen gesellschaftlichen, kulturellen, ökonomischen Prozessen zu navigieren.«[49] Ähnlich nah an Schiller wie Hegel erweist sich Schneidewinds Ansatz auch in der Beschreibung der transformativen Kraft der Kunst in Abgrenzung zur Wissenschaft: »In komplexen Veränderungsprozessen ist es notwendig, verschiedene Formen des Wissens und unterschiedliche Perspektiven kreativ aufeinander zu beziehen [...]. Rein instrumentelle und analytische

Vernunft stößt hier an ihre Grenzen. […] Der Kunstbegriff steht damit auch für das erweiterte reflexive und intervenierende Wissens- und Wissenschaftsverständnis«, das die Grundlage des Werks bildet.[50] Interessanterweise gerät auch das Design in diesen Schiller'schen Sog: »Gerade wenn es um komplexe Veränderungsprozesse geht, gewinnen Design-Kompetenzen immer stärker an Bedeutung. […] Es drückt die Kompetenz aus, funktionale, ästhetische und akteursbezogene Zugänge in einer integrierten Form aufeinander zu beziehen.«[51] Im Kontext der Nachhaltigkeit wird ein dynamischer Schwellenraum zwischen Kunst und Design offenbar.

ORT DER KUNST – PLATZ DER KUNST

Als die Laokoon-Gruppe 1506 entdeckt wird, findet sie ihren Ort im Cortile Ottagono des Vatikans. Es sind dann die Päpste unserer Liminalzeit, Clemens XIV. und sein Nachfolger Pius VI., die daraus ein museales Konzept erarbeiteten.[52] Wackenroders Prävalenzverschiebung von der Religion auf die Kunst illustriert sich in diesem Umstand aufs Trefflichste: Es sind ausgerechnet die Päpste der alten Christenheit, die den Musen ihren Tempel weihen: das *Museion*, der Musentempel. Überhaupt nimmt die Gründung von Museen ihren Anfang zu dieser Zeit, um dann in der Mitte des 19. Jahrhunderts, nachdem die Kunst ihren sakralen Platz etabliert hat, einen Höhepunkt zu erreichen. Die Architektur der Gebäude selbst bestätigt den Anspruch des Musentempels als sakraler Ort: das Fridericianum in Kassel (1779), die Glyptothek in München (1816), das Alte Museum in Berlin (1830), das British Museum in London (1848). Das Design zieht, was seine Musealisierung angeht, allerdings nach: Mit dem Kunstgewerbemuseum Berlin wird bereits 1867 der erste Vorläufer eines Designmuseums gegründet. Aus welcher Perspektive man die Kunst und ihre Diskurse um 1800 auch anschaut, zeigt sich ihre markante Bewegung mit einigen unverwechselbaren Spins (Abb. 4.4):

1. Die von der Aufklärung zurückgesetzte Religion verliert an Verbindlichkeit.
2. An ihren Platz stellt sich die Kunst als Instanz der individuellen wie gesellschaftlichen Sinngebung und Erlösungskompetenz.
3. Die Kunst befreit sich aus dem Ghetto des bloßen Handwerks und der *Mimesis*, sie wird eigengesetzlich.
4. Die Kunst zieht mit der Wissenschaft gleichauf, der Kunst werden ähnliche wissenserzeugende Kompetenzen zugesprochen wie der Wissenschaft, freilich zu dem Preis, dass sie auch selbst theoretischer wird.
5. Als Nachfolgerin der Religion schafft sie sich eigene Räume der quasi-sakralen Repräsentation, die Museen.

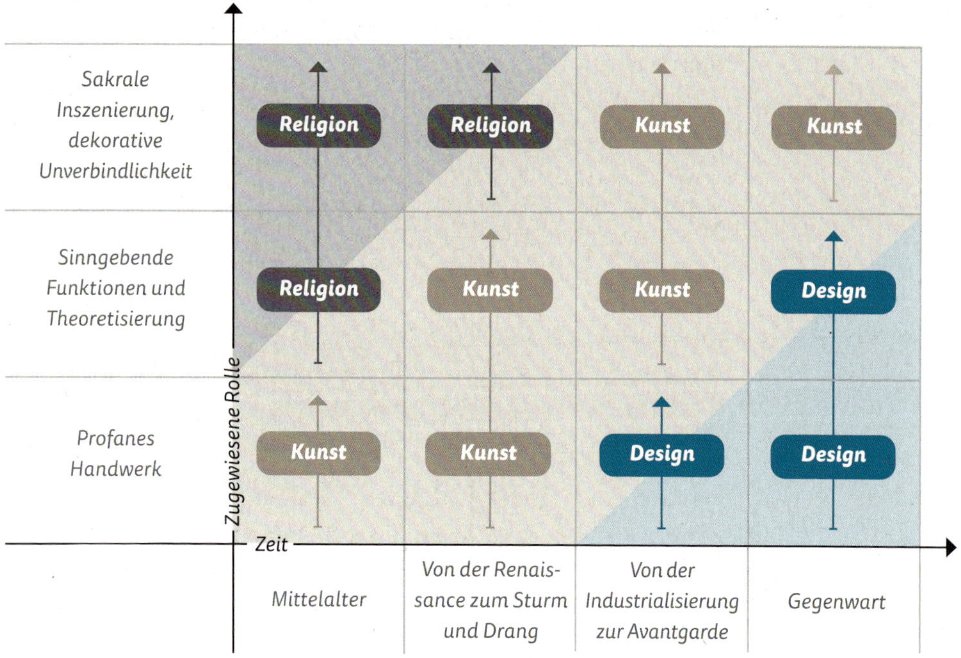

Abb. 4.4: **Die Kunst usurpiert den Platz der Religion, das Design schickt sich an, diese Bewegung zu wiederholen und den Platz der Kunst für sich zu beanspruchen.**

6 Diese Bewegung macht den Platz frei für eine profane Formgebungsdisziplin, das im Zuge der Industrialisierung sich entwickelnde Design.

7 Das Design allerdings adaptiert im Laufe der Zeit einiges vom eschatologischen Schwung der Kunst und verhält sich zu Beginn des 21. Jahrhunderts zur Kunst ganz ähnlich wie diese zur Religion gegen Ende des 18. Jahrhunderts. Das gilt in besonderem Maß für das Nachhaltige Design.

KUNST UND DESIGN

Die Autoren dieses Buchs stellen im Rahmen der Aufnahmeprüfungen für den Studiengang *Nachhaltiges Design* nicht selten die Frage, was denn der Unterschied zwischen Design und Kunst sei. Die Antworten klingen gelegentlich nach dem Bonmot des Typografen Kurt Weidemann: »Der Künstler macht, was er will, der Designer will, was er macht.«[53] Das sind freilich nur anekdotisch gewonnene Indizien, aber sie deuten in eine Richtung, die im Lichte dieses Kapitels nicht unplausibel wirkt: Im 21. Jahrhundert könnte die Kunst den Weg der Innerlichkeit gehen, als subjektiver Ausdruck der je eigenen Singularität im Sinne vom Reckwitz (vgl. KAPITEL 3), und dabei den Anspruch auf das intersubjektiv Verbindende wie Verbindliche aufgeben. Das reicht nicht an den heroischen Anspruch der Avantgarde heran, denn für die ist Kunst, wenn man kann, was man muss: Künstler sind Seismographen des Möglichen und Nicht-mehr-Möglichen, wie Adorno es formuliert: »Im Material aber ist Geschichte sedimentiert. Einzig wer das geschichtlich Fällige und das unwiederbringlich Veraltete im Material selber zu unterscheiden vermag, wird materialgerecht produzieren. Den Künstlern ist das gegenwärtig, wann immer sie Farben, Formen, Klänge vermeiden, die zwar als Naturstoffe möglich wären, aber durch geschichtliche Assoziationen dem spezifischen Sinn dessen widerstreiten, was sie an Ort und Stelle leisten sollen.«[54] Das gilt für das Nachhaltige Design in kaum geringerem Maße als für die Kunst, mit der entscheidenden Pointe, dass nicht nur im Blick auf die Tradition entschieden wird, was geht und was nicht mehr geht. Vielmehr kommt beim Nachhaltigen Design die Möglichkeit von Zukunft in den Blick: Wie können wir weiterhin Natur in Kultur (vulgo: Ressourcen in Produkte, Dienstleistungen, Energie) transformieren, ohne die Existenz der Menschheit selbst aufs Spiel zu setzen? Im Design ist Zukunft sedimentiert, wenn es nachhaltig ist.

Im Nachhaltigen Design ist die Kunst gut aufgehoben, ganz im Hegelschen Sinne des dreifachen Aufhebens. *Negare*: Die Kunst wird zunächst als unzureichend verneint, weil sie sich in der Innerlichkeit zu erschöpfen scheint. *Elevare*: Die Kunst wird auf eine höhere Ebene gehoben, indem sie um die Dimension der Zukunft erweitert wird, sie wird eigentlich progressiv in dem Sinne, wie die jungen Romantiker die »progressive Universalpoesie«[55] verstanden. *Conservare*: Das Bewahrenswerte der Kunst, der Sinn fürs Material und die schöpferische Kraft, ihr Über-sich-Verweisen, ihr offenes Bedeuten, ihr Sinnüberschuss, das alles wird bewahrt, aber durchaus nicht als Konserve, sondern in alltäglicher Lebendigkeit. Das Nachhaltige Design entfaltet sich in der Nachfolge der Kunst: Es hat auf seiner wissenschaftlichen Seite einen unverrückbaren Wirklichkeitssinn; auf seiner kreativen Seite aber entfaltet es Möglichkeitssinn.[56] Es ist welthaltig und zukunftsfähig.

---

1 Vergil: Aeneis, 2. Buch, V. 1–267.
2 Plinius der Ältere in seiner Naturalis Historia, Buch 36. Latein und Übersetzung in Andreae: Plinius und der Laokoon, S. 3.
3 So formuliert es August Wilhelm Schlegel im Athenäums-Fragment Nr. 310.
4 Goethe: Über Laokoon, S. 166.
5 ebd.
6 vgl. Maurach: Bemerkungen zum Fund der Statue, S. 2 f.
7 So d'Alembert in der Einleitung zur Encyclopédie, S. xi.
8 Horaz: Ars Poetica, V. 333 f.
9 Isidor von Sevilla (1911): Etymologiarum sive Originum.
10 Frei übersetzt verkündet das Konzil die Haltung zu den Ikonen »gemäß der göttlich inspirierten Lehren unserer Kirchenväter und der kirchlichen Tradition, denn wir wissen, dass dies das Wirken des Heiligen Geists ist.« Vgl. Concilium Nicaenum II: Documenta, S. 2.
11 Baumgarten: Aesthetica, §1, S. 11.
12 ebd., §13, S. 17.

13 vgl. Martus: Aufklärung, S. 695.
14 Fuhrmann: Die »Querelle des Anciens et des Modernes«, der Nationalismus und die deutsche Klassik.
15 Winckelmann: Gedanken über die Nachahmung der griechischen Werke in der Malerei und Bildhauerkunst, S. 3.
16 ebd., S. 4.
17 ebd., S. 20.
18 ebd., S. 10.
19 vgl. dazu Osterhammel: Die Verwandlung der Welt, S. 37.
20 Goethe (Hrsg.): Winckelmann und sein Jahrhundert.
21 Goethe: Prometheus, Band 1, S. 320 f.
22 Kerenyi: Mythologie der Griechen, S. 164–181. Macho: Prometheus. Eine Vor-Erzählung.
23 Der Begriff taucht vermutlich erstmals 1769 auf in »An essay on the original genius of Homer with a Comparative View of the Ancient and Present State of the Troade« des britischen Mittelmeerreisenden Robert Wood (1717–1771).
24 vgl. dazu den ausgezeichneten Sammelband von Leggewie / Renner / Risthaus: Prometheische Kultur. Wo kommen unsere Energien her?
25 Wackenroder: Herzensergießungen eines kunstliebenden Klosterbruders, S. 7.
26 ebd., S. 14.
27 ebd., S. 31.
28 ebd., S. 39 f.
29 ebd. S. 54 f.
30 ebd., S. 14.
31 ebd., S. 15.
32 ebd., S. 24.
33 ebd., S. 100.
34 Diese (S. 13) und zahlreiche weitere Passagen in Birus: Goethes Italienische Reise als Einspruch gegen die Romantik.
35 Hegel: Das älteste Systemprogramm des deutschen Idealismus.
36 Hegel: Phänomenologie des Geistes, S. 458.
37 ebd., S. 460.
38 ebd., S. 461.
39 ebd., S. 460.
40 Hegel, Ästhetik, S. 45.
41 ebd., S. 49 f.
42 Schiller: Briefe über die ästhetische Erziehung des Menschen, S. 5 (Zweiter Brief).
43 ebd., S. 6.
44 ebd., S. 12 (Fünfter Brief).
45 ebd., S. 24 (Neunter Brief).
46 ebd., S. 65 (21. Brief).
47 ebd., S. 96 (27. Brief).
48 Eine der zahlreichen Variationen des Motivs vgl. Harlan / Rappmann / Schata: Soziale Plastik. Materialien zu Beuys, S. 102. Auch die Denkfigur der Ästhetik als Befähigerin der Freiheit wird vielfach bei Beuys variiert, z. B. ebd., S. 30.
49 Schneidewind: Die Große Transformation, S. 32.
50 ebd., S. 39.
51 ebd., S. 473.
52 vgl. Vatikanische Museen.
53 Merz: Kurt Weidemann: Biografische Gespräche, S. 177.
54 Adorno: Ohne Leitbild, S. 17.
55 Schlegel: Athenäums-Fragment Nr. 116.
56 Musil: Der Mann ohne Eigenschaften, S. 16–18.

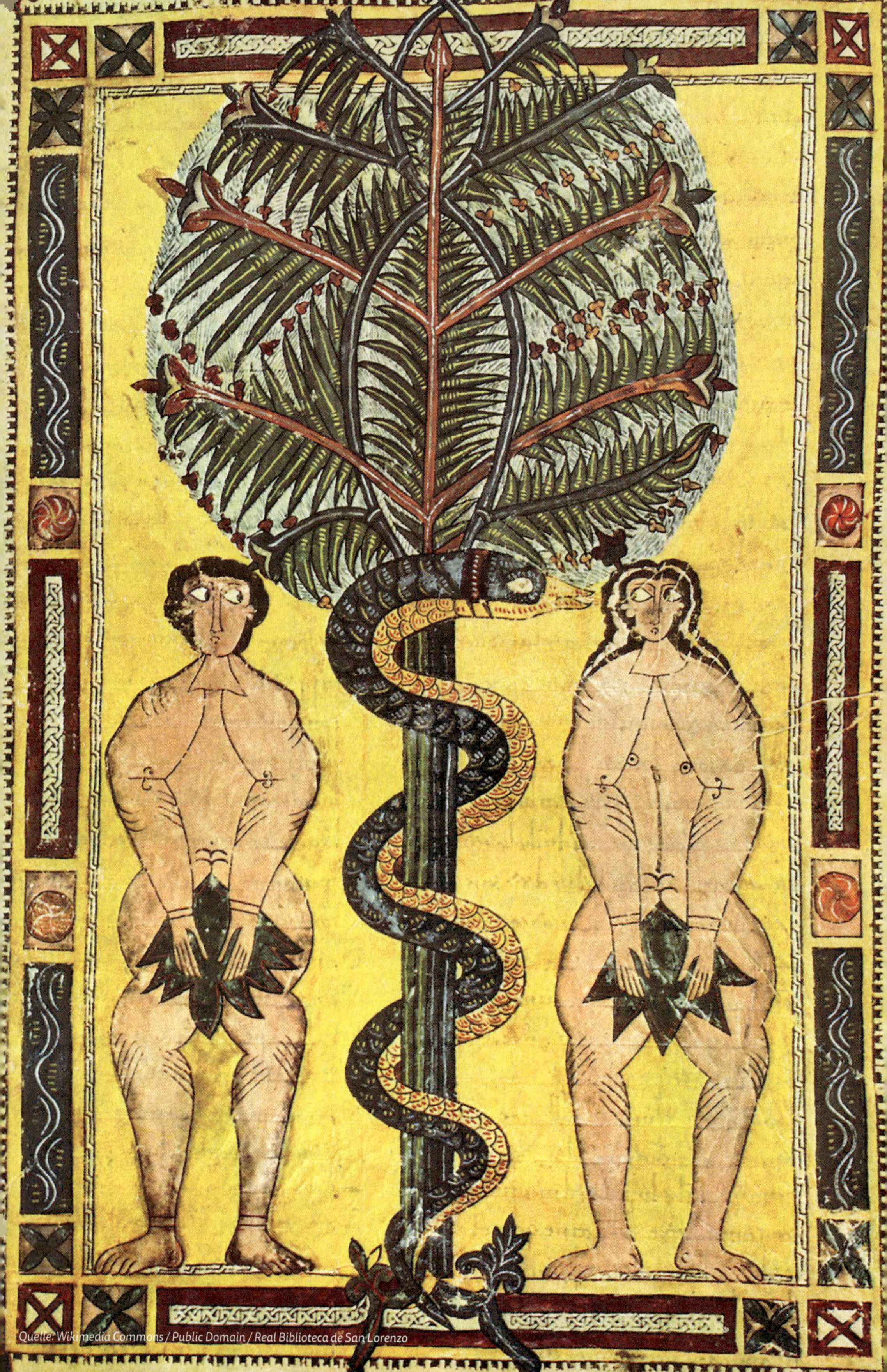

Quelle: Wikimedia Commons / Public Domain / Real Biblioteca de San Lorenzo

KAPITEL 5

RELIGIÖSE MUSTER UND ETHISCHE FRAGEN IM NACHHALTIGEN DESIGN

So weit das Auge und die Überlieferung reichen, legen Kulturen seit je ihren größten Ehrgeiz darein, die beiden zentralen reproduktiven Tätigkeiten des Menschen zu regulieren: Sexualität und Ernährung. So unterschiedlich das Gebotene und Verbotene im Detail auch ausfallen mag, so hoch entwickelt ist die Lust des Dekretierens, wer wann und wo unter welchen Bedingungen was verzehren und nicht verzehren darf; Analoges gilt *in rebus amoris*. Unser Sinn-Bild, eine spanische Buchillustration aus dem 10. Jahrhundert, mit leuchtenden Temperafarben auf Pergament gezeichnet, inszeniert auf eigenwillige Weise einen solchen entscheidenden Moment regulatorischer Ätiologie – den soeben vollzogenen biblischen Sündenfall. Was ist geschehen? Der Schöpfergott hatte es den frisch erschaffenen Erstmenschen Adam und Eva untersagt, von einem spezifischen Baum in der Mitte des Paradieses zu naschen,[1] und er tat gut daran, denn es ist der Baum der Moral. Die listige Schlange informiert

Der Sündenfall
Unbekannter Autor (um 950)
Höhe: 33,5 cm; Breite: 22,5 cm
Real Biblioteca de San Lorenzo de Escorial, Madrid

Eva, »dass an dem Tag, da ihr davon esst, eure Augen aufgetan werden und ihr sein werdet wie Gott, erkennend Gutes und Böses.«[2] Nicht nur Adam und Eva fiel es schwer, den Versuchungen der Moral zu widerstehen, auch heute können wir nachhaltig engagierte Menschen regelmäßig fallen sehen – zu süß ist die Frucht des Moralisierens, ähnlich süß wie das Heraufbeschwören von Untergangsszenarien. Unser Sinn-Bild entstammt einer Handschrift des 10. Jahrhunderts, die heute im Escorial in Madrid aufbewahrt wird; ihr Inhalt ist ein 200 Jahre älterer Kommentar zur Apokalypse, den ein asturischer Mönch schrieb und der sich angesichts der bevorstehenden Jahrtausendwende und damit einhergehender apokalyptischer Befürchtungen großer Beliebtheit erfreute. Wir sehen in dem flächigen, fast kubistisch[3] anmutenden Bild Adam und Eva exakt in dem Moment, da ihnen ihre Nacktheit bewusst geworden ist und sie ihre Blößen mit Feigenblättern bedecken. Mit weit aufgerissenen Augen schauen sie sich verdattert an und ahnen, dass sie da etwas angerichtet haben. In der Tat ist das der Moment, in dem sowohl die Fashion-Industrie (zur Verdeckung der Nacktheit) als auch die Landwirtschaft (im Schweiße ihres Angesichts werden die Vertriebenen Ackerbau betreiben müssen) ihren Ursprung nehmen, zwei Sektoren, die entlang sämtlicher Stationen der Wertschöpfungskette sowohl die planetaren als auch die sozioökonomischen Grenzen intensiv penetrieren.

HEGEN, PFLEGEN, UNTERWERFEN

Es scheiden sich seit Jahrzehnten die Geister daran, ob nicht gerade das Welt- und Menschenbild der Genesis verantwortlich sei für den exploitativen Umgang mit der Natur. Als *Corpus Delicti* gilt eine Stelle aus der Schöpfungsgeschichte, die gemeinhin *Dominium Terrae* genannt wird; kaum dass Adam und Eva »als Mann und Frau«

geschaffen sind, wird ihnen ihre spezifische Rolle in der Schöpfung zugeteilt: »Und Gott segnete sie, und Gott sprach zu ihnen: Seid fruchtbar und vermehrt euch, und füllt die Erde, und macht sie euch untertan; und herrscht über die Fische des Meeres und über die Vögel des Himmels und über alle Tiere, die sich auf der Erde regen!«[4] Untertan machen und herrschen, die beiden Verben veranlassen 1967 den US-Mediävisten Lynn White, die jüdisch-christliche Tradition für die ökologische Krise in Haftung zu nehmen.[5] Das Verb *kabasch*, das herkömmlich mit »untertan machen« übersetzt wird, kann aber im Wortgebrauch des Alten Testaments auch in dem Sinne übersetzt werden, dass die Erde als Kulturland erschlossen werden soll.[6] Das Verb *radah* für »herrschen« wird sowohl mit dem Königlichen als auch mit der Fürsorge des Hirten für die Herde assoziiert – eine pastorale Dimension,[7] verbunden mit der Aufgabe, »die ständig von lebensfeindlichen Mächten und dem Chaos bedrohte Schöpfung zu schützen«[8] und seine Herde mit Fürsorge zu hegen und zu pflegen. Der Auftrag zur Bewahrung der Welt als Schöpfung, die aktuelle christliche Position, wird deutlich. Es ist darüber hinaus der Verdacht gerechtfertigt, dass erst ein neuzeitlich säkularisierter Begriff von Natur den exploitativen Zugriff auf sie erst denkbar und durchführbar macht. Wir kommen in Kürze darauf zurück.

FEUER, FLUTEN UND PROPHETEN

Nachhaltigkeitsdiskurse haben also gelegentlich einen theologischen Beigeschmack. Das ist angesichts der Aufhebungsbewegung, die wir im vorigen Kapitel diskutiert haben, wenig verwunderlich: Im Negieren der Religion durch die Kunst und der Kunst durch das Design ist noch einiges an religiösen Mustern konserviert. Es ist schlicht zu naheliegend, den steigenden Meeresspiegel mit der Sintflut[9] in

Verbindung zu bringen, doch als Kommunikationsstil für Nachhaltigkeit birgt es Risiken, in den prophetisch-apokalyptischen Gestus selbst zu verfallen. Einige Beispiele sollen das veranschaulichen.

Ihr Buch *Silent Spring* (1962, vgl. **KAPITEL 2**) eröffnet die Biologin Rachel Carson mit dem dystopischen *Zukunftsmärchen* von einer amerikanischen Kleinstadt, die als Konsequenz aus dem Einsatz von Pestiziden nicht nur einen stummen Frühling ohne Vogelgezwitscher erleben muss, sondern als Ganzes biologisch abzusterben droht. Tun und Ergehen hängen unmittelbar zusammen. Ähnlich die berühmte Davos-Rede von Greta Thunberg aus dem Januar 2019, die mit klaren Antithesen formuliert: »We have to stop our emissions of greenhouse gases. Either we do that or we don't. You say nothing in life is black or white. But that is a lie. A very dangerous lie. Either we prevent 1.5 degree of warming or we don't. Either we avoid setting off that irreversible chain reaction […] or we don't. Either we choose to go on as a civilization or we don't. That is as black or white as it gets. There are no grey areas when it comes to survival. Now we all have a choice.«[10]

Wir wollen nicht auf die inhaltliche Bewertung der Passage eingehen (es gibt offenkundig einen beachtlichen Graubereich zwischen 1,5 und 3 Grad Klimaveränderung), sondern den religiösen Ballast der Rede in den Blick nehmen. Der alttestamentliche Tun-Ergehens-Zusammenhang und die damit verbundene prophetische Mahnung zu Buße und Umkehr ist gut erkennbar, wie ein Blick in die Abschiedsrede des Mose zeigt, in der er das große Entweder-Oder skizziert, vor dem Israel steht: »Siehe, ich habe dir heute vorgelegt das Leben und das Gute, den Tod und das Böse, […], damit du lebst und zahlreich wirst […] Wenn aber dein Herz sich abwendet und du nicht gehorchst […], dann kündige ich euch heute an, dass ihr ganz gewiss umkommen werdet. […] Das Leben und den Tod habe ich dir vorgelegt, den Segen und den Fluch! So wähle das Leben, damit du lebst, du und deine Nachkommen […].«[11] Die Antithesen von Segen und Fluch sind glasklar postuliert, ein Dazwischen apodiktisch ausgeschlossen. Diese rhetorische Figur wird *antithetischer Parallelismus membrorum*[12] genannt; sie gießt das Entweder-Oder in eine klare rhetorische Form.[13]

DAS LASTER DER PROPHETEN

Freilich bedarf es auch eines prophetischen Grundtons, um die Dringlichkeit des Anliegens zu verdeutlichen. Auch hier ist die Davos-Rede ergiebig: »Our house is on fire. I am here to say, our house is on fire. […] Yes, we are failing, but there is still time to turn everything around. We can still fix this. We still have everything in our own hands. […] We are facing a disaster of unspoken sufferings for enormous amounts of people. […] I want you to panic. […] I want you to act as if the house is on fire. Because it is.«[14] Das Drängende der kurzen und klaren Sätze, die Vehemenz der Wiederholungen, das Auffordern zur Umkehr erzeugt eine mahnende prophetische Emphase, die deutlich machen will, dass niemand sich darauf berufen kann, nichts gewusst zu haben. Auch hier drängen sich die alttestamentlichen Parallelen auf: Im 2. Buch Könige heißt es: »Und der HERR hatte Israel und Juda durch alle Propheten […] gewarnt und hatte gesagt: Kehrt um von euren bösen Wegen und bewahrt meine Gebote, meine Ordnungen, dem ganzen Gesetz gemäß, […] das ich euch durch meine Knechte, die Propheten, gesandt habe!«[15]

Diese Denkfigur liegt in Nachhaltigkeitsdiskursen nah, zumal es bei einer nachhaltigen Transformation darum geht, negative Konsequenzen zu vermeiden, indem bestimmte unzuträgliche Handlungen unterlassen werden sollen. Besonders effektvoll werden prophetische Warnungen aber, wenn sie im Zusammenhang mit endzeitlichen Weltgerichts-Szenarien verbunden werden.[16] Ein ganz aktuelles Phänomen zeigt diese Tendenzen zur Nutzanwendung apokalyptischer Versatzstücke in erstaunlicher Klarheit. Zum Zeitpunkt der Niederschrift dieses Kapitels wird in Deutschland eine äußerst ambitionierte Klimaschutzbewegung aktiv, die sich nicht nur den Namen *Aufstand letzte Generation*[17] gibt, sondern auch den Hashtag *#BuergerratStattSturmfluten*[18] geprägt hat. Der Tun-Ergehens-Zusammenhang ist glasklar: Entweder wird der Beschluss des bundesweiten Bürgerrats Klima[19] umgesetzt, oder aber es gibt Sturmfluten. Es zeigt sich hier aber im Namen *Letzte Generation* ein weiteres endzeitliches Phänomen, das in der Theologie als unmittelbare Parusie-Erwartung bekannt ist, nämlich die Überzeugung der frühen Christengruppen, die Wiederkehr Christi (*Parusie*) stünde unmittelbar bevor, nämlich noch zur Zeit der aktuellen Generation, die also die letzte vor dem Untergang der gegenwärtigen Weltordnung wäre. In seiner Endzeitrede sagt Jesus nämlich: »Wahrlich, ich sage euch: Dieses Geschlecht wird nicht vergehen, bis alles dies geschehen ist.«[20]

Sachlich betrachtet gibt es wenig zu kritisieren am Beschluss des Bürgerrats[21], auf den sich die *Letzte Generation* beruft; er tagte unter der Schirmherrschaft des Altbundespräsidenten Horst Köhler, er repräsentiert den Forschungsstand angemessen, die Quelle ist seriös, legitim, sachlich auf der Höhe. Und doch haftet den Aktionen und dem Stil der *Letzen Generation* etwas Befremdliches und Vermessenes an: die Gewissheit, das objektiv Richtige zu vertreten, und daraus abgeleitet die Gewissheit, nicht nur das Recht auf, sondern die Pflicht zur bewegten Tat zu haben. Hegel nennt diese empfundene Objektivität das »Gesetz des Herzens und den Wahn des Eigendünkels«, das gegen »eine gewalttätige Ordnung der Welt« ankämpft, um sich zu engagieren für »eine unter ihr leidende Menschheit, welche nicht dem Gesetz des Herzens folgt, sondern einer fremden Notwendigkeit untertan ist.«[22] Diese fremde Notwendigkeit, die unzureichenden Bemühungen von Politik, Gesellschaft und Wirtschaft, gilt es, dem Gesetze des Herzens zu unterwerfen, weil es objektiv erforderlich scheint. Wir möchten diese Denk- und Weltdeutungsfiguren das Laster der Propheten nennen.

VON JONAS ZU JONA

Der Philosoph Hans Jonas (1903–1993) hat mit seinem Buch *Das Prinzip Verantwortung* (1979) ein zentrales Werk für die Nachhaltigkeitsdiskurse vorgelegt, das er den »Versuch einer Ethik für die technologische Zivilisation« nennt. Der grundlegende Gedanke lässt sich so zusammenfassen, dass die Industrialisierung, der »endgültig entfesselte Prometheus«[23], auch die Ethik auf eine gänzlich neue Basis stellen muss, in der nicht zuletzt das Wissen um die Reichweite des technischen Handelns eine wesentliche Rolle spielt: »Die Kluft zwischen Kraft des Vorherwissens und Macht des Tuns erzeugt ein neues ethisches Problem. […] Keine frühere Ethik hatte die globale Bedingung menschlichen Lebens und die ferne Zukunft, ja Existenz der Gattung zu berücksichtigen.«[24]

Das ist präzis gesehen, denn schon ein Blick in die Etymologie des Wortes Ethik führt in ein vorindustriell, pastoral geprägtes Wortfeld aus dem Milieu der Viehhaltung: Als Odysseus nach zwanzig Jahren Irrfahrt seine Heimatinsel Ithaka und seinen Vertrauten Eumaios, den Schweinehirten, erreicht, »kamen die Schweine und schweinehütenden Männer. / Diese sperrten sie ein in den einzelnen Ställen zum Schlafen«[25]. Und diese Ställe bezeichnet Homer mit dem Wort *ἤθεα*, das ist der Plural von *Ethos*. Es ist der Stall, die gewohnte und geborgene Stätte, von den Gefahren der Außenwelt abgesichert, wo das Ethos seinen Ursprung hat.[26] Im biblischen Kontext ist uns das

Bild des Guten Hirten geläufig als (Selbst-)Bezeichnung Jesu.[27] Und auch im Islam stammt der Begriff für Sittlichkeit, *Scharia*, ursprünglich aus der Weidewirtschaft, er bezeichnet den deutlich gebahnten, also bewährten Weg zur Tränke,[28] der Sicherheit gibt.

Es ist das besondere Verdienst von Hans Jonas, eine Antwort auf die Frage zu geben, auf welche Fragen eine postpastorale, zeitgemäße Ethik zu antworten hat: »Handle so, dass die Wirkungen deiner Handlung verträglich sind mit der Permanenz echten menschlichen Lebens auf Erden.« Oder weniger kantisch gesprochen: »Gefährde nicht die Bedingungen für den indefiniten Fortbestand der Menschheit auf Erden.«[29] Für das Nachhaltige Design lässt sich diese Verantwortungsethik unter dem Begriff der Folgenabschätzungen zusammenfassen, die das verfügbare Wissen mit dem erweiterten Wirkungshorizont unserer technischen Zivilisation in Relation setzen.[30] Die besonderen Verdienste von Jonas machen ihn allerdings nicht frei vom Laster der Propheten, das bei Jonas als »Heuristik der Furcht« erscheint. Was ist damit gemeint? »Denn so ist es nun einmal mit uns bestellt: die Erkennung des *malum* ist uns unendlich leichter als die des *bonum*; sie ist unmittelbarer, zwingender«[31]. Für die Nachhaltigkeitskommunikation muss das, so Jonas, den »Vorrang der schlechten vor der guten Prognose« bedeuten, es ergibt sich daraus sogar »die Vorschrift, primitiv gesagt, dass der *Unheilsprophezeiung mehr Gehör zu geben ist als der Heilsprophezeiung*.«[32]

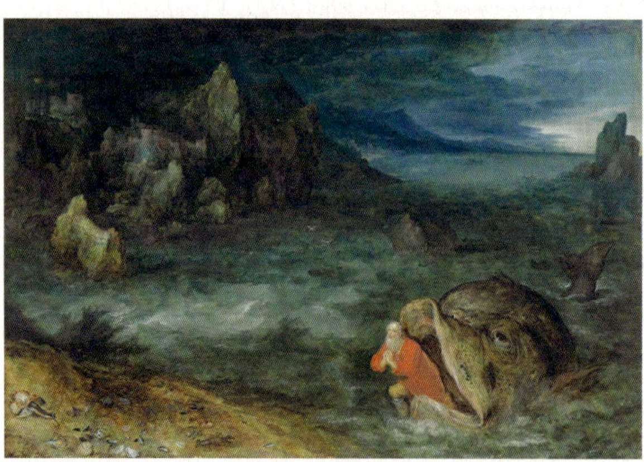

Abb. 5.1: **»Jona entsteigt dem Walfisch« (1597/98)** von Jan Brueghel dem Älteren.

Quelle: Bayerische Staatsgemäldesammlungen – Alte Pinakothek München [www.sammlung.pinakothek.de/de/artwork/2mxqDJd48b] (CC BY-SA 4.0)

Diese verblüffende These führt uns zu einer anderen Unheilsprophezeiung, nämlich zum Propheten Jona (vgl. Abb. 5.1), der auserkoren wird, der sündigen Stadt Ninive im nördlichen Mesopotamien Buße zu predigen.[33] Jona erweist sich als komplizierter Charakter, der sich zunächst seiner prophetischen Mission zu entziehen sucht, zuletzt aber von einem großen Fisch (häufig als Wal übersetzt) an Land ausgespuckt wird, um in Ninive die Umkehr zu predigen, weil sonst nach vierzig Tagen die Stadt zerstört würde. Wir dürfen vermuten, dass er sich ähnlich spektakuläre Untergänge erhoffte, wie sie über Sodom und Gomorra niedergingen,[34] doch wider Erwarten fruchtet seine Prophetie, die Bewohner kehren um, die Stadt wird nicht zerstört. Seine Reaktion aber ist verstörend, denn »es mißfiel Jona sehr, und er wurde zornig.«[35] Enttäuscht, dass die Unheilsprophezeiung nicht erfüllt wird, hadert er mit Gott, der einige didaktische Bemühungen unternimmt, um den ausgefallenen Showdown zu rechtfertigen.[36]

Jonas – also: Hans Jonas – könnte nun argumentieren, die Umkehr sei geglückt, die Katastrophe abgewandt, Ninive gerettet, die Heuristik der Furcht habe gefruchtet. Doch in der Realität geschieht regelmäßig das Gegenteil. Das Nichteintreten des Untergangs untergräbt die Glaubwürdigkeit der Mahnenden, der Fall bei Jona. Das Phänomen ist auch in Nachhaltigkeitsdiskursen bestens bekannt: Das Waldsterben der 1980er Jahre erwies sich als weniger folgenreich als befürchtet, was sich nicht zuletzt den eingeleiteten Gegenmaßnahmen verdankte, und das Ozonloch schließt sich seit dem Abkommen von Montreal langsam aber stetig. Das könnte man als einen Erfolg der Aktivisten und der durch sie induzierten Gegenmaßnahmen feiern.[37] Wer nun aber den prophetischen Zungenschlag des nahenden Untergangs gewählt hat, setzt ebendiese Erfolge ins Unrecht. Dasselbe Phänomen wird in der Epidemiologie das Präventionsparadox genannt und in zwei Richtungen definiert: Einerseits ist gemeint, dass einzelne Individuen von Präventionsmaßnahmen wenig profitieren, die Gesamtheit der Bevölkerung hingegen schon. Andererseits sinkt durch den Erfolg von Impfschutzkampagnen die Akzeptanz für die Impfungen, weil die Krankheiten ihre Bedrohlichkeit verlieren und bevorzugt die Nebenwirkungen diskutiert werden.[38]

Es gibt weitere Gründe, die gegen eine Heuristik der Furcht sprechen. Zum einen zeigt es sich immer wieder, dass allzu abgründige Szenarien des Untergangs nicht etwa in spontanen Transformationswillen umschlagen, sondern in ein Abbrechen des Kommunikationskanals. Zum anderen wirkt die Drohung mit dem nahen Ende nicht etwa beflügelnd, sondern lähmt durch Furcht, wo Handlungszuversicht und Wirksamkeitserfahrung entscheidend ist, also das Erlebnis, durch eigenes Handeln tatsächlich etwas bewirken zu können. Daher kann eine Nachhaltigkeitskommunikation, die nicht zuerst recht behalten, sondern Transformation anstoßen will, nicht ernsthaft auf das Laster der Propheten setzen und *Zukunft als Katastrophe*[39] erzählen. Vielmehr gilt es, zunächst die Bedürfnisse und kommunikativen Anknüpfungspunkte der Zielgruppen zu identifizieren und zu verstehen, um auf dieser Basis Optionen, Chancen und Perspektiven zu eröffnen, die eine nachhaltige Transformation ermöglichen. Auch hier wieder gilt es, den Möglichkeitssinn zu entwickeln. KAPITEL 10 vertieft diesen Aspekt.

ZEIGEFINGER, MITTELFINGER, FEHLSCHLÜSSE

Gestaltung hat offenkundig eine ethische Dimension. Wenn man den Entwurfs- und Gestaltungsprozess der Guillotine betrachtet, sieht man vorbildliche Designprozesse (vgl. KAPITEL 8) und gute Absichten; heute gilt sie uns dennoch als Ikone des Schreckens. Die Motive zu ihrer Entwicklung waren in Humanität und Gleichheit begründet:

Alle Menschen sollten auch vor dem Henker gleich sein, ohne unnötige Qualen, mithilfe einer innovativen technischen Vorrichtung. Der Arzt und Parlamentarier Joseph-Ignace Guillotin schlug 1789 der Nationalversammlung eine entsprechende Regelung vor. Die Entwicklung geschah transdisziplinär unter der Einbeziehung von Ärzten, einem deutschen Klavierbauer (als Experte für die Verbindung von Holz und Metall) sowie dem Scharfrichter von Paris als Stakeholder aus der Anwendungspraxis. Es gab Prototypen und iterative Schleifen (unter Zuhilfenahme von Schafen), Form- und Funktionsexperimente, bis die Guillotine am 25. April 1792 erstmals erfolgreich eingesetzt wurde.[40] Doch alle guten Intentionen und Methoden der Gestaltung haben ein Instrument des Terrors hervorgebracht. Es gibt offenkundig eine ethische Dimension des Entwerfens, die gängige disziplinäre Methoden und Prozesse transzendiert. Und genau aus diesem Umstand ergibt sich ein Moralismus-Risiko.

Ein ausgezeichneter Sammelband wurde kürzlich der *Kritik des Moralismus*[41] gewidmet. In einigen Beiträgen wird zwischen »moralisch« als inhaltlich zutreffend und »moralistisch« als inhaltlich unzutreffend oder stilistisch überzogen verstanden, um dann zum Schluss zu kommen, dass eine gerechtfertigte moralische Kritik etwa bei Ernährung oder Konsum nicht moralistisch sein könne; damit sei der Vorwurf des Moralismus immer schon ein unmoralischer

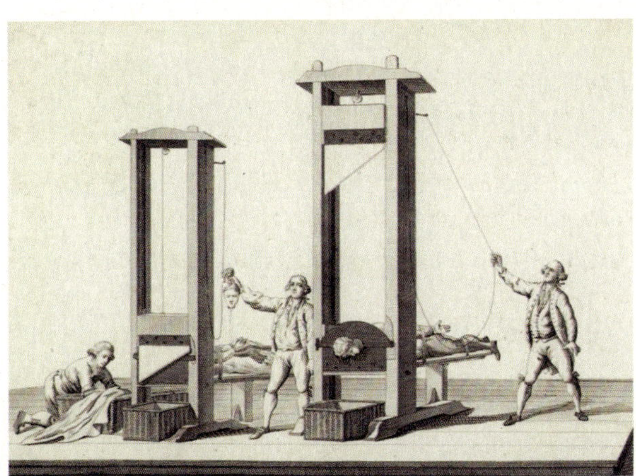

Abb. 5.2: **Vorbildlicher Designprozess, streitbares Resultat: Die Guillotine.**

Quelle: Milky / Musée de la Révolution française / Wikimedia Commons (CC BY-SA-4.0)

Abwehrreflex gegen legitime moralische Einwände. Freilich wird die moralische Vorhaltung damit auf einer zweiten, höheren Ebene perpetuiert und verstärkt. Weil Konsum[42] für unser Anliegen von unmittelbarer Relevanz ist, wollen wir einen Blick auf die Beantwortung der Frage werfen, die Sabine Hohl stellt: »Ist es moralistisch, andere zum ethischen Konsum anzuhalten?«[43] Ein wesentlicher Aspekt ist hier die mangelnde Effektivität moralischer Konsumkritik. Hohl argumentiert: »Moralische Kritik wird [...] nicht deshalb als moralistisch empfunden, weil sie ineffektiv ist. Vielmehr ist sie umgekehrt manchmal gerade deshalb ineffektiv, weil sie als moralistisch empfunden wird.«[44] Die kühne Schlussfolgerung daraus lautet, »dass wir moralische Kritik an Konsumverhalten als ›üblicherweise nicht moralistisch‹ statt ›üblicherweise moralistisch‹ einordnen.«[45] Dagegen sind vier Argumente einzubringen:

Wenn es erstens um das Laster der Propheten geht, nämlich die Wonne am Rechtbehalten, kann man das so formulieren wie Hohl, wirksamer wird der moralische Einwand dadurch nicht. Wenn es das Ziel ist, auch Konsummuster nachhaltig umzugestalten, dann kommt es zuletzt auf die Wirksamkeit der Intervention an, und nicht auf ihre moralische Korrektheit. Anders gesagt: Aus der Tatsache, dass bestimmte Konsummuster moralisch signifikant sind, folgt nicht, dass eine moralische Intervention geeignet ist, die Konsummuster moralisch verträglicher umzugestalten; das ist der ***homöopathische Fehlschluss***, dass Ähnliches durch Ähnliches geheilt werden möge.

Diesem Fehlschluss benachbart ist die Annahme, dass die Einsicht in die Schädlichkeit eines Konsummusters und eine entsprechende innere Haltung hinreichend seien, um eine Verhaltensänderung zu induzieren. Dieser Fehlschluss ist empirisch gut zu widerlegen und dennoch besonders hartnäckig. Das hat mit einer grundlegenden Signatur der Innerlichkeit zu tun, die unsere Kultur seit der Reformation prägt; wir kommen darauf zurück und nennen diese irrige Annahme den **intrinsischen Fehlschluss**.

Wenn es drittens um die reale Lebens- und Konsumwelt geht, gibt es nicht nur ein Entweder-Oder, sondern auch jeden denkbaren Mischzustand zwischen besonders nachhaltigem und besonders unnachhaltigem Konsum. Es macht für die Nachhaltigkeitsziele einen erklecklichen Unterschied, ob sich eine Familie täglich fast ausschließlich von tierischen Produkten aus Massentierhaltung ernährt oder sich nur gelegentlich einen großen Feiertagsbraten gönnt.[46] Das ist der **puristische Fehlschluss**, dass nur die reine Lehre allein seligmachend sei.

Viertens und letztens erweist sich ein moralisch konfiguriertes Verhalten als anfällig für die psychologischen *Rebound*-Effekte, die bei genauerer Betrachtung moralische sind: Der *Moral-Hazard*-Effekt bezeichnet den Mehrverbrauch eines moralisch wertigeren Produkts aufgrund der ihm zugeschriebenen moralischen Qualität, während der *Moral-Leaking*-Effekt eine gewisse Nachlässigkeit beim sparsamen Gebrauch eines moralisch wertigeren Produkts bezeichnet, weil es ja nicht so schädlich ist. Der *Moral-Licensing*-Effekt bezeichnet ein Verhalten, das den moralisch wertigeren Konsum als Lizenz dafür nimmt, sich in einem anderen Bereich etwas Problematisches zu gönnen.[47] Da hier das Gegenteil der eigentlich guten Absicht eintritt, ist es angemessen, vom **tragischen Fehlschluss** zu sprechen.[48]

Es zeigt sich, dass moralisches wie moralistisches Kommunizieren im Nachhaltigkeitskontext einer Reihe vermeidbarer Risiken ausgesetzt ist. Wir schlagen deshalb vor, eine moralische Konfigurierung von Nachhaltigkeitskommunikation zu vermeiden, und zwar aus dem schlichten Grund, weil sie das Gegenteil von dem bewirkt, was ihre Absicht ist. Es ist vermutlich kein Zufall, dass der *Digitus index* und der *Digitus impudicus* unmittelbare Nachbarn sind.

PRÄVALENZ DER INNERLICHKEIT

Und damit können wir die Reformation nicht mehr umgehen. Beginnen wir bei Martin Luthers (1483–1546) Anlass für die Reformation, die mit den 95 Thesen gegen den Ablasshandel ihren Anfang nahm. Luther war als Mönch und Theologe über einige Passagen im Brief des Apostels Paulus an die Römer gestolpert, in dem dieser schreibt: »So halten wir nun dafür, dass der Mensch gerecht wird ohne des Gesetzes Werke, allein durch den Glauben.«[49] Luther geht es um die Frage, ob die katholische Praxis im Sinne der Liturgie, der Heiligenverehrung und insbesondere der Handel mit Ablassbriefen göttliche Gnade gewissermaßen erkaufen könne. Paulus beantwortet ihm die Frage: »Ist's aber aus Gnade, so ist's nicht aus Verdienst der Werke; sonst wäre Gnade nicht Gnade.«[50] Anders gesagt: Gnade kann man sich nicht durch äußere Handlungen erkaufen, sondern nur durch Glauben, also eine innere Gewissheit, gewinnen.

Diese zentrale Denkfigur konfiguriert die nachreformatorische Neuzeit als Innerlichkeit: Die Prävalenz der inneren Haltung vor den Äußerlichkeiten der Welt. Ganz pointiert schreibt Luther: »Sei ein Sünder und sündige tapfer, doch tapferer glaube und freue dich in Christus, der Herr ist über Sünde, Tod und Welt.«[51] Damit sind äußere Handlungen nicht irrelevant, aber der Glaube ist im Sinne des Gnadenerwerbs entscheidend. Stellt sich die Frage, ob das auch in Sachen Nachhaltigkeit gelten kann. Die Frage muss also lauten: Ist Nachhaltigkeit eine Frage der richtigen inneren Haltung oder des richtigen äußeren Handelns? Werkgerechtigkeit oder Glaubensgerechtigkeit? Die Antwort ist sehr einfach: Für die Biosphäre ist unsere innere Haltung völlig belanglos, es zählen allein die äußeren Handlungen, und zwar ganz unabhängig davon, aus welchen inneren Motiven sie erfolgen. Nun mag man einwenden, dass aus den inneren Haltungen auch die äußeren Handlungen folgten, doch gerade im Kontext des Umweltbewusstseins und Umwelthandelns ist genau das nicht der Fall.

DER LUTHER-GAP

Das Umweltbundesamt führt seit 1996 im zweijährigen Rhythmus eine repräsentative Studie zum Umweltbewusstsein durch und fragt nach den beiden inneren Kriterien des Umweltaffekts (also der emotionalen Bewertung), der Umweltkognition (also der rationalen Bewertung), aber auch nach dem äußeren Kriterium der Handlungsbereitschaft. Für 2020 erweisen sich die inneren Werte als hoch entwickelt: Auf einer Skala von 0 bis 10 erreicht die emotionale Ebene 7,1 und die rationale Ebene sogar 7,9.[52] Das Umweltverhalten hingegen bleibt trotz leichter Verbesserungen seit 2018 bei 4,9 von 10. Welcher Schluss ist daraus zu ziehen? Zunächst einmal ist erfreulich, dass Umweltkommunikation über die Jahrzehnte offenbar gefruchtet hat; die Menschen in Deutschland sind mit Herz und Verstand dabei, sie wissen, wo die Probleme liegen. Nur hat das auf das Handeln verblüffend wenig Auswirkung. Weder die Kognition noch die Emotion führt in die Aktion. In KAPITEL 10 werden wir sehen, was das für eine gelingende Nachhaltigkeitskommunikation bedeutet.

Dieses Phänomen, gemeinhin *Intention-Behaviour-Gap* genannt, möchten wir an dieser Stelle den *Luther-Gap* nennen, um deutlich zu machen, dass es sich um mehr als eine allzumenschliche Schwäche handelt: Es ist die Signatur der Neuzeit, dass eine Prävalenz der Innerlichkeit die äußeren Handlungen als sekundär kategorisiert. Wenn wir diesen Gap nicht als fundamentale Grundbedingung der Neuzeit identifizieren, werden wir bei allen transformativen Bemühungen immer wieder zu kurz springen. Das erweist auch eine weitere Studie des Umweltbundesamtes,[53] die Ressourcenverbräuche und THG-Emissionen pro Kopf untersucht. Schlüsselt man die Zahlen nach Werteorientierung und Bildungsniveau auf, ergibt sich zwischen dem Milieu mit den geringsten und der mit den höchsten THG-Emissionen eine Differenz von gut 2 Tonnen pro Kopf und Jahr. Schlüsselt man die Zahlen hingegen nach Einkommen auf, ergibt sich zwischen der kleinsten und der größten Einkommensgruppe eine Differenz von etwa 5,5 Tonnen pro Kopf und Jahr.[54] Was folgt daraus? Offensichtlich wirkt das Einkommen deutlich stärker auf das klimarelevante Verhalten als die Werteorientierung. Folglich ist der Preis ein sehr wirksames Mittel der Transformation hin zu nachhaltigeren Verhaltensmustern. Es zeigt sich deutlich, dass die Werteorientierung allein, wenngleich unabdingbar für systematische Nachhaltigkeitskommunikation, regelmäßig überschätzt wird, und damit auch die Wirksamkeit von moralischen Appellen. Der oben postulierte intrinsische Fehlschluss ist damit empirisch belegt.[55]

WEBER, WACHSTUM, PROTESTANTEN

Die Prävalenz der Innerlichkeit produziert aber nicht nur den *Luther-Gap* zwischen innerem Denken und Fühlen einerseits und der Welt andererseits, sondern konstituiert auch ein neues Verhältnis zur äußeren Welt – der Natur. Sie ist nicht mehr zuerst Schöpfung, die der Mensch im Sinne des *Dominium Terrae* hegt und pflegt, sondern sie ist das äußere Andere im Gegensatz zum wahren Inneren geworden, zum Gegenstand. Max Weber spricht von einem »Prozess der Entzauberung der Welt«.[56] Er identifiziert in seiner berühmten Analyse die protestantische Ethik als Nährboden für den »Geist des Kapitalismus« als eine extraktive und expansionistische Kultur, die wiederum unsere Schwellenzeit mit ihren Problemen der Nachhaltigkeit wesentlich formt. Wo äußerliche Werke, Rituale, Institutionen aufgrund der

Reformation entfallen, diagnostiziert Weber »das Gefühl einer unerhörten inneren Vereinsamung des einzelnen Individuums«[57]. An den leeren Platz der äußeren Werke rückt nun die Berufsarbeit,[58] die als eine »innerweltliche Askese«[59] nicht nur zur Vermeidung von Lastern dient, sondern als Berufung erlebt wird. In toxischer Mischung mit der calvinistischen Prädestinationslehre gerät der berufliche Erfolg zum heilswirksamen innerweltlichen Werk.[60] In der Lebenswelt sieht das dann so aus: Wer hart arbeitet und die Arbeitsgewinne reinvestiert, hat weder Zeit noch Geld zum Sündigen. Reinvestierter Wohlstand ist dann nicht nur deutliches Zeichen der moralischen Vorzüglichkeit, sondern auch der göttlichen Gnadenvorsehung, die durch wirtschaftliches Wachstum hindurchschimmert. Die industrielle Revolution kann kommen!

LOB DES ABLASSHANDELS

Angesichts des unmittelbaren Zusammenhangs protestantischer Lebenspraxis und den Problemen der Nachhaltigkeit möchten wir – denkbar unzeitgemäß – ein paar gegenläufige katholische Praktiken in den Blick nehmen, die diesseits von *Laudato si'*[61] für eine nachhaltige Transformation im Allgemeinen und Nachhaltiges Design im Besonderen relevant sein könnten. Das Konzept des Ablasshandels, Ausgangspunkt der Reformation, ist im Nachhaltigkeitskontext rehabilitiert worden durch die Bepreisung von klimawirksamen Emissionen und den Handel mit entsprechenden Zertifikaten. Diese äußerst nützliche Institution leistet es, die bislang externalisierten Kosten des Klimawandels nicht mehr entfernten Weltgegenden und kommenden Generationen aufzubürden, sondern in den Marktpreisen abzubilden. Ablasshandel können wir aber auch mit uns selbst betreiben, indem wir die nachhaltigen Impacts unserer individuellen

Lebensweise in den Blick nehmen,[62] unsere Stärken, Schwächen und Optionen erschließen und wenigstens die *low hanging fruits* pflücken: nachhaltige Anpassungen von Praktiken, die uns gar nicht sonderlich wichtig sind. Eine besondere Chance sehen wir aber in der Ästhetisierung von transformativen Praktiken und einem Ausschöpfen der Potenziale, die Rituale als sorgfältig gestaltete ästhetische Akte haben. Einer innerweltlichen Askese, die einer moralisch geladenen Nachhaltigkeitskommunikation besonders nahe steht, möchten wir eine Art innerweltlicher Performanz entgegensetzen, die den Festcharakter von praktizierter Transformation erlebbar macht. Ein erster Schritt dahin kann ein Moralinsäure-Emissionsschutzgesetz für alle Nachhaltigkeitskommunikation sein. So, als wäre die saure Frucht vom Baum der Moral nie gepflückt worden.

---

1 Gen 3, 3.

2 Gen 3, 5.

3 Im gemeinsamen Nominierungsantrag von Spanien und Portugal (2014), die Beatus-Exemplare im UNESCO International Memory of the World Register aufzunehmen, wird explizit auf den Einfluss der Illustrationen auf Pablo Picassos kubistische Formsprache verwiesen. UNESCO: The Manuscripts of the Commentary to the Apocalypse (Beatus of Liébana), in the Iberian Tradition, S. 11.

4 Gen 1, 28.

5 White: The Historical Roots of Our Ecologic Crisis.

6 vgl. Berg: Eine schöpfungstheologische Perspektive auf Technikentwicklung und Nachhaltigkeit, S. 65.

7 vgl. ebd., S. 65 f.

8 ebd., S. 68 f.

9 Gen 7.

10 Thunberg: Address at World Economic Forum: Our House Is On Fire.

11 Deut 30, 15-19. Umfangreiche Passagen mit Segens- und Fluchandrohungen im Sinne des Tun-Ergehens-Zusammenhangs finden sich auch in Deut 28: »Und alle diese Segnungen werden über dich kommen und werden dich erreichen, wenn du der Stimme des HERRN, deines Gottes, gehorchst. Gesegnet wirst du sein in der Stadt, und gesegnet wirst du sein auf dem Feld.« Es folgen Segensversprechungen für jeden denkbaren Lebenssektor bis V. 14, dann schließlich ein ausführlicher antithetischer Parallelismus: »Es wird aber geschehen, wenn du der Stimme des HERRN, deines Gottes, nicht gehorchst, [...] all seine Gebote und seine Ordnungen zu tun, die ich dir heute gebiete, dann werden all diese Flüche über dich kommen und dich erreichen. Verflucht wirst du sein in der Stadt, und verflucht wirst du sein auf dem Feld.« Bis V. 69 folgt eine Vielzahl phantasievoller Flüche.

12 vgl. Weber: Poesie (AT), 3.1, 4.1 sowie Bormann: Bibelkunde, S. 109 f. und S. 117 f.

13 Besonders klar in den Sprüchen Salomos: »Glücklich der Mensch, der beständig in der Gottesfurcht bleibt! Wer aber sein Herz verhärtet, wird ins Unglück fallen. [...] Wer redlich lebt, findet Hilfe; wer aber krumme Wege geht, wird auf einem davon fallen.« Spr 28, 14-18.

14 Thunberg: Address at World Economic Forum: Our House Is On Fire.

15 2. Kön 17, 13. Illuster sind auch die Warnungen des Propheten Amos: »So spricht der HERR: Wegen drei Verbrechen [...] werde ich es nicht rückgängig machen, weil sie das Gesetz des HERRN verworfen und seine Ordnungen nicht gehalten haben, und ihre Lügengötter sie verführten, denen ihre Väter nachgelaufen sind. So sende ich Feuer gegen Juda, dass es die Paläste Jerusalems frisst.« (Am 2, 4 f.)

16 So im Buch Daniel, in der Offenbarung des Johannes, aber auch in so manchem Jesus-Wort in den Evangelien; so heißt es beispielsweise im Matthäus-Evangelium: »Wahrlich, ich sage euch: Hier wird nicht ein Stein auf dem anderen gelassen werden, der nicht abgebrochen werden wird. [...] Ihr werdet aber von Kriegen und Kriegsgerüchten hören. [...] Denn es wird sich Nation gegen Nation erheben [...], und es werden Hungersnöte und Erdbeben da und dort sein. Alles dies aber ist der Anfang der Wehen. [...] Die Sonne [wird] verfinstert werden und der Mond seinen Schein nicht geben, und die Sterne werden vom Himmel fallen, [...] da wird das Weinen und das Zähneknirschen sein.« Mt 24, 2-51.

17 Aufstand der letzten Generation: https://letztegeneration.de
18 https://twitter.com/hashtag/BuergerratStattSturmfluten?src=hashtag_click
19 Bürgerrat Klima: Unsere Empfehlungen für die deutsche Klimapolitik.
20 Mk 13, 30. Die »Gute Nachricht Bibel«, ein ökumenisches Projekt in gegenwärtiger Sprache, übersetzt sogar: »Ich versichere euch: Diese Generation wird das alles noch erleben.«
21 Bürgerrat Klima: Unsere Empfehlungen für die deutsche Klimapolitik.
22 Hegel: Phänomenologie des Geistes, S. 244.
23 So die Eröffnungsformel des Vorworts. Jonas: Das Prinzip Verantwortung, S. 7.
24 Jonas: Das Prinzip Verantwortung, S. 28.
25 Homer: Odyssee 14, 410 f. Vgl. dazu auch Proscurcin: Der Begriff ἦθος bei Homer, S. 235-261.
26 Die Verwendung findet sich in der Ilias auch im Zusammenhang mit Pferdeställen. Homer: Ilias, 6, 506 und 15, 263. Vgl. dazu auch Proscurcin: Der Begriff ἦθος bei Homer, S. 160 f.
27 Joh 10, 11.14. Im Alten Testament wird das Bild immer wieder auf die Erzväter von Abraham bis Moses angewendet (vgl. Lang: Hirte).
28 vgl. Wehr, Arabisches Wörterbuch, Stichwort šara'a.
29 Jonas: Das Prinzip Verantwortung, S. 36.
30 vgl. dazu Jischa: Folgenabschätzungen.
31 Jonas: Das Prinzip Verantwortung, S. 63.
32 ebd., S. 70.
33 Über die Details der Sünde erfahren wir nichts, anders als im Fall der Stadt Sodom.
34 Gen 19, 24–25.
35 Jona 4,1.
36 Jona 4.
37 So argumentiert Pötter: 35 Jahre Waldsterben. Hysterie hilft.
38 vgl. Franzkowiak: Präventionsparadox.
39 Horn: Zukunft als Katastrophe.
40 Eine konzise journalistische Darstellung bietet Kissel: Geschichte der Guillotine: Rasiermesser der Nation. Äußerst materialreich, wenn auch schon von 1853 ist Croker: History of the Guillotine. Zur Einführung der Guillotine unter humanitären Vorzeichen vgl. Foucault, Überwachen und Strafen, S. 20–22.
41 Neuhäuser / Seidel: Kritik des Moralismus. V.a. der Vorschlag für eine Taxonomie des Moralismus entwirft ein spannendes Panoptikum der Spielarten des Moralismus: Mieth / Rosenthal: Spielarten des Moralismus.
42 Zu nachhaltigem Konsum und Luther vgl. Draser / Liedtke: Konsum ist nachhaltig und nicht-nachhaltig.
43 Hohl: Ist es moralisch, andere zum ethischen Konsum anzuhalten?
44 ebd., S. 380.
45 ebd., S. 381.
46 Das gilt ungeachtet der grundsätzlichen moralischen Probleme, die eine veganistische Moral aufwerfen mag. Spannend dazu die Argumente von Bernd Ladwig: Ist der Veganismus ein Moralismus?
47 Santarius: Der Rebound-Effekt, S. 14 f.
48 Zur tragisch-ödipalen Dimension der Rebound-Effekte vgl. Draser: Kann ein Esel tragisch sein?
49 Röm 3, 28.
50 Röm 11, 6.
51 So Luther in einen Brief an seinen Freund Melanchthon vom 1. August 1521. Luther: Briefe, Sendschreiben und Bedenken. Band 2, S. 37.
52 UBA: Umweltbewusstsein in Deutschland 2020. Zentrale Ergebnisse.
53 Kleinhückelkotten / Neitzke / Moser: Repräsentative Erhebung von Pro-Kopf-Verbräuchen natürlicher Ressourcen in Deutschland (nach Bevölkerungsgruppen).
54 Die grafische Aufschlüsselung bietet das UBA: Konsum und Umwelt: Zentrale Handlungsfelder.
55 Die Studie kommt zu dem Schluss: »Um den Ressourcenverbrauch und die Treibhausgasemissionen zu senken, reicht es nicht, an die Verantwortung gegenüber Umwelt und Mitmenschen zu appellieren oder auf mehr Aufklärung über die negativen Folgen des Konsums zu setzen: Hohe Ressourcenverbräuche und Treibhausgasemissionen finden sich gerade in den sozialen Milieus, die sich verbal zu ihrer gesellschaftlichen Verantwortung bekennen und in denen positive Umwelteinstellungen sowie das Wissen weit verbreitet sind, dass ein sparsamer Umgang mit Ressourcen notwendig ist – nicht nur aus Gründen des Umweltschutzes, sondern auch der intra- und intergenerationellen Gerechtigkeit.« Kleinhückelkotten / Neitzke / Moser: Repräsentative Erhebung von Pro-Kopf-Verbräuchen natürlicher Ressourcen in Deutschland (nach Bevölkerungsgruppen), S. 93.
56 Weber: Die protestantische Ethik und der Geist des Kapitalismus, S. 146. Heidegger spricht dann gleich von der »Entgötterung«. (Die Zeit des Weltbildes, S. 76). Im gleichen Text bringt er dieses ganz neue Verhältnis von Welt und Mensch auf den Punkt: »Je umfassender nämlich und durchgreifender die Welt als eroberte zur Verfügung steht, je objektiver das Objekt erscheint, um so subjektiver, d. h. vordringlicher erhebt sich das Subjectum« (ebd., S. 95).
57 Weber: Die protestantische Ethik und der Geist des Kapitalismus, S. 145.
58 Zu Luthers Berufskonzeption vgl. Weber: Die protestantische Ethik und der Geist des Kapitalismus, S. 96–106.
59 vgl. ebd., S. 139–181.
60 vgl. ebd., S. 182–202.
61 Franziskus: Laudati si'. Die sogenannte Umwelt-Enzyklika umreißt gleichermaßen die ökologischen wie sozioökonomischen Herausforderungen der Nachhaltigkeit und ordnet sie in eine franziskanische Theologie ein. Lynn White schlug schon 1967 Ähnliches vor: »I propose Francis as a patron saint for ecologists.« White: The Historical Roots of Our Ecologic Crisis, S. 54.
62 Ein vortreffliches Werkzeug dafür ist der Ressourcen-Rechner des Wuppertal Instituts: www.ressourcen-rechner.de

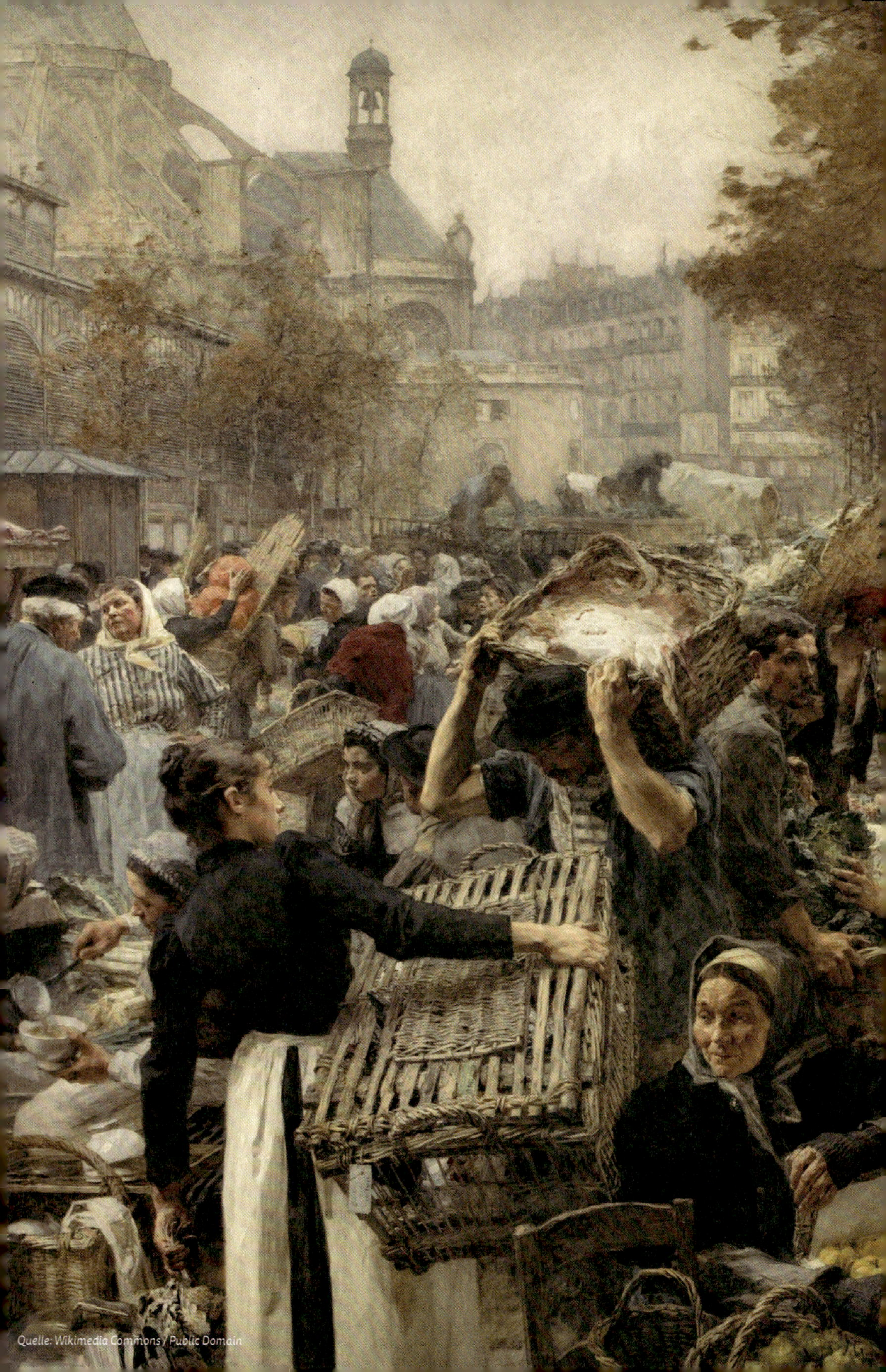

KAPITEL 6

NACHHALTIGES DESIGN UND UNTERNEHMERISCHE VERANTWORTUNG

Der Markt ist ein seltsames Ding: Den einen gilt er als geradezu metaphysisches, heilswirksames Prinzip, dem man seinen Lauf lassen muss, damit sich zuletzt alles zum Besten wendet; jedes Steuern wäre eine Effizienzminderung. Den anderen gilt der Markt als Exekutionsplatz eines kalten Kapitalismus, der den Planeten und die Menschen ausbeutet, um einige wenige noch weiter zu bereichern. Den dritten gilt er als effizienter Informationsvermittler, der im Wechselspiel von Angebot und Nachfrage die Preise bildet und daher unter staatlicher Aufsicht stehen sollte, der die Einhaltung der Regeln sichert und den Markt vor Missbrauch schützt. Wir wiederum wollen uns ein größeres Bild vom Markt machen.

Dieses Bild ist das mit Abstand größte des Buches, es misst gute vier mal sechs Meter und ist ein Werk des französischen Realisten Léon Lhermitte (1844–1925), der sein Leben lang den ländlich-bäuerlichen

Les Halles (Ausschnitt)
Léon Lhermitte (1895)
Höhe: 460 cm; Breite: 690 cm
Petit Palais, Paris

Sujets treu blieb. In dieser großen Marktszene, die er 1895 fertigstellte, erleben wir den Ort, an dem das ländliche Frankreich und die Metropole Paris sich überlagern, wo der urbane Metabolismus gespeist wird; es ist der *Bauch von Paris*[1], der große Markt von Les Halles. Wir stehen als Betrachtende nur leicht erhöht inmitten eines Marktplatzes, für den das Wort »quirlig« erfunden wurde. In der Tat sinkt der Blickpunkt der Betrachtenden mit jedem Bild-Entwurf immer tiefer ins Marktgeschehen[2] und ist im fertigen Bild nur noch so weit erhöht, dass man das morgendliche Gedränge überblicken kann, in dem bäuerlich-rustikale Gestalten in ländlichen Trachten und mit wettergegerbten Gesichtern ihre pflanzlichen und tierischen Waren den Städtern zum Kauf anbieten, dazwischen vereinzelt urbane Menschen, die kritisch die Waren oder interessiert das Gedränge betrachten. Links und rechts (jenseits unseres Bildausschnittes) ist der Platz begrenzt von den Fassaden der gusseisern-gläsernen Pavillons des Architekten Victor Baltard, die nicht nur in unserem Sinn-Bild die Bogenästhetik der links im Hintergrund aufragenden spätgotischen Kirche von Saint-Eustache aufgreifen und fortsetzen.

Wir erleben den Markt hier nicht als ideologisches Konstrukt, als »unsichtbare Hand«[3], Mechanik der Entfremdung oder überdrehten Konsum, sondern als Ort der Ambiguität und Kommunikation zwischen Stadt und Land, als einem Ort der frugalen bis luxuriösen Bedürfnissicherung und lebensweltlichen Diversität, an dem die verschiedenen Milieus sich austauschen (vgl. **KAPITEL 10**); wo nicht nur Waren und Werte getauscht werden, sondern wirkliches Leben stattfindet.

Auf diesem Markt werden nicht nur Konsuminteressen von Privatpersonen befriedigt, seien sie nun nachhaltig oder nicht-nachhaltig,[4] sondern auf dem Markt agieren auch Designerinnen und Designer. Gerade solche mit nachhaltigen Kompetenzen haben gelegentlich den Eindruck, als seien diese auf dem Markt gar nicht relevant, da ihre Aufgabe im Wesentlichen das Aufhübschen der Oberfläche sei und nicht das fragende Durchdringen des gesamten Entwicklungsprozesses. Anekdotisch mag das zutreffen, vermutlich vor allem, weil das Design selbst sein Licht zu lange unter den Scheffel gestellt hat und sich nicht immer als Problemlösungsdisziplin zu erkennen gibt (vgl. KAPITEL 1 und KAPITEL 2). Auf unternehmerischer Seite ist nämlich ein erklecklicher Bedarf und Wille vorhanden, sich der unternehmerischen Verantwortung zu stellen, allein es fehlt an befriedigenden Methoden. Bevor wir uns der Frage zuwenden, wie Nachhaltiges Design in Unternehmen seine Wirkung entfalten kann, wollen wir einen Blick werfen auf zwei archetypische Verständnisse unternehmerischer Verantwortung. Zwar gibt es eine ganze Reihe von Modellen, sie lassen sich allerdings weitgehend auf die Frage zurückführen, wie das Spannungsverhältnis von Profitorientierung einerseits sowie Legalität und Sittlichkeit andererseits auszutarieren ist.[5]

THE BUSINESS OF BUSINESS IS BUSINESS

Milton Friedman gilt gemeinhin als der Pate neoliberaler Ökonomie, und in einem berühmt-berüchtigten Artikel[6] spart er nicht mit Polemiken gegen den Begriff der Corporate Social Responsibility (CSR), allein schon die Rede davon »does clearly harm the foundations of a free society« und offenbart »a suicidal impulse« von Geschäftsleuten. Was führt ihn zu diesen etwas exaltierten Positionen? Zunächst einmal können, so Friedman, nur natürliche und nicht juristische Personen Verantwortung tragen, Unternehmen also nicht. Dann sei ein Manager (»*corporate executive*«) Angestellter der Eigentümer eines Unternehmens und ihnen verantwortlich. Wenn er für CSR Geld ausgebe, sei es das der Eigentümer; wenn er Produkte aufgrund von

CSR teurer mache, sei es das Geld der Kundschaft, das gewissermaßen veruntreut werde. Für Friedman ist klar, dass die Verantwortung eines Unternehmens darin besteht, »to make as much money as possible while conforming to [...] basic rules of the society, both those embodied in law and those embodied in ethical custom.« Ganz bedingungslos ist also das Profitstreben auch für Friedman nicht, denn das Prinzip der Legalität und der Sittlichkeit gelten ihm als Konformitätsrahmen des Profitstrebens. Hier postuliert er eben jene *society*, deren Realität er im nächsten Atemzug bestreitet: »Society is a collection of individuals.«

MIT FRIEDMAN GEGEN FRIEDMAN

Vier sachliche Einwände gegen Friedmans These drängen sich auf – sehr viel mehr sind denkbar; wir wollen aber den Versuch unternehmen, nicht gegen, sondern mit Friedman die Grundlage für eine Corporate Responsibility herzuleiten, also Friedmans Ablehnung von CSR mit marktliberalen Argumenten zu dekonstruieren. Wäre zum einen eine Gesellschaft nichts weiter als die Summe der Individuen, müsste man fragen, auf welch wundersame Weise sich dann ein Markt ergeben kann; offenkundig hat die Summe aller Individuen eine emergente Dimension – mehr zu sein als die Summe dieser Individuen. Besteht zum anderen der Wert eines Unternehmens tatsächlich nur im erwirtschafteten Profit und nicht auch im Image des Unternehmens und im Wert der Marke, die sich genau aus einer Corporate Responsibility speisen kann? Das ist aus unternehmerischer Sicht ausgesprochen unrealistisch gedacht. Müsste man daraus nicht drittens die absurde Schlussfolgerung ziehen, dass jede Investition in den langfristigen Wert eines Unternehmens eine Veruntreuung wäre, weil sie den aktuellen Profit reduziert? Und würde zum vierten die unsichtbare Hand des Marktes einen aufgrund von CSR überteuerten Preis nicht entsprechend abstrafen? Umgekehrt gefragt: Was wäre, wenn gerade die Verantwortungsbereitschaft von Unternehmen ihre Marktchancen erhöht, der Markt sich gewissermaßen »moralisiert«?[7] Wäre das ein marktwirtschaftliches Denken und Handeln, offenkundige Bedarfe des Marktes nicht bedienen zu wollen, weil ein abstraktes Konstrukt von *society* damit nicht konform geht?

PHILANTHROPISCHER ZUCKERGUSS

Der vermutlich meistzitierte Autor der CSR-Disziplin ist der US-Ökonom Archie B. Carroll mit seinem Pyramidenmodell der *Corporate Social Responsibility*.[8] Der Artikel eröffnet mit einem Appell: »Social responsibility can only become reality if more managers become moral instead of amoral or immoral.«[9] Damit scheint er sich als Antagonist zu Friedmans Haltung zu qualifizieren, aber im Grunde unterscheiden sich die beiden Positionen nur durch die Spitze der Pyramide, nämlich die philanthropische Verantwortung (Abb. 6.1). Wie Friedman sieht auch Carroll das Profitstreben als die Basispflicht eines Unternehmens, aber eben unter den einhegenden Prinzipien der Gesetzestreue und der Sittlichkeit – er spricht in diesem Kontext lieber von der ethischen Verpflichtung, das zu tun, was richtig, gerecht und fair sei und das Gegenteil zu unterlassen. Die Spitze der Pyramide, also der Einsatz für gesellschaftliche Belange, ist nicht mehr als der philanthropische Zuckerguss, wie Carroll es selbst formuliert: »In a sense, philanthropy is icing on the cake.«[10] Doch wichtiger als das intensiv rezipierte Pyramidenmodell sind zwei weitere Aspekte, die Carroll argumentiert: erstens eine moralisch orientierte Unternehmensführung im Gegensatz zu einer dezidiert unmoralischen Arbeitsweise, die Legalität und Sittlichkeit dem Profit unterordnet

(»*immoral*« – deutsche Beispiele der jüngeren Wirtschaftsgeschichte liegen da nah), sowie eine bewusst oder unbewusst moralneutrale Unternehmensführung, die das Moralische als Kriterium gar nicht zum Gegenstand der Unternehmensführung macht, sei es aus einer dezidierten Entscheidung im Sinne von Friedman heraus oder aber aus Mangel an Einsicht, dass unternehmerisches Handeln auch moralische Qualitäten haben kann.[11]

Nun haben wir bereits in **KAPITEL 5** dargelegt, warum wir grundsätzlich skeptisch sein müssen, wenn es um die lebensweltliche Wirksamkeit von moralischen Appellen geht; es ist kein Grund erkennbar, warum das gerade bei unternehmerischem Führungspersonal anders sein sollte. Vielmehr perpetuiert Carroll Friedmans Position stillschweigend, dass es zuletzt doch nur natürliche Personen seien, nämlich die »moral managers«, die für Verantwortung einstehen, und nicht das Unternehmen selbst als Institution. So offenbart sich ein

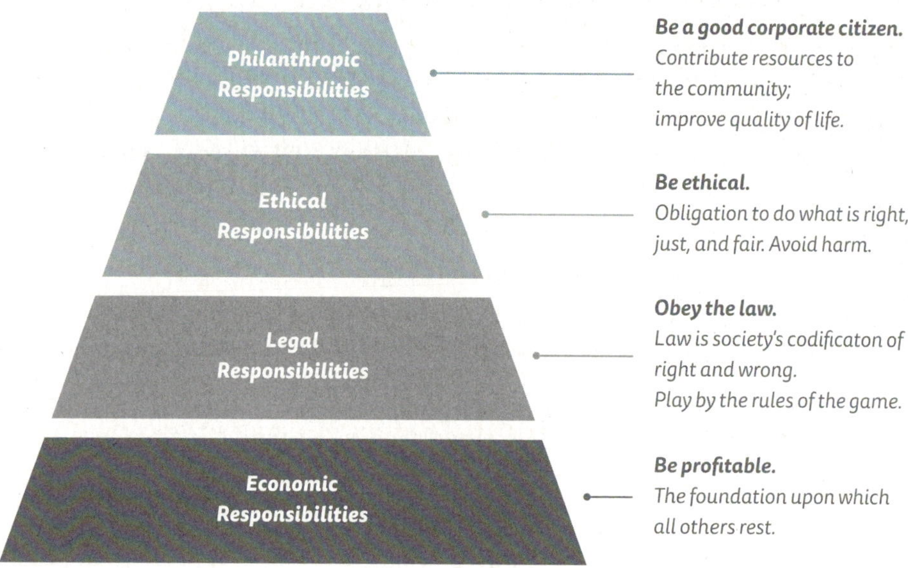

Abb.6.1: **Die CSR-Pyramide nach Carroll (1991).** Den vier wissenschaftlich formulierten Headlines ist jeweils ein Imperativ zugeordnet, darunter eine katechetische Auslegung des Imperativs.

weitreichender heimlicher Konsens zwischen der Totalablehnung einer CSR durch Milton Friedman und deren Postulierung durch Carroll: Ersterer vertritt eine moralisch neutrale, letzterer eine moralisch affirmative Stellenbeschreibung des Führungspersonals, die sich im Wesentlichen als Zuckerguss über dem Geschäftsmodell erweist. Der entscheidende Faktor aber, das Geschäftsmodell selbst und seine Impacts, werden gar nicht in den Blick genommen. Das ist bis heute bei einem Großteil unternehmerischer CSR der Stand der Dinge – und führt gelegentlich zu kuriosen philanthropischen Phänomenen, wie im ESG-Bericht eines prominenten Rüstungskonzerns, der die 700 Bienenvölker und die große Artenvielfalt auf seinem Munitionstestgelände in der niedersächsischen Heide besingt.[12]

STOCKHOLDER VERSUS STAKEHOLDER

Bis hierhin zeichnen Friedman wie Carroll ein Bild von Unternehmen, die wie ein schwarzes Loch zwar Materie absorbieren, gelegentlich Energie emittieren und ansonsten nur durch ihre bloße Masse das Raum-Zeit-Gefüge formen, ohne dass es eine Wechselwirkung zwischen innen und außen gäbe. Es ist ein absonderliches, wenig schmeichelhaftes, aber auch gänzlich unrealistisches Bild von unternehmerischem Handeln innerhalb der Gesellschaft. Und hier hebt sich Carroll durch den Stakeholder-Begriff deutlich von Friedman ab, der nur die *stockholders* als relevante Referenzgruppe kennt. Carrolls Begriff von unternehmerischem Handeln ist welthaltiger: Es ist vielfach verstrickt mit den individuellen und institutionellen Akteurinnen und Akteuren der Gesellschaft, zu denen Carroll neben der Kundschaft und den Mitarbeiterinnen und Mitarbeitern auch die Konkurrenz und zuliefernde Betriebe, die *community* (gemeint sind nicht nur Anwohnerinnen und Anwohner, sondern die lokale bzw.

regionale Gemeinschaft), aktivistische Gruppen und die allgemeine Öffentlichkeit zählt.[13] Wir möchten aus unserer Praxis in jedem Fall noch öffentlich-regulatorische Institutionen, die Zivilgesellschaft sowie Forschung, Bildung und Medien erwähnen, ohne damit einen Anspruch auf Vollständigkeit zu erheben. Das *Stakeholder-Management* hat sich derweil zu einem selbstständigen, ausdifferenzierten Zweig von CSR entwickelt[14] und leistet einen wesentlichen Beitrag dazu, die vielfachen Interaktionen unternehmerischen Handelns mit der Gesellschaft nicht nur sichtbar zu machen, sondern auch gezielt zu gestalten.

KONVERGENZ VON CSR UND NACHHALTIGKEIT

Die Themen von CSR und die von Nachhaltigkeit nähern sich einander nur allmählich an. In Friedmans Text kommt der Begriff *environment* zweimal vor, beide Male als anmaßender und nicht zu rechtfertigender Anspruch gegen *corporate executives*. Bei Carroll bedeutet der Begriff *environment* sowohl »Umgebungsbedingungen« im Allgemeinen als auch »Umwelt« im kommunalen Sinne, also im Wesentlichen Emissionen und Müllproduktion, jeweils den Bürger- und Verbraucherrechten beigesellt. *Environment* im Sinne von Biosphäre oder Ökosystem spielt bei ihm keine Rolle. In den historischen Analysen der Genese von CSR-Diskursen als Nachhaltigkeitsdiskurse spielen die Landmarken eine zentrale Rolle, wie wir sie auch schon in den ersten beiden Kapiteln kennengelernt haben: der Brundtland-Bericht, die Agenda 21, die *Sustainable Development Goals*.[15] Im Verlaufe dieser Diskurse, die immer weitere Kreise ziehen (Masoud spricht von »escalation of CSR concepts«[16]), wächst die Einsicht, dass Unternehmen keine vom gesellschaftlichen Raum losgelösten Singularitäten sind, sondern mit der Gesellschaft und der Biosphäre intensiv wechselwirkende Entitäten mit einem ganz eigenen Metabolismus, der sie zutiefst verstrickt mit der natürlichen und kulturellen Welt außerhalb von Bilanz und Werksgelände. Das Verstehen der unternehmerischen *responsibility* verlagert sich damit immer weiter von der moralischen Qualifikation geschäftsführender Individuen hin zu den Kausalitäten und Wechselwirkungen des Geschäftsmodells selbst – und dessen gezielter Gestaltung. Andreas Schneider greift in seinem anschaulichen Reifegradmodell von CSR wieder auf das Bild der Pyramide zurück, in der das aktuell anspruchsvollste Konzept (»CSR 3.0 – Unternehmen als proaktiver politischer Gestalter«[17]) durchaus nicht die Spitze bildet, sondern die sich als »offene Skala« versteht.

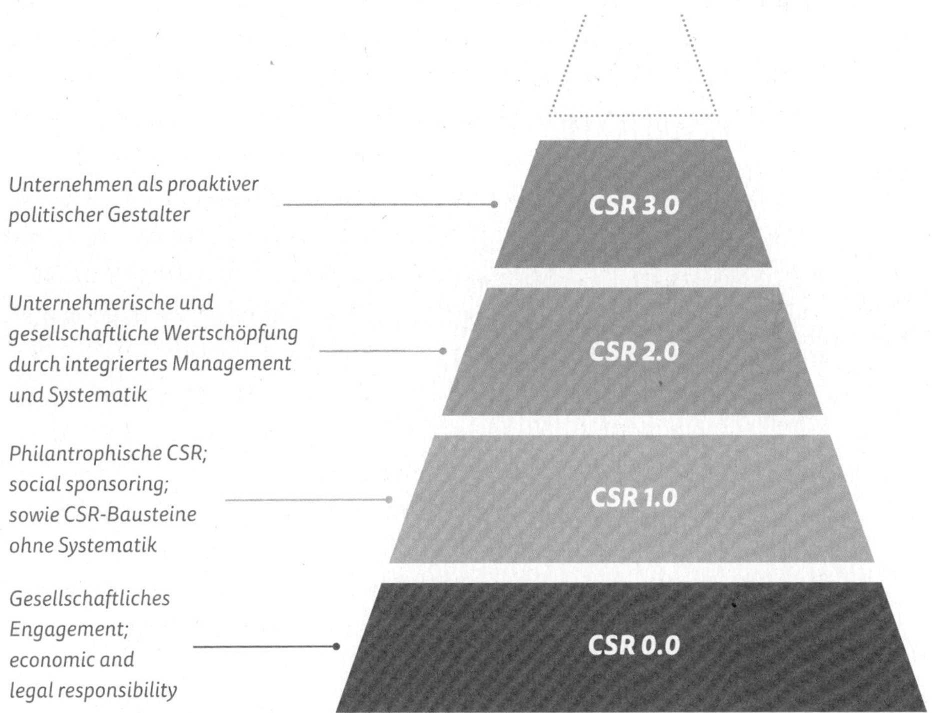

Abb.6.2: **Die CSR-Reifegradpyramide nach Schneider** (2015, S.33). Die Pyramide ist nach oben erweiterbar gedacht, um kommenden Entwicklungen Rechnung zu tragen.

EIN TREUHAND-MOMENT

Entscheidend ist, dass unternehmerische Verantwortung nicht mehr in peripheren Bereichen des Unternehmens eine eher dekorative Rolle spielt, sondern im Kerngeschäft stattfindet. Die Frage nach dem Geschäftsmodell selbst und seinem Impact auf Gesellschaft und Biosphäre ist die relevante Frage, vor der Unternehmen heute stehen, und zwar völlig unabhängig von Branche, Größe und Rechtsform. Unsere Wirtschaft erlebt damit ihren eigenen Treuhand-Moment: Wie die zahlreichen Betriebe der DDR von 1990 bis 1994 durch die viel geschmähte Treuhand-Anstalt[18] aus der planwirtschaftlichen Illusion herausgelöst und einem äußerst schmerzhaften Realitäts-Check[19] unterzogen wurden, was sich wirtschaftlich, gesellschaftlich und auch ökologisch überhaupt noch trägt, so stellen sich heute die Business Cases einem neuen Realitäts-Check der sozialökologischen Wirtschaftlichkeit: Was ist ökonomisch, ökologisch und sozial langfristig überhaupt tragbar, ohne einen Teil der Kosten entweder irgendwo entlang der Wertschöpfungskette zu externalisieren, meist bei den vulnerabelsten Stakeholdern oder gleich bei kommenden Generationen? Unser Treuhand-Moment steht freilich unter sehr viel günstigeren Vorzeichen, denn alle bestehenden Unternehmen und Start-ups haben die Chance, das selbstbestimmt, aus eigenem Antrieb und mit eigenen Mitteln und aus ihren eigenen innovativen Ideen und Potenzialen heraus zu tun.

Und hier, im ernsthaften und methodischen In-den-Blick-Nehmen der gesamten Wertschöpfungskette mitsamt aller sozialer und ökologischer Impacts von der Ressourcenextraktion bis hin zur Rückführung in Kreisläufe (Abb. 2.2 in KAPITEL 2), offenbaren sich nachhaltig zukunftsfähige Geschäftsmodelle und Nachhaltiges Design nicht nur als wesensähnlich, sondern als wesensgleich. Damit erweist sich aber Nachhaltiges Design, das konsequent in unternehmerische Prozesse eingebunden wird, nicht etwa als wirtschaftliche Spaßbremse, so dass die moralischen Kosten von der Wettbewerbsfähigkeit abgezogen werden müssten, sondern als leistungsstarker Innovationstreiber im Unternehmen. Die daraus erwachsende »corporate credibility« ist dann fast nur noch eine Nebenwirkung – freilich eine äußerst wertvolle.

VIELE PFADE, KEIN MITTELWEG

Die Zahl an Modellen zu einer nachhaltigen Umstrukturierung der Wirtschaft ist groß. Stellvertretend seien hier einige markante Ansätze genannt: Das Umweltprogramm der Vereinten Nationen vertritt bereits seit 2011 eine *Inclusive Green Economy*, in der die Entwicklungsbedarfe des globalen Südens abgeglichen werden mit der Gesamtbelastung der Biosphäre, wodurch den saturierten Industrieländern eine größere Verantwortung zufällt.[20] Der *European Green Deal* der EU-Kommission von 2019 verfolgt das Ziel, Europa zum ersten klimaneutralen Kontinent zu machen.[21] Zu Beginn des Jahres 2022 trat die *EU-Taxonomie*[22] in Kraft, die das EU-Parlament und der Rat bereits 2020 als Maßstab für nachhaltige Investments beschlossen hatten, um das Ziel von Investitionen in eine nachhaltige Richtung zu lenken, wie es bereits im Brundtland-Bericht von 1987 gefordert wird.[23]

Einen verdienten Ansatz zur Entkopplung von Wachstum und Ressourcenverbrauch, um ersteres zu ermöglichen, ohne letzteres zu forcieren, hat Ernst-Ulrich von Weizsäcker eingeführt;[24] aus seinen Ideen sind auch eine Reihe von Schlussfolgerungen für Nachhaltiges Design gezogen worden.[25] Andere ökonomische Konzepte werden lebhaft und kontrovers diskutiert, insbesondere dann, wenn es um die Diversifizierung ökonomischer Theorien im akademischen

Betrieb geht. Die britische Ökonomin Kate Raworth entwirft mit der *Donut-Ökonomie*[26] den Versuch, die planetaren Belastungsgrenzen einerseits und die sozioökonomischen Grundlagen andererseits in einen verträglichen Einklang zu bringen, was ins Grafische übersetzt ausgerechnet einem Donut gleicht. In Deutschland hat sich insbesondere Niko Paech mit zahlreichen Publikationen zur *Postwachstumsökonomie*[27] einen Namen gemacht, die das Wachstumskonzept vollständig auf den Kopf stellt; für unseren Kontext besonders interessant sind seine Überlegungen zu einem *Postwachstumsdesign*[28].

Für die Unternehmensebene sind in den letzten Jahren zahlreiche Instrumentarien zur Implementierung nachhaltiger Geschäftsmodelle entwickelt worden, die sich in ihren Methoden und Indikatoren vielfach überlagern und ergänzen.[29] Bereits 2001 hat die EU-Kommission ihr *CSR-Grünbuch*[30] vorgelegt, 2002 präzisiert[31] und 2011 auf eine erweiterte begriffliche Basis gestellt, in der die unternehmerische Verantwortung als intrinsisch begründet beschrieben wird, weil sie die langfristige Wettbewerbsfähigkeit und die Risiko-Resilienz fördert.[32] Als internationaler Standard wurde *ISO 26000* schon 2010 etabliert.[33] Er wird regelmäßig aktualisiert und dient vor allem Unternehmen zur Orientierung, die international arbeiten und deshalb Vergleichbarkeit benötigen. Verschiedene deutsche Ministerien haben dafür Leitfäden veröffentlicht.[34] Um entsprechende Berichte von Unternehmen auf gemeinsame Standards zu bringen, wurde 2002 die *Global Reporting Initiative* gegründet, die einen komplexen Berichtsmechanismus entwickelt hat, der zahlreiche ökologische, ökonomische und gesellschaftliche Aspekte unternehmerischen Handelns abdeckt.[35] Gerade für deutsche KMUs eignet sich aber besonders gut der *Deutsche Nachhaltigkeitskodex*[36], der vom Rat für Nachhaltige Entwicklung 2011 veröffentlicht wurde und ein Unternehmen durch 20 Kriterien führt, die ein umfassendes Bild der unternehmerischen Tätigkeit zeichnen und auch den rechtlichen

Anforderungen des CSR-Richtlinie-Umsetzungsgesetzes entspricht. Seit kurzem steht nun auch eine DIN-Norm zur Nachhaltigkeitsbewertung von Start-ups zur Verfügung, die sowohl in der Gründungs- als auch der Wachstumsphase einen verlässlichen Rahmen für ein nachhaltiges Geschäftsmodell nach etablierten Kriterien bietet.[37]

DREI TYPEN VON GREENWASHING

Die zahlreichen Standards, Kriterien und Indikatoren haben nun nicht zur Folge, dass mit einem Schlage »das ganze verkehrte Wesen fort«[38] flöge, sondern dass die Unternehmen sich zunächst einmal auf den Weg machen. Nicht alle tun das mit gleicher Kompetenz, Motivation oder Geschwindigkeit, geschweige denn in die richtige Richtung, aber die Dringlichkeit des Handelns wird deutlich, ebenso wie die Untauglichkeit freiwilliger Selbstverpflichtungen, denn sie taugen für unternehmerisches Handeln schlicht nicht; Unternehmen benötigen verbindliche, nachvollziehbare und langfristig verlässliche Rahmenbedingungen; dem Trauerspiel um die Einführung des *Sorgfaltspflichtengesetzes* im Juli 2021 ging eine freiwillige Selbstverpflichtung voraus, die so lachhaft scheiterte, dass eine entsprechende Klausel des Koalitionsvertrages von 2017 griff.[39]

Ein riskanter Irrweg für Unternehmen, sich wenigstens den Anschein von Nachhaltigkeit zu geben, ist das berüchtigte *Greenwashing*. In der Regel versteht man darunter den Typus 1, ein maliziöses Vorgehen, bei dem durch windige Formulierungen oder gar technische Maßnahmen suggeriert wird, ein Produkt oder Service habe besonders vorteilhafte nachhaltige Eigenschaften, also gezielt getäuscht wird. Die jüngere Wirtschaftsgeschichte hat erstaunliche Beispiele dafür hervorgebracht, der *Goldene Windbeutel*[40] prämiert jährlich besonders fragwürdige Werbeversprechen. Dieser ***maliziöse Typus*** ist für Unternehmen besonders riskant, weil die Aufdeckung einen irreparablen Schaden für die Vertrauenswürdigkeit eines Unternehmens und seiner Produkte darstellen kann, ein entsprechender Shitstorm kann den Wert einer Marke ruinieren. Eine zweite Variante möchten wir den **benevolenten Typus** nennen: Ein Unternehmen preist ein Produkt in gutem Glauben als nachhaltig an, ohne zu ahnen, dass es einen schlechten Weg gewählt hat. Dieser Typus 2 beruht auf mangelnder Sachkenntnis und defizitärer Analyse des Produkts oder Services und seiner Nachhaltigkeits-Impacts. Unserer Einschätzung nach ist dieser Typus der deutlich weiter verbreitete und daher der noch schädlichere; häufig spielt eine moralische Aufgeregtheit im öffentlichen Diskurs dabei eine antreibende Rolle. Der dritte Typus besteht aus einer Art Schuldumkehr zwischen Verbraucherinnen und Verbrauchern auf der einen Seite und Unternehmen auf der anderen Seite. Erstere halten ein bestimmtes Produkt kontrafaktisch für vorteilhaft, und Unternehmen beugen sich wider besseres Wissen dem Erwartungsdruck des Marktes. Am häufigsten ist das derzeit im Kontext mit dem übel beleumundeten Plastik und dem allgemeinen Furor dagegen zu beobachten. Da die Unternehmen bei diesem Typus wissen, dass sie einen ökologisch nachteiligen Weg gehen, weil der Markt aufgrund von moralischen Vorurteilen ihn fordert, möchten wir ihn den **tragischen Typus** nennen, denn das Unternehmen macht sich hier schuldlos schuldig.

NACHHALTIGES DESIGN UND ENTREPRENEURIAL PASSION

Um deutlich zu machen, dass eine nachhaltige Neuorientierung eines Geschäftsmodells nicht etwa das Beschneiden des kreativen und gestaltungsfreudigen unternehmerischen Geists bedeutet, der in der Forschung gelegentlich mit *Entrepreneurial Passion*[41] benannt wird, möchten wir zeigen, wie gerade das Nachhaltige Design eine wichtige und innovative Rolle im unternehmerischen Handeln einnehmen kann. Zur Absicherung möchten wir noch einmal klarstellen, was nachhaltiges Unternehmertum nicht bedeutet: Erstens bedeutet es nicht, dass ein Unternehmen durch Marketing-Maßnahmen vorgibt, besonders nachhaltig zu sein, wie es beim *Greenwashing* der Fall ist. Zweitens bedeutet es nicht, dass ein Unternehmen nur eine bestimmte ökologisch gestimmte Marktnische oder Zielgruppe mit entsprechend angepassten und kommunizierten Produkten bedient. Und drittens bedeutet es nicht, dass die unternehmerische Profitorientierung zugunsten höherer moralischer Werte aufgegeben wird, um sich in eine mildtätige Organisation zu wandeln.

Vielmehr verstehen wir, die zahlreichen Kriterien, Indikatoren und Zielvorgaben stark verdichtend, unter nachhaltigem Entrepreneurship eine Weise des unternehmerischen Handelns, das konsequent und kompetent die Impacts des eigenen Geschäftsmodells entlang der gesamten Wertschöpfungskette analysiert und in der Reihenfolge der Relevanz die jeweils wichtigsten neu gestaltet gemäß der verfügbaren *Best Practices*, um dann schließlich diesen Prozess zu verstetigen als integralen Bestandteil des eigenen Handelns. Damit werden unternehmerische Risiken identifiziert und reduziert, das Geschäftsmodell stärkt seine Resilienz, Zukunftsfähigkeit und Innovationskultur, steigert seine Glaubwürdigkeit und seinen Markenwert und sichert sich Wettbewerbsvorteile, die gerade durch die anspruchsvoller werdenden Berichtspflichten erst ihre Wirkung entfalten.

Nun sind es genau die Grundfragen des Nachhaltigen Designs, wie wir sie in **KAPITEL 2** gestellt haben, die besonders dafür geeignet sind, im Rahmen unternehmerischen Handelns ihre Wirkmacht zu entfalten:

1. Wie gehen wir mit den endlichen Ressourcen des Planeten um?
2. Wie gehen wir mit den endlichen Senken der Biosphäre im Sinne der planetaren Grenzen um?
3. Wie können wir langfristig gute Lebensbedingungen für alle Menschen sicherstellen, insbesondere im Kontext der *Sustainable Development Goals*?
4. Ist für eine spezifische Problemstellung immer ein neues Produkt die beste Lösung, oder vielleicht ein ganz anderer Weg? Diese Frage ist das wesentliche Schwungrad für Innovation!
5. Welche Impacts haben unternehmerische und gestalterische Entscheidungen entlang der gesamten Wertschöpfungskette in ökologischen, sozialen, kulturellen und wirtschaftlichen Kontexten?
6. Wie implementieren wir die gestalterischen Methoden, Strategien und Perspektiven so in die Unternehmenskultur, dass sie die größtmögliche Wirkung entfalten können?

Nachhaltiges Design und verantwortliches Wirtschaften erweisen sich hier als konvergent: Am Ende einer langen Annäherung vereinigen sich ihre Entwicklungspfade in ihren Zielsetzungen, ihrem Methodenschatz und in der gestalterisch-unternehmerischen Leidenschaft, zukunftsfähig zu gestalten. Denn beide haben ihre Kernmotivation darin, die Auswirkung der eigenen Entscheidungen zu evaluieren und zu optimieren.

UNTERNEHMERISCHE UND GESELLSCHAFTLICHE INNOVATIONEN

Die Konvergenz kann sich freilich nur entfalten, wenn das Design nicht als finale Oberflächenaufhübschung vor dem Markteintritt und bloß verkaufsfördernde Maßnahme betrachtet und eingesetzt wird, sondern bereits in der Entwicklung eines *Business Case*, denn dort werden die späteren Impacts entlang der Wertschöpfungskette wesentlich determiniert. Auch der Begriff der Innovation wird unternehmerisch häufig auf rein technische Innovation beschränkt; einerseits wird damit eine Effizienzsteigerung gemeint, etwa in der Produktion, im Verbrauch von Energie und Material, durch Miniaturisierung und Beschleunigung. Innovation kann aus der Sicht des Marketings auch die bloße Markt-Attraktivität eines Produkts meinen, zu beobachten insbesondere im Modesektor oder auf dem Smartphone-Markt, wo neue Features ohne qualitative Innovation zum Kauf verführen (auf die digitalen Wertschöpfungen gehen wir im folgenden KAPITEL 7 näher ein). Die Innovationen werden wohldosiert auf neue Modelle verteilt, weil die alten rein technisch zu langlebig sind. Diese Langlebigkeit war bis vor wenigen Jahrzehnten noch ein entscheidendes Kaufargument[42] und hat sich durch die Über-Ästhetisierung in das Gegenteil gewendet. Gerade auf dem Smartphone-Markt entsteht ein Paradox von technischer Qualität (in Form von Langlebigkeit) und Absatzzahlen (in Form beschleunigter Produktlebenszyklen). Erstere entschleunigt letztere, kann aber aus Gründen der Attraktivitätswahrung nicht merklich reduziert werden, da sonst Garantiekosten anfallen und die Reputation leidet. Das Paradox wird gerne mit einer unglückseligen Verbindung von Innovation und Design aufgelöst, die wir ästhetische Obsoleszenz nennen möchten: Die Begehrensdynamik des Neueren und Schöneren motiviert zum Kauf. Unter der ästhetisierten Oberfläche aber verzehren solche Innovationen wertvolle Ressourcen, ohne relevante Probleme zu lösen – das sind Schein-Innovationen.

Es gibt eine starke, aber zu wenig reflektierte Wechselwirkung von unternehmerischem und gesellschaftlichem Handeln. *Corporate*

Innovation ist unvermeidlich immer auch *Social Innovation*, in den meisten Fällen aber eine unbeabsichtigte und ungezielte Nebenwirkung. So wie nun reflektierte und sachlich fundierte gestalterische Entscheidungen die Grundlage für Nachhaltiges Design bilden, so bildet für Unternehmen der reflektierte, sachlich fundierte Umgang mit den eigenen sozialen Impacts die Grundlage für CSR. Um ein Bild aus der Energieproduktion zu wagen: Derzeit verpufft der gesellschaftliche Innovations-Impact häufig wie Abwärme bei einem veralteten Kraftwerk mit niedrigem Wirkungsgrad; eine reflektierte unternehmerische Innovationskultur gliche dann einer Kraft-Wärme-Koppelung, die bei gleichbleibendem Ressourcenverbrauch deutlich höhere Wirkungsgrade erzielt, im Sinne der CSR 3.0.[43]

SKALEN, EXEMPLARE UND DISKURSE

Solche unternehmerisch-gesellschaftlichen Innovationen ereignen sich durchaus nicht nur im Spielfeld global agierender Konzerne vornehmlich im Silicon Valley. Vielmehr können auch kleine und kleinste unternehmerische Ideen nachhaltige gesellschaftliche Innovationen hervorbringen. Dabei interessieren uns nicht nur die Wachstums- und Skaleneffekte (das Narrativ »aus der Garage zum Weltkonzern«), sondern auch die exemplarischen, diskursiven und inkubatorischen Wirkzusammenhänge. Mit exemplarischen Wirkungen meinen wir vorbildhafte Projekte, die nicht unmittelbar skalierend, sondern vielmehr inspirierend wirken, Innovation also durch ihren *Best-Practice*-Charakter wirksam machen. Mit diskursiven Wirkungen meinen wir solche Projekte, die über die unmittelbare eigene innovative Wirkung hinaus diskursive Prozesse anstoßen, die verschiedene Stakeholder aktivieren; so werden Debatten in Gang gesetzt, die einen größeren und sogar ganz anderen Wirkungskreis haben als die ursprüngliche

Intention. Mit inkubatorischen Wirkungen meinen wir Projekte, die einen kreativ-innovativen Schutzraum bieten, die weitere, auch ganz anders gelagerte Projekte hervorbringen, die wiederum gesellschaftliche Innovationen bewirken.

Um unsere Thesen zu veranschaulichen, möchten wir hier und in den folgenden Kapiteln einige studentische *Best-Practice*-Beispiele präsentieren. Der Innovationscharakter lässt sich an der Bachelorarbeit von Jola Schwarzer zeigen, die sie in Kooperation mit einem Start-up entwickelte, das unter anderem Fair-Trade-Kosmetikprodukte

Abb.6.3: **»dR Refill«.** Nachhaltiges Design bringt nicht nur neuen Schwung ins Badezimmer, sondern auch in die Kreislaufwirtschaft.

Entstanden im Rahmen einer Abschlussarbeit an der ecosign/Akademie für Gestaltung. Ausgezeichnet unter anderem mit dem Nachwuchspreis MehrWert NRW.

Entwurf: Jola Schwarzer
Dozenten: Jörg Gätjens und Bernd Draser

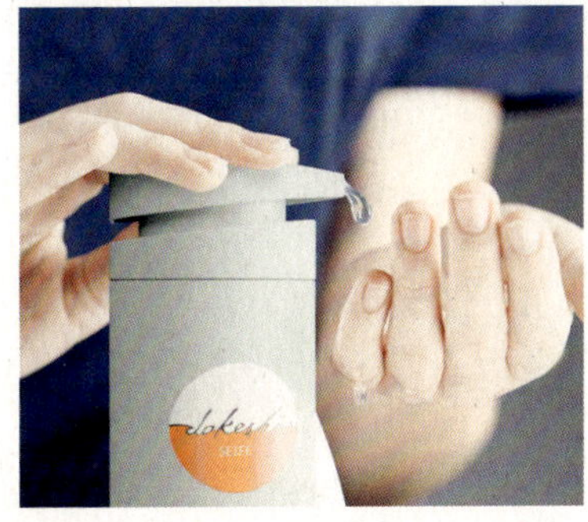

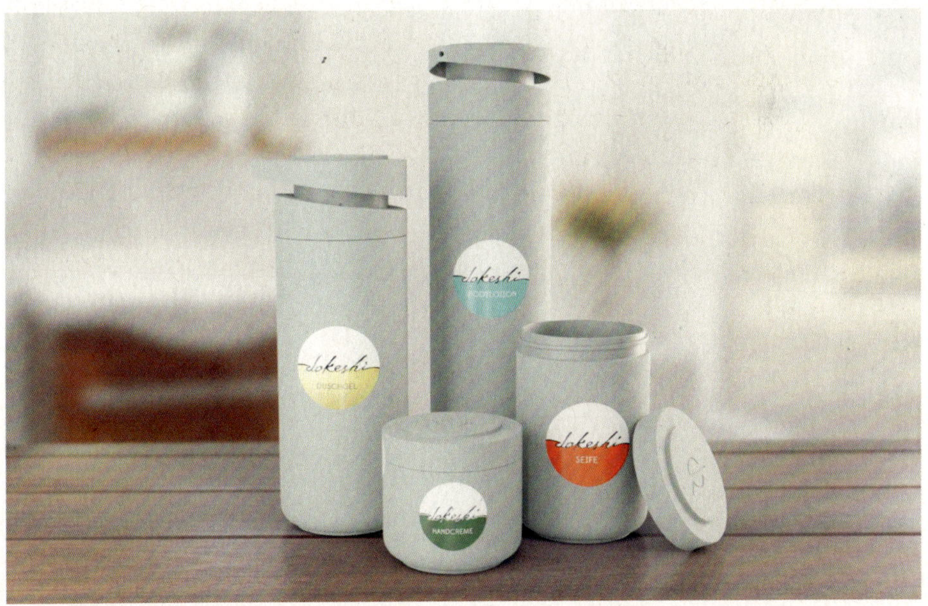

Bilder: © Jola Schwarzer

anbietet und im Bereich Verpackung und Logistik mit dem Status Quo nicht zufrieden war (Abb. 6.3). Dabei entstand nicht einfach eine nachhaltigere Transport- und Verkaufsverpackung, sondern ein Mehrweg-System der Logistik, Verpackung und Nutzung: Nach dem Gebrauch des Pflegeprodukts wird die Pfandverpackung den Herstellern zur Wiederbefüllung zurückgegeben. Vier Verpackungsgrößen bieten Flexibilität für diverse Produkte. Ein Spenderaufsatz, der einmal erworben und dann dauerhaft genutzt wird, sorgt für eine einfache Dosierung flüssiger Produkte. Für feste Stücke, die keine Verpackung benötigen, bietet die Serie eine verschließbare Schale. In den Einzelhandel werden die Pflegeprodukte in passgenauen Transportkisten befördert, die auch per Post versandt werden können. Das System ist übertragbar und skalierbar für verschiedene Marken, das reduziert-ansprechende Design unterstützt die Wirksamkeit auf ästhetischer Ebene.

MARKT UND INNOVATION

Dieses etwas heterogene Kapitel hat eine Vielzahl motivischer, thematischer und struktureller Verflechtungen, Überlagerungen und Durchdringungen gestreift, die sich um die Frage von unternehmerischer und gestalterischer Verantwortung entfalten. Es ist ein Gewimmel von Vor- und Gegenläufigkeiten wie in unserem Sinn-Bild von *Les Halles*: Der Markt, auf dem sich all dies ereignet, ist offenkundig weit mehr als ein Instrument der Preisbildung. Er ist ein Ort der lebensweltlichen Ambiguität, im Paris des 19. Jahrhunderts wie auf der athenischen Agora zu sokratischer Zeit[44]: Stadt und Land, Obst und Fleisch, Eilen und Warten, Handeln und Schauen, Ephemeres und Dauerhaftes, Sakrales und Profanes – »am farbigen Abglanz haben wir das Leben.«[45]

1 So der Titel des Romans von Zola, der 1873 erschien und ebendort seinen zentralen Schauplatz hat.

2 vgl. die beiden Vorstufen zu »Les Halles« auf der letzen Seite des unbetitelten Beitrags von Le Pelley Fonteny auf der Seite des Petit Palais in Paris, wo das Gemälde heute zu sehen ist.

3 Smith: Wohlstand der Nationen, S. 451.

4 Zum Thema Markt und Konsum, Kommunikation

und Ambiguität vgl. Draser / Liedtke: Konsum ist nachhaltig und nicht-nachhaltig.

5 Einen ausführlichen und ausgezeichneten Überblick über die Entwicklung (»evolution«) der CSR-Diskurse im Kontext zeitgeschichtlicher Ereignisse (insbesondere im Nachhaltigkeitskontext) bieten Latapí Agudelo / Jóhannsdóttir / Davídsdóttir: A literature review of the history and evolution of corporate social responsibility. Der Ausblick demonstriert freilich mehr die Inflation von CSR-gemäßen Floskeln als eine inhaltliche Evolution des Themas.

6 Friedman: »The Social Responsibility of Business is to Increase its Profits«. Das Bonmot unserer Abschnittsüberschrift fasst den Text von Friedman ausgezeichnet zusammen, es steht dennoch nicht darin.

7 So die nicht mehr ganz junge und doch sehr bemerkenswerte wie hellsichtige Arbeit von Stehr: Die Moralisierung der Märkte.

8 Carroll: The Pyramid of Corporate Social Responsibility: Toward the Moral Management of Organizational Stakeholders.

9 ebd., S. 39.

10 ebd., S. 42.

11 vgl. ebd., S. 44 f.

12 Rheinmetall: ESG Reporting 2021. Factbook, S. 56–59.

13 Carrol: The Pyramid of Corporate Social Responsibility, S. 44.

14 Zur Genese der Disziplin vgl. Mesicek: Verantwortung für Stakeholdereinbindung.

15 Einen ausgezeichneten Überblick dazu bietet Schneider: Reifegradmodell CSR – eine Begriffsklärung und -abgrenzung, S. 28–30, insbesondere die Grafik zur geschichtlichen Entwicklung auf S. 29.

16 vgl. Masoud: How to win the battle of ideas in corporate social responsibility: The International Pyramid Model of CSR, S. 3, Fig. 1. Sehr übersichtlich die Gliederung der »escalation« in Dekadenschritten seit den 1950er Jahren, S. 2–7.

17 Schneider: Reifegradmodell CSR – eine Begriffsklärung und -abgrenzung, S. 33., Abb. 2.

18 Ein äußerst differenziertes Bild von der Treuhand-Anstalt und den sie umgebenden Diskursen zeichnet Böick: Die Treuhand.

19 Eine konzise Zusammenfassung der Schocks für die ostdeutschen Betriebe bieten Fritsch / Wyrwich: Wirtschaft im Schock.

20 UNEP: Towards a Green Economy: Pathways to Sustainable Development and Poverty Eradication. In diesem Kontext ein jüngst erschienener, äußerst ambitionierter Sammelband: Cerra / Eichengreen / El-Ganainy / Schindler (Hrsg.): How to Achieve Inclusive Growth.

21 Europäische Kommission: Europäischer Grüner Deal. Erster klimaneutraler Kontinent werden.

22 Europäische Union: Verordnung (EU) 2020/852 des Europäischen Parlaments und des Rates vom 18. Juni 2020 über die Einrichtung eines Rahmens zur Erleichterung nachhaltiger Investitionen. Einen konzisen Überblick bietet die EU-Kommission mit einem Factsheet: Financing Sustainable Growth.

23 vgl. Hauff: Unsere gemeinsame Zukunft, S. 49.

24 Weizsäcker / Lovins / Lovins: Faktor Vier. Doppelter Wohlstand – halbierter Naturverbrauch. Weizsäcker / Hargroves / Smith: Faktor Fünf. Die Formel für nachhaltiges Wachstum.

25 Liedtke / Buhl: Das dematerialisierte Design.

26 Raworth: Die Donut-Ökonomie.

27 Paech: postwachstumsoekonomie.de und Paech: Befreiung vom Überfluss.

28 Paech: Das Postwachstumsdesign.

29 Zu den diversen Begriffsvarianten von CSR und den amtlichen Definitionen gibt einen sehr guten Überblick Schneider: Reifegradmodell CSR.

30 Europäische Kommission: Grünbuch. Europäische Rahmenbedingungen für die soziale Verantwortung der Unternehmen.

31 Europäische Kommission: Mitteilung der Kommission betreffend die soziale Verantwortung der Unternehmen: ein Unternehmensbeitrag zur nachhaltigen Entwicklung.

32 Europäische Kommission: Eine neue EU-Strategie (2011-14) für die soziale Verantwortung der Unternehmen (CSR).

33 Aktueller Stand der Norm: DIN EN ISO 26000:2021-04. Leitfaden zur gesellschaftlichen Verantwortung.

34 So das BMAS schon 2011: Die DIN ISO 26000. Leitfaden zur gesellschaftlichen Verantwortung von Organisationen – Ein Überblick. Das BMU folgte 2014: Gesellschaftliche Verantwortung von Unternehmen. Eine Orientierungshilfe für Kernthemen und Handlungsfelder des Leitfadens DIN ISO 26000.

35 Die GRI-Standards sind unter globalreporting.org in verschiedenen Sprachen frei verfügbar.

36 www.deutscher-nachhaltigkeitskodex.de

37 DIN SPEC 90051-1: Standard für die Nachhaltigkeitsbewertung von Start-ups.

38 Novalis: Wenn nicht mehr Zahlen und Figuren, V. 12.

39 vgl. dazu den Abschlussbericht zum Nationalen Aktionsplan Wirtschaft und Menschenrechte, dessen Ergebnisse das Scheitern der freiwilligen Selbstverpflichtung offenlegen und der Bundesregierung den Anlass gaben, die entsprechende Vereinbarung zum Lieferkettengesetz aus dem Koalitionsvertrag von 2018 umzusetzen. Das Auswärtige Amt gab den Bericht in Auftrag.

40 Foodwatch: Goldener Windbeutel. Der Preis für die dreisteste Werbelüge des Jahres.

41 Cardon / Wincent / Singh / Drnovsek: The Nature and Experience of Entrepreneurial Passion.

42 Brocchi / Draser / Fuhs: Verantwortungsvolles Produktmanagement aus der Perspektive des Nachhaltigen Designs, S. 43.

43 vgl. Schneider: Reifegradmodell CSR, S. 37–39.

44 vgl. Draser / Liedtke: Konsum ist nachhaltig und nicht-nachhaltig, S. 65.

45 Goethe: Faust II, V. 4727.

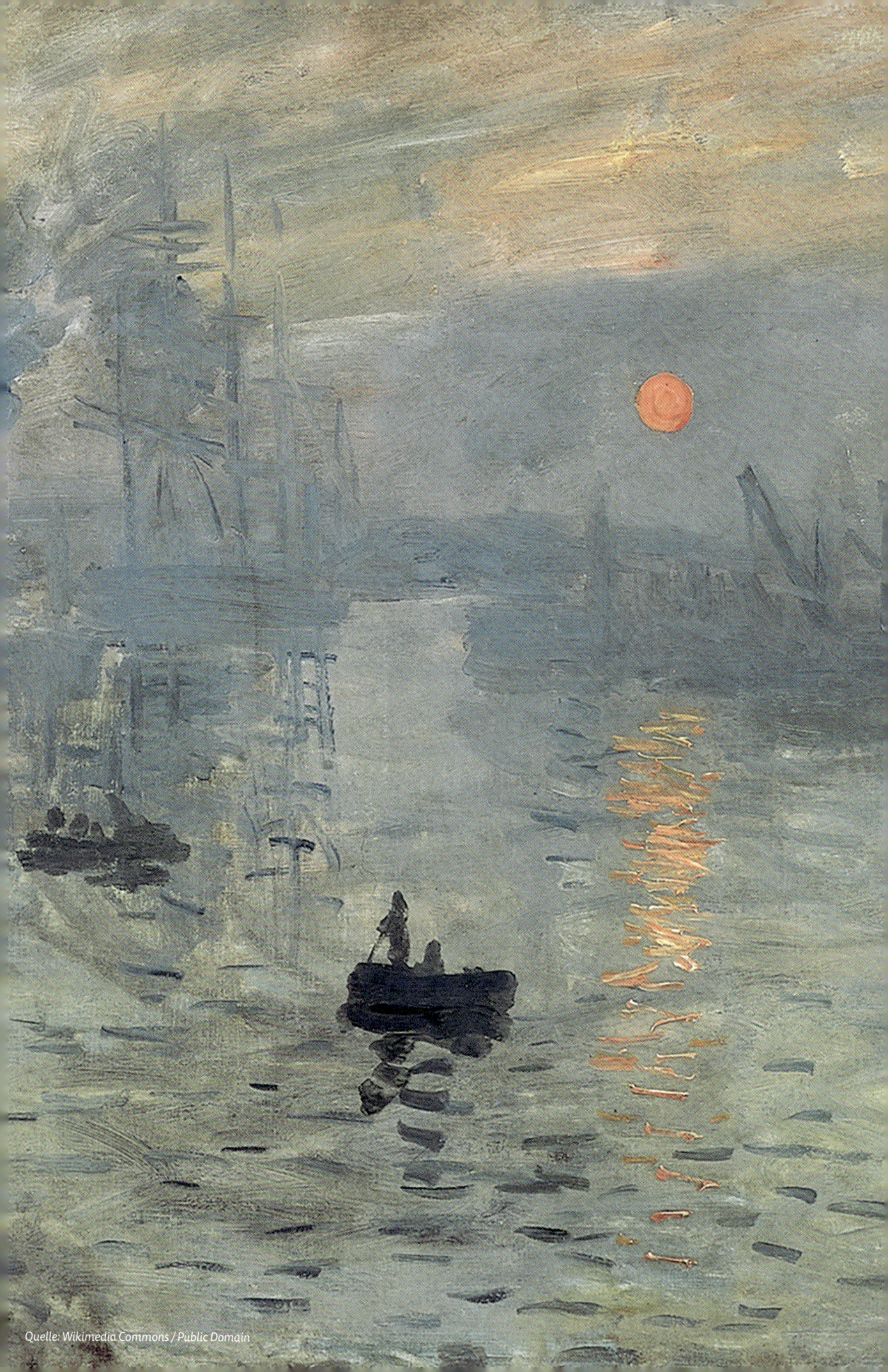

KAPITEL 7

VON DER STOFFLICHKEIT ZUR SCHÖNEN FORM: NACHHALTIGES DESIGN IM ZEITALTER DER DIGITALISIERUNG

Als die damalige Bundeskanzlerin Angela Merkel 2013 den legendären Satz aussprach, das Internet sei »für uns alle Neuland«[1], kannte die Häme[2] kaum Grenzen. Derweil ist das »Neuland« zum geflügelten Hashtag geworden,[3] weil es Trefflicheres über das alles durchdringende Phänomen der Digitalisierung und Vernetzung verrät, als gemeinhin vermutet wird. Bemerkenswert dicht sind die Nebel über Neuland, wenn wir die Nachhaltigkeits-Impacts der Digitalisierung in den Blick nehmen: Es ist ein beliebtes Fehlurteil, dass alles Digitale besonders ressourcenleicht sei, weil beispielsweise keine Bäume dafür gefällt werden müssen. Doch das Gegenteil ist der Fall: Digitales ist nicht aus Feenstaub gezaubert, sondern tritt massive und neuartige Ressourcenextraktionen,

Impression, Sonnenaufgang (Ausschnitt)
Claude Monet (1872)
Höhe: 48 cm; Breite: 63 cm
Musée Marmottan Monet, Paris

Stoffströme und Infrastrukturen los, die den Naturverbrauch eher beschleunigen als verlangsamen. Doch diese Zusammenhänge liegen vorläufig noch in einem ähnlichen Nebel wie der Hafen von Le Havre in Monets *Impression, Sonnenaufgang* von 1872.

IMPRESSIONEN VOM NEBLIGEN NEULAND

Wir sehen, mit skizzenhaften, ungeschönten Strichen gemalt, die Sonne über einem nebligen Hafen aufgehen, im Vordergrund mit wenigen groben Pinselstrichen angedeutet, Fischerboote auf einer Diagonalen nach rechts in die vordere Bildmitte sich bewegen; das vordere Boot wird gleich die Reflexionen der Sonne auf dem Wasser durchkreuzen. Im Hintergrund sind nur undeutlich Schiffsmasten und kraftvoll rauchende Schlote zu erahnen, die sich in der Wasserfläche spiegeln. Rechts im Hintergrund sind schemenhafte vertikale und diagonale Infrastruktur-Elemente angedeutet, vielleicht Kräne. Das kräftige Sonnenlicht wird bald die Nebel lichten, und die im Hintergrund wirkende Infrastruktur wird in aller Klarheit sichtbar werden. Als Claude Monet (1840–1926) das Bild vor 150 Jahren fertigstellt, erschließt er Neuland für die Malerei, das zunächst verächtlich *Impressionismus* genannt wurde, nach eben diesem Bild.

Auch der Impressionismus ist ein Kind der Industrialisierung, und das nicht nur in den urbanen, technischen und industriellen Sujets. Auch die beschleunigte, atemlose, vorläufige Malweise, die Übersetzung des Lichts in seine innerliche Empfindung und der disruptive Gestus des Traditionsbruchs lassen Verwandtschaft erkennen. Nicht zuletzt erweist sie sich im Zerlegen der äußeren Erscheinungen in einzelne, als solche erkennbare Striche, wie die breiten horizontalen ganz im Vordergrund oder die wenigen groben, aus denen sich die Boote und ihre Schatten konstituieren – eine Vorahnung des *digitus*, des einzelnen Elements, aus dem das Digitale sich speist. Weitere Parallelen zur Digitalisierung drängen sich auf: die emittierende Infrastruktur im Hintergrund; die ganze komplexe und fast unsichtbare Infrastruktur; der Nebel des Nichterkennens; das »Surfen« der Boote an der glatten Oberfläche, höchstens ahnend, dass die Tiefen die Voraussetzung der Oberfläche sind (nicht zuletzt in Gestalt von Tiefseekabeln); die ungeheure Dynamik und Akzeleration des Stils, die *Morgenröthe*[4] des frühen Beginnens eines Tages, dessen Verlauf noch völlig offen ist. In der Tat wird uns außerhalb der Fachkreise erst allmählich klar, dass dieses Neuland ein gewaltiger Kontinent ist, vielleicht sogar jene »fünfzig Welten fremder Entzückungen«[5], die Nietzsche dem musikalischen Werk Wagners zusprach.

BEGEHREN NACH DISTANZKOMMUNIKATION

Die Digitalisierung gäbe es nicht, wenn sie uns nicht etwas böte, das wir begehren. Wir möchten – ohne Anspruch auf Vollständigkeit – fünf Begehren beschreiben, die für die Dynamik der Digitalisierung maßgeblich sind. Es sind archaischere Bedürfnisse, als der für die Digitalisierung so markante Jargon der Disruption[6] vermuten lassen würde, und sie haben einen grundlegend magischen Charakter[7]. Das erste Grundbedürfnis der Digitalität ist das nach Kommunizieren über große Distanzen hinweg. In der homerischen Odyssee ist es die spezifische Aufgabe des Hermes als Götterbote, die olympischen Ratschlüsse verlässlich und schnell zu übermitteln, wie der Nymphe Kalypso auf der abgelegenen Insel Ogygia, als Schnell- und Tiefflieger über Land und Meer, »so schnell wie die Stöße des Windes«[8]. Freilich ist Hermes nicht immer Garant für immerwährende Faktentreue[9], was ihn wiederum mit der digitalen Echtzeitkommunikation verbindet; der Duden führt die Vokabel *Fake News* seit 2017.

Wie bedeutsam ein Wissensvorsprung und damit eine effiziente Distanzkommunikation ist, zeigt Aischylos (ca. 525–456 v. Chr.) in der Eröffnungsszene der Tragödie *Agamemnon*. Ein Nachtwächter wacht auf dem Palastdach in Mykene und wartet auf ein Feuerzeichen aus der Ferne, das signalisieren soll, wenn Agamemnon, Hausherr in Mykene, die zehn Jahre lang belagerte Stadt Troja (etwa 400 km Luftlinie entfernt) erobert hat.[10] Was dem Wächter eine Siegesbotschaft ist, hat für die Hausherrin Klytemnästra eine ganz andere Bedeutung, da sie sich während der langen Abwesenheit des untreuen Gatten anderweitig liiert hat und für ihn einen unfreundlichen Empfang unter Zuhilfenahme einer Doppelaxt plant. Die schnelle Verfügbarkeit einer Information, ihrer richtigen Deutung und der daraus sich ergebenden Handlungen sind im digitalen Raum nicht weniger wichtig; für den hochfrequenten Börsenhandel sind es Millisekunden, die zählen. Diesseits des Mythos ist die Trommel ein weltweit verbreitetes archaisches Instrument der Distanzkommunikation, sei es die Schlitztrommel in Kamerun, die Garamut-Trommel in Papua-Neuguinea oder die Manguaré-Trommel der Bora in Südamerika.[11] Im asiatischen Raum spielt die schamanische Trommel eine zentrale Rolle bei der Kommunikation nicht nur über räumliche, sondern auch transzendente Distanzen: Sie dient zur Kommunikation mit Geistern und Göttern und als »Gefährt« in das Zentrum der Welt oder in den Himmel.[12] Selbst der Lyrik werden vergleichbare Ursprungszwecke zugeschrieben wie dem schamanischen Trommeln, »mit außermenschlichen Wesen – mit Geistern, Göttern, beseelten Dingen – in eine nutzbringende Verbindung zu treten.«[13]

Was den vormodernen Kulturen Trommeln, Glocken und andere lautstarke Instrumente der Distanzüberwindung waren, ist mit der Industrialisierung die Kommunikations-Infrastruktur geworden; bereits in den 1850er Jahren begannen die ersten Versuche, mit Hilfe eines transatlantischen Tiefsee-Telegrafenkabels den Raum zwischen der alten und der neuen Welt in Echtzeit aufzulösen, ab 1866 war die erste dauerhafte Telegrafenverbindung etabliert.[14] Wie dringend das Bedürfnis nach individueller Distanzkommunikation war, demonstriert die fiktionale Erfindung des Mobiltelefons weit vor seiner technischen Realisierbarkeit als *Communicator* in der Serie *Raumschiff Enterprise* ab 1966, die dem Nokia-Klapphandy späterer Jahrzehnte als Vorlage diente.[15] Die Technik erfüllt lediglich das, was als Bedürfnis narrativ bereits wirkt.

BEGEHREN NACH SPEICHERN UND ABRUFEN

Die ersten Schriften waren vermutlich Speicher im wörtlichen Sinne. Im Sumer des 4. Jahrtausends v. Chr. betrieb man landwirtschaftliche Buchhaltung durch kleine Symbolsteine (*tokens*), die ein Schaf, eine Karaffe Öl etc. darstellten und als Quittung oder Liste für das Dargestellte dienten, eine zeichenhafte Doppelung der Dinge, um sie zählen, sammeln, tauschen zu können.[16] Bald stellte man aber fest, dass schon der Abdruck der Tokens zum Führen der Liste genügte,[17] und bald auch nur die bildhafte Nachbildung als Keilschrift; die Stofflichkeit der Dinge löste sich auf in reiner Zeichenhaftigkeit. Je kleinteiliger aber die Zeichen zerlegt werden, desto effizienter wird die Verarbeitung des Gemeinten; die Reduktion und Abstraktion des Piktogramms auf seinen Lautwert, wie das phönizische Alphabet es mit weitreichenden Folgen leistet,[18] führt mit einer gewissen Konsequenz zu den beweglichen Lettern Gutenbergs und erfährt die größtmögliche Virtualisierung in der Reduktion auf die Nullen und Einsen des Binärcodes. Alles kann also effizient gespeichert und wieder abgerufen werden. Diesem Vorgang galt aber schon früh ein gewisses kulturpessimistisches Misstrauen, das dem mechanischen Speichern und Abrufen von Wissen Gefahren für die Gedächtnisfähigkeit im Besonderen und den Intellekt im Allgemeinen entwüchsen; der Neurowissenschaftler Manfred Spitzer, der die Gemüter 2012 mit seinem Bestseller *Digitale Demenz*[19] erschütterte, stand dabei in einer illustren Tradition, denn was er gegen digitale Medien vorbrachte, warf Platon (ca. 428–348 v. Chr.) in seinem Dialog *Phaidros* dem Schreiben insgesamt vor: »Denn wer dies lernt, dem pflanzt es durch Vernachlässigung des Gedächtnisses Vergeßlichkeit in die Seele, weil er im Vertrauen auf die Schrift von außen her durch fremde Zeichen, nicht von innen her aus sich selbst die Erinnerung schöpft.«[20] Nicht für das Gedächtnis, sondern fürs Erinnern sei die Schrift erfunden.[21]

Dass Platon diese Thesen freilich im virtuosen Gebrauch der Schriftlichkeit entwickelt und für Jahrtausende weiterträgt, ist noch ironischer als der Umstand, dass Spitzers Werk schon im Erscheinungsjahr sowohl als *eBook* als auch als Hörbuch verfügbar war.[22] Offenkundig wird dem sicheren Speichern von Wissen nicht nur eine Gefährdung des Gedächtnisses unterstellt, sondern auch eine Absicherung gegen den Verlust desselben, denn wer schreibt, kann »sich damit selbst einen Schatz von Erinnerungen sammeln für die Zeit, da er ins Alter des Vergessens gelangt«.[23] Nietzsche gelingt das tatsächlich auf den letzten Drücker vor dem geistigen Kollaps im Januar 1889, wenn er seine Autobiografie *Ecce Homo* aus dem Herbst 1888 mit den Worten präludiert: »Und so erzähle ich mir mein Leben.«[24]

BEGEHREN NACH INSTANTANER VERFÜGBARKEIT

Ein drittes grundlegendes Begehren, das die Digitalität zu erfüllen vermag, ist das instantane Verfügbarmachen von fast allem, weit über Informationen hinaus. Was die digitale Verfügbarkeit von Büchern und Forschungstexten angeht, funktioniert wissenschaftliches

Arbeiten heute unter geradezu schlaraffenlandartigen Bedingungen, und auch der plötzlichste Gedankenblitz kann umgehend anhand der Forschungslage abgesichert werden; doch schon die ersten Digitalisate von Werkausgaben, wie sie in den Neunzigern zugänglich wurden, erlaubten ein digitales Durchdringen von bedeutenden Gesamtwerken und Nachlässen, das ohne eine einfache Mechanik wie die der Volltextsuche nur als gelehrsame Frucht eines langen Forschungslebens zu erringen gewesen wäre. Das Zugreifen auf abgelegene Publikationen höheren Alters durch Projekte wie *Google Books*, die milliardenfache Katalogisierung von wissenschaftlichen Artikeln samt deren Zitations-Verflechtungen in *Google Scholar*, die äußerst charmante Sitte, in Bibliothekskatalogen gleich auch das Inhaltsverzeichnis eines Buchs zugänglich zu machen, die sofortige Lesbarkeit eines Buchs als *eBook*, die Möglichkeit, gleich eine ganze Urlaubsbibliothek beliebigen Ausmaßes auf einem kleinen Reader versammeln zu können – nur einige der schier unerschöpflichen Instant-Wonnen der Digitalisierung für ein bildungshedonistisch orientiertes Publikum.[25]

Das Streamen von Unterhaltungsmedien – Musik, Podcasts, Filme, Serien – ist der vermutlich stärkste Umbruch der medialen Rezeptionsgewohnheiten hin zur nichtlinearen, vielmehr verzögerungsfreien Befriedigung von Unterhaltungsbedürfnissen. Während die epischen Sänger der homerischen Zeit umsorgt und umworben sein wollten, um das Auditorium mit den mythischen Blockbustern zu unterhalten,[26] war die profane Programmzeitschrift der Schlüssel zu den Vergnügungen des linearen Fernsehens; das nichtlineare Streamen hingegen benötigt neben Browser oder App nur die Erkundung des eigenen Seh-Begehrens, um aus einer unüberschaubaren Fülle an Dokumentationen, Spielfilmen und Serien die herauszufiltern, die der momentanen Gestimmtheit entsprechen. Die völlige Verfügungsgewalt über das Was und das Wann ist ein hypertropher

Luxus. Gleiches gilt für die Streaming-Angebote von Musik oder Hörbüchern, die für niedrige monatliche Beträge den Zugriff auf viele Millionen Titel erlauben, jeweils sofort. Diese Plenidisponibilität aller Medien in Datenform bedeutet freilich einen erheblichen *traffic*, also Datenmengen, die durch die entsprechenden Infrastrukturen um die Welt geschickt werden – auf die damit verbundenen Stoffströme kommen wir gleich zurück.

Ein beachtlicher Teil des digitalen Datenverkehrs ist dem Geschlechtsverkehr gewidmet, gemeinhin liegen die Schätzungen bei mehr als einem Viertel.[27] Die sofortige visuelle Erfüllung auch der originellsten erotischen Phantasien (allmählich auch als *virtual reality* verfügbar) setzt sich fort in diversen Dating-Portalen, die unter Zuhilfenahme von Algorithmen Intimitäten allerlei Geschmacks effizient anbahnen. Die konsequente Fortsetzung dieser Verfügbarkeit ist freilich die Automatisierung der erotischen Performanz; was vor der Digitalisierung aufblasbare Puppen und in Kautschuk nachgebildete Gliedmaßen mimetisch recht ungelenk zu leisten suchten, überführt die Digitalisierung und Automatisierung in Penetratoren, die per App aus der Distanz gesteuert werden können – die Überwindung des Raums in der Sexualität. Die bemerkenswertesten Innovationen sind vermutlich im Bereich der Sex-Roboter zu erwarten, die nicht nur optisch und haptisch verstörend realistisch aussehen, sondern als *Chatbots* auch kleine stimmungsvolle Dialoge mit verschieden wählbaren Temperamenten führen können.[28] Um das Begehren auf einen allgemeineren Begriff zu bringen, gelten diese Strategien der Plenidisponibilität in allen Bereichen des Konsums; das Online-Shopping ist schon seit Jahren auf Expansionskurs, die Corona-Pandemie hat den Trend noch einmal erheblich beschleunigt.[29] Beschleunigung ist auch der wesentliche Maßstab für die neuesten Lebensmittel-Lieferdienste, die zumindest in den Metropolen eine Lieferzeit ab Bestellung von zehn Minuten versprechen – da kann auch Hermes, der Götterbote, nicht mithalten. Gerade die instantane Lieferbarkeit von fast allem erfordert immense logistische Infrastruktur und algorithmische Optimierung im Hintergrund.[30]

BEGEHREN NACH FAUSTKEIL UND ZAUBERSTAB

Der Ort all dieser Begehrensbefriedigungsmittel ist das Smartphone als omnipotentes und omnipräsentes Instrument der Ad-hoc-Bedürfnisbefriedigung. Es vereint die Eigenschaften des Faustkeils und des Zauberstabs in einem Objekt: Als Faustkeil liegt es gut in der Hand und ist uns stammesgeschichtlich in annähernd zwei Millionen Jahren[31] so in Fleisch und Blut übergegangen, dass wir an dieser Stelle eine leichtsinnige Prognose wagen wollen: Wir glauben nicht, dass andere *smart devices* ähnlich erfolgreich sich unseren Körpern und alltäglichen Routinen an- und einschmeicheln werden wie eben dieser digital-analoge, ressourcenintensive Faustkeil unserer Gegenwart.[32] Als Zauberstab vermag das Smartphone auch die rarsten Dinge herbeizuzwingen, die kuriosesten Bilder zu zeigen, die seltsamsten Melodien zum Besten zu geben, die abenteuerlichsten Geschichten zu erzählen und mit den entferntesten Menschen zu kommunizieren.

BEGEHREN NACH SICHTBARMACHEN DES UNSICHTBAREN

Eine zentrale Kompetenz magisch-religiöser Praktiken ist das Sichtbarmachen des Unsichtbaren, sei es in Gestalt von Engels- oder Marienerscheinungen, der orakelhaften Vorhersage des Kommenden, bis hin zu kostspieligen esoterischen Maschen wie der Aura-Fotografie.[33] Die bildenden Künste, insbesondere die Malerei haben das seit langem als eigenen Zuständigkeitsbereich identifiziert (vgl. **KAPITEL 4**), sei es als das Sichtbarmachen himmlischer Ereignisse[34] oder der bizarren Abgründe des Unbewussten, wie es der Surrealismus unternimmt. Die Digitalisierung bietet hier ganz besondere Kompetenzen in mehrfacher Hinsicht. Der Soziologe Armin Nassehi nennt seine »Theorie der digitalen Gesellschaft« schlicht und trefflich *Muster* und beantwortet damit schon im Titel die Leitfrage des Buchs: »Für welches Problem ist die Digitalisierung eine Lösung?«[35] Eben das Erkennen und Sichtbarmachen von Mustern; seine spezifische Pointe liegt freilich darin, dass die Digitalisierung damit eine Lösung für das Problem liefert, mit dem auch seine Disziplin, die Soziologie, sich zentral beschäftigt.[36] Nun ist das Erkennen von Mustern nicht nur für die Soziologie relevant, sondern für alle erdenklichen wissensgenerierenden Disziplinen, die ihr Wissen aus großen Informationsmengen ziehen – für zahlreiche Branchen hat dieses Sichtbarmachen von Mustern zu massiven Disruptionen geführt, von denen wir uns noch einen Eindruck verschaffen werden. Das Nachhaltige Kommunikationsdesign hat, wie die Soziologie, im Sichtbarmachen von Komplexität eine zentrale Aufgabe, die sich erst in der sinnlichen Umsetzung voll entfaltet (vgl. **KAPITEL 9**).

Doch auch in einem zweiten Sinn ist das Sichtbarmachen des Unsichtbaren eine Aufgabe des Designs, die wesentlich durch die Digitalisierung formuliert wurde. Wiederholte man im Design seit Sullivan das Mantra von *form follows function* (vgl. **KAPITEL 2**), ist durch die Miniaturisierung und Digitalisierung der Zusammenhang von Form und Funktion deutlich gelockert: Digitalität ereignet sich nicht in einer unstofflichen Welt, sondern setzt physikalische Operationen in Geräten voraus; diese Schaltkreise, Platinen, Prozessoren sind viel kleiner und undeterminierter, als dass sich eine bestimmte Form aus ihnen ergäbe, die für Nutzerinnen und Nutzer auf bestimmte

Funktionen schließen ließe. Digitale Geräte sind schlicht und einfach *black boxes*, in denen Funktionen in bestimmten Formen sich zwar ereignen, die aber für menschliche Dimensionen unsichtbar sind; wir sind beim Blick ins digitale Innere – von wenigen Fachleuten abgesehen – inkompetent. Um aber eine Operabilität überhaupt zu ermöglichen, bedürfen wir einer Oberfläche des schönen Scheines, der unsere Inkompetenz kompensiert. Deshalb sind Digitalität und Design in der Benutzeroberfläche schicksalhaft miteinander verstrickt wie Aphrodite und Ares im Sinnbild von **KAPITEL 2**.

Das Design hat seine wesentliche digitale Kompetenz darin, unsere Inkompetenz durch sinnhaftig-versinnlichende Oberflächen der Benutzung zu kompensieren.[37] Odo Marquard prägte – freilich für die späte Phase der Philosophie – den Begriff der Inkompetenzkompensationskompetenz: »Kompetenz hat offenbar irgendwie zu tun mit Zuständigkeit und mit Fähigkeit und mit Bereitschaft und damit, daß Zuständigkeit, Fähigkeit und Bereitschaft sich in Deckung befinden«[38]. Während der Philosophie nach großen Anfängen der Allzuständigkeit nichts mehr geblieben ist als eben diese Kompetenz,[39] diagnostizieren wir für das Nachhaltige Design hingegen die Kongruenz von Zuständigkeit, Fähigkeit und Bereitschaft. Das Nachhaltige Design vollzieht dabei eine der Philosophie entgegengesetzte Bewegung der Erweiterung des Kompetenzbereichs; wir haben es schon in Zusammenhang mit der Kunst diskutiert.

OBERFLÄCHE UND TIEFE

Wenn also die Oberfläche des Interface die Voraussetzung für die Operationsfähigkeit der unsichtbaren Tiefe des Digitalen ist, erweist sich die schöne Form dieser Oberfläche als die eigentliche zweckmäßige Funktion – sie geht in die Zuständigkeit des Designs über, mit all seinen Kompetenzen zum Erschließen der Bedürfnisse und Präferenzen der Nutzerinnen und Nutzer. Damit wird das Design aus dem Geiste der Digitalisierung geboren wie die antike Tragödie aus dem Geiste der Musik, zumindest in Nietzsches Archäologie derselben: Nietzsche postuliert für die griechische Kultur eine gewisse dionysische Ab- und Untergründigkeit, in der alles bildlos miteinander wechselwirkt und sich der Anschauung entzieht, so wie im Digitalen sich das Wesentliche in den Infrastrukturen und Schaltkreisen abspielt, ohne der Anschauung zugänglich zu sein. Das Apollinische in Nietzsches Sinn für die visuellen Künste, für die »maassvolle Begrenzung«,[40] für die klare und reduzierte Formgebung, in der die Kraft des Dionysisch-Digitalen erst kanalisiert wird. Wenn das Digitale also eine Oberfläche des schönen Scheins fordert, dann gilt für das Interface Design Nietzsches Diktum: »Diese Griechen waren oberflächlich – aus Tiefe! […] Sind wir nicht eben darin – Griechen? Anbeter der Formen, der Töne, der Worte? Eben darum – Künstler?«[41] Und in der Nachfolge eben auch Designerinnen und Designer.

ZERGLIEDERN DES SICHTBAREN

Wir haben bereits im Monet'schen Sinn-Bild gesehen, dass der Impressionismus die sichtbare Welt in einzelne Elemente zerlegt, die für sich nichts abbilden, sondern erst im Kontext ein Bild konstituieren, gleiches gilt für die Farbfelder Cézannes in KAPITEL 1 und Klees in KAPITEL 10; die Reihe ließe sich beliebig erweitern, beispielsweise um die kubistischen Bilder Picassos und Braques oder die Farbfeldkompositionen Mondrians, die verblüffend den Luftaufnahmen der Lithium-Salinen der Atacama-Hochebene im Norden Chiles gleichen.[42] Die Kunst der Moderne zeigt sich auch insofern avantgardistisch, als sie das digitale Verfahren des Zergliederns (griechisch: *ana-lysis*) in kleinste Teile vorwegnimmt, so wie auch die moderne Physik die Welt aus ihren Elementarteilchen und Energiequanten heraus zu verstehen sucht, die selbst nicht mehr teilbar (griechisch: *a-tomos*) sind. Doch wie beim Smartphone wirkte das Bedürfnis nach Digitalisierung weit vor der technischen Umsetzbarkeit in elektrischen Schaltkreisen. Bevor die Null (»es fließt kein Strom«) und die Eins (»es fließt Strom«) das Digitale physikalisch realisierten, behalf man sich mit einem viel einfacheren Mittel, nämlich dem mit Lochkarten gesteuerten mechanischen Webstuhl, den Joseph-Marie Jacquard (1752–1834) im Jahr 1805 erstmals vorstellte. Bei den Pappkarten bedeutet eine Stanzung die binäre Eins (»Aktion«) und das Fehlen einer Stanzung die binäre Null (»keine Aktion«).[43] Der Jacquard-Webstuhl wurde in der Seidenweberei eingesetzt, um komplexe Muster nicht zu erkennen, sondern zu produzieren, legte aber auch die Grundlage für die Trennung von der Hardware des Webstuhls und der Software der Lochkarten, die bis heute grundlegend für digitale Geräte ist.[44]

Jacquards Verfahren inspirierte den Mathematiker Charles Babbage (1791–1871) zu seiner *Difference Engine* (1822), die auf feinmechanischem Wege bereits komplexe Additionen und Subtraktionen

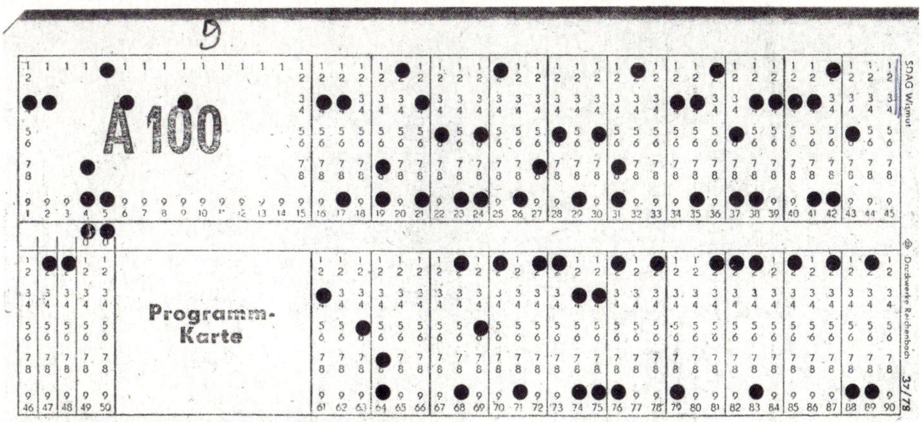

Quelle: Gfis / Wikimedia Commons (CC BY-SA 4.0)

Abb. 7.1: **Die Lochkarte realisiert die Digitalisierung vor der Digitalisierung:** Ein Loch bedeutet eine Aktion, kein Loch bedeutet keine Aktion, ganz gleich, ob ein Webstuhl oder eine Rechenmaschine, eine Drehorgel oder die Uranproduktion gesteuert werden soll, wie bei dieser Lochkarte aus der DDR.

ausführen konnte. Doch das Mechanische stieß schon bei dem Versuch einer *Analytical Engine*, die grundsätzlich alles berechnen können sollte, auf Grenzen der Umsetzbarkeit.[45] Die britische Mathematikerin und Tochter von Lord Byron, Ada Lovelace (1815–1852), erkannte die theoretische Tragweite der Erfindung von Babbage. Erst in der Lösung von der Mechanik und dem Wechsel in die elektronische Welt kann das Digitale seine Wirkung auch über große Distanzen voll entfalten, also in einem Akt scheinbarer Entstofflichung. Was aber vordergründig wie eine Dematerialisierung aussieht, hat ein Auftürmen von verborgenem Ressourcenverbrauch im Hintergrund zur Folge.

INFRASTRUKTUREN UND STOFFSTRÖME DER DIGITALISIERUNG

Die unerlässliche Basis der Digitalisierung ist die Versorgung mit Elektrizität, deren Erzeugung und Distribution über ein komplexes infrastrukturelles Netz. Der ökologische Impact auf die Biosphäre

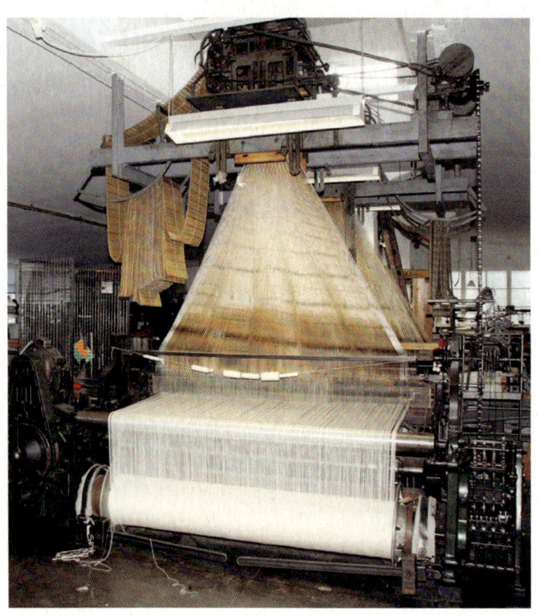

Quelle: Bjoertvedt / Wikimedia Commons (CC BY-SA 3.0)

Abb. 7.2: **Ein lochkartenprogrammierter Webstuhl, der 1939 in der Sächsischen Webstuhlfabrik Louis Schönherr in Chemnitz hergestellt wurde.** Jacquard stellte die Erfindung 1805 vor. Was als Musterproduktion begann, entfaltete sich zur Mustererkennung in der Digitalisierung.

> *»We may say most aptly, that the Analytical Engine weaves algebraical patterns just as the Jacquard-loom weaves flowers and leaves.«*
>
> *Ada Lovelace: Translator's notes, S. 696.*

hängt dabei stark vom genutzten Energiemix ab. Doch die Digitalisierung als Konnektivität bedeutet eben auch eine komplexe Vernetzungs-Infrastruktur, die den Datenverkehr überhaupt erst ermöglicht. Das sind einerseits die zahlreichen Funkmasten für die mobile Kommunikation, das sind andererseits die Kupferdraht- und Glasfaserleitungen, die Institutionen und Haushalte vernetzen. Was bereits im 19. Jahrhundert mit den Telegrafenleitungen begann, wurde weitergesponnen zu dem Netz zahlreicher transozeanischer Glasfaserkabel, die den gesamten Planeten umspannen und tausende Rechenzentren und Knotenpunkte miteinander verbinden.[46] Diese Serverfarmen wiederum erfüllen verschiedene Dienstleistungen für Unternehmen mit digitalen Angeboten oder cloudbasierter Software (das schnell wachsende Geschäftsmodell dahinter heißt *Software as a Service*, kurz *SaaS*). *Server Housing* bezeichnet die Bereitstellung räumlicher Infrastruktur, in der Unternehmen ihre eigenen Server betreiben können. Von *Server Hosting* ist hingegen die Rede, wenn lediglich die Leistung von Servern für verschiedene Kundinnen und Kunden angeboten wird. Gerade für das Streaming, aber auch für verschiedenste private Cloudanwendungen werden *Content Delivery Networks* benötigt, die konkrete Online-Inhalte lokal bereithalten, um Ladezeiten möglichst gering zu halten.[47] Die regulierende Struktur ist ausgesprochen komplex und produziert zahlreiche Kopien eines Inhalts,[48] so dass deutlich mehr Speicherplatz beispielsweise für die

Serie eines Streaming-Anbieters benötigt wird, als die Datei selbst umfasst. Wenn wir eine Stunde lang eine Sitcom streamen, laden wir in der Standardauflösung rund ein Gigabyte herunter, bei HD-Auflösung etwa das Dreifache.[49] Doch fließen deutlich mehr Daten durch die Infrastruktur als dieses eine Gigabyte, weil die Serie um den ganzen Planeten auf verschiedenen *CDN-Servern* bereitgehalten wird. Im digitalen Raum wird viel geteilt, doch im Teilen vervielfacht das Geteilte sich, die Datenmengen und der *traffic* wachsen, ja wuchern.

Was bedeutet das auf der stofflichen Ebene? Digitale Infrastruktur und Endgeräte sind, im Gegensatz zum monomaterialen Faustkeil, äußerst komplexe Geräte, nicht zuletzt in ihrer stofflichen Zusammensetzung. Wenn wir ein Smartphone zum Exempel nehmen, finden wir darin in etwa 60 verschiedene Stoffe, die sich im wesentlichen aus Kunststoffen, Metallen sowie Glas und Keramik zusammensetzen; die genauen Anteile können sich, abhängig von Hersteller, Design und Modell, erheblich unterscheiden.[50] Kunststoffe werden im Wesentlichen für das Gehäuse, Isolierungen und Umhüllungen einzelner Bauteile genutzt. Glas und Keramik finden sich meist in Display, Gehäuse und Kamera. Unter den Metallen sind Kupfer und Aluminium am prominentesten vertreten, letzteres vor allem für Gehäuse und Trägerelemente, ersteres hingegen für das Leiten des Stroms. In sehr viel kleineren Anteilen finden sich auch Edelmetalle wie Gold und Silber, Platin und Palladium, die jeweils spezifische Funktionen auf der Leiterplatte erfüllen. Der Akku, häufig das schwächste Glied im Smartphone und durch sein Erschöpfen Ursache zahlreicher Kümmernisse in der digitalen Lebenswelt, gleicht einer komplex geschichteten Torte aus Lithium, Kobalt, Kupfer, Aluminium, Grafit und anderen Kostbarkeiten. Als besondere Raritäten finden sich Neodym und Praseodym aufgrund der besonderen magnetischen Eigenschaften in den Lautsprechern, Indium, Gallium, Cer und viele andere hingegen im Display, wo sie für das Funktionieren der Halbleiter-Chips oder das Leuchten der verschiedenen Farben des Displays sorgen. Eine gewisse traurige Prominenz hat Tantal erlangt, das für die besonders kleinen Kondensatoren unersetzlich ist.[51]

METALLURGISCHE HERKÜNFTE

Wenn wir uns exemplarisch die Herkunft einiger für die Digitalisierung wichtiger Rohstoffe anschauen, zeigt sich folgendes Bild: Weltmarktführer bei der Förderung von Kobalt und Tantal ist die Demokratische Republik Kongo, über 27% des Tantal und über 62% des Kobalt werden dort gewonnen.[52] Das Land ist seit Jahrzehnten von großen politischen, (para-)militärischen und sozialen Konflikten gekennzeichnet, in die der Rohstoffabbau vielfältig verstrickt ist.[53] Wie die Verstrickungen im Detail aussehen, hat die OECD für Konfliktmineralien detailreich und eindrucksvoll dargestellt.[54]

Ein Blick auf das Aluminium zeigt, dass die größten Reserven für Bauxit-Erz, aus dem das Aluminium gewonnen wird, in Australien liegen, zu den größten Förderern gehören aber auch China, Guinea und Brasilien. Die EU bezieht über 60% ihres Bauxits allerdings aus dem westafrikanischen Guinea, das sowohl beim ökologischen als auch dem sozioökonomischen Index[55] am schlechtesten unter den Top 5 abschneidet. Die Verarbeitung des Bauxit zu Aluminium ist äußerst energieintensiv, insofern muss auch immer das Land der Raffinierung und sein Energiemix betrachtet werden, um die ökologischen Auswirkungen beurteilen zu können. 54% werden in China verarbeitet,[56] das einen opulenten Anteil von 62% seines Stroms fossil produziert, überwiegend aus Braunkohle.[57] Chile ist ein Schlüsselland, wenn es um digital relevante Ressourcen geht, insbesondere bei Kupfer (31% der weltweiten Reserven, 28% der Primärproduktion)[58] und Lithium (25% der Reserven und Primärproduktion, 78% der EU-Importe des raffinierten Lithiums)[59] spielen eine zentrale Rolle für das Land. Die ökologischen und soziokulturellen Folgen der Extraktionen dieser beiden Rohstoffe sind gut erforscht und dokumentiert – eine sich zuspitzende Belastung der Wasserversorgung, Bedrohung indigener Lebenswelten und toxische Aerosolbelastungen.[60]

LABYRINTH UND KREISLAUF

Vergleichbares lässt sich für die Wertschöpfungskette eines jeden der Rohstoffe der Digitalisierung durchspielen: Gold aus Russland und Papua-Neuguinea, Zinn aus Indonesien, Wismut aus Kasachstan, Neodym und Gallium aus China; und wo man das Problem der Stofflichkeit des Digitalen anpackt, erwischt man etwas Kolossales bei den Hörnern, das mehr dem Minotaurus in seinem Labyrinth gleicht als einem herkömmlichen Feld- und Wiesenstier. Um das Labyrinth der Stoffströme mit Hilfe eines roten Fadens erschließbarer zu machen, lohnt sich auch hier wieder ein Blick auf die Wertschöpfungskette als Ganzes (Abb. 7.3).

Für einen digitalen Service werden sowohl die Endgeräte für die Nutzerinnen und Nutzer als auch die unsichtbare Infrastruktur von Gebäuden, Serverfarmen und deren Vernetzungen benötigt, deren Ressourcenextraktion sich sehr ähnelt. Da die Rohstoffe über den ganzen Globus verteilt sind, werden große Strecken zurückgelegt, um die Rohstoffe zu raffinieren, bevor sie schließlich zu den Einzelkomponenten verarbeitet werden, aus denen sich ein digitales Gerät schließlich zusammensetzt. Die langen Strecken wie auch die komplexen Fertigungsschritte sind mit zahlreichem Emissionen und Abraum verbunden; die erforderliche Energieversorgung selbst hat dann noch ihre eigene Wertschöpfungskette, abhängig vom Energiemix

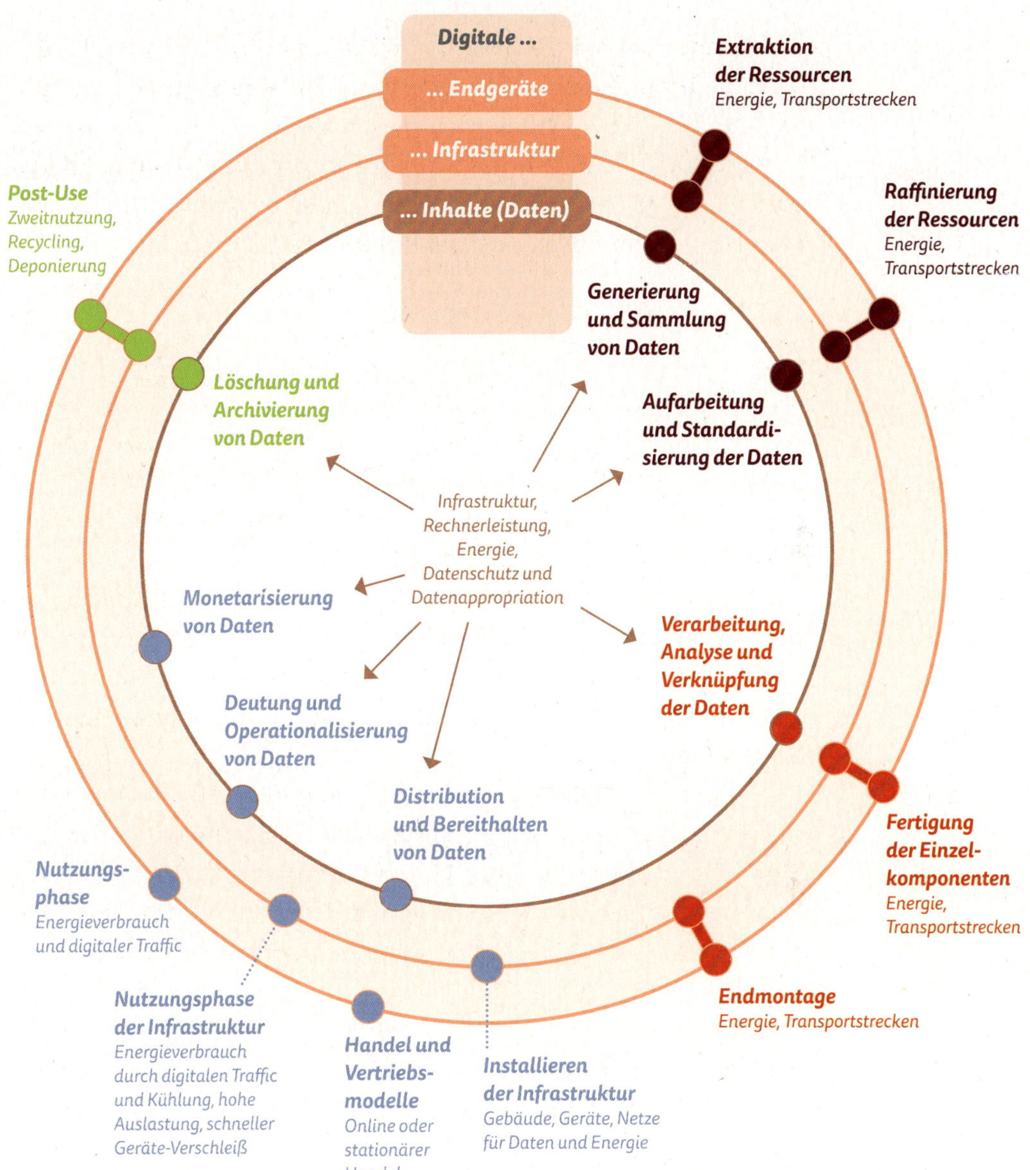

Abb. 7.3: **Digitale Wertschöpfungsketten** sind noch komplizierter als die von analogen Produkten und Services, weil die Materialität der Geräte und Infrastruktur äußerst komplex ist und die Nutzungsphase immense Energiemengen erfordert. Die Daten als digitale Inhalte bilden einen dritten Strang, der selbst wieder ressourcenintensiv ist, aber auch vielfältige soziokulturelle und sozioökonomische Disruptionen auslöst.

eines Landes. Die Nutzungsphase selbst bedeutet bei den Endgeräten einerseits den relativ schnellen Verschleiß von funktionsfähigen Geräten durch eine Art Update-Obsoleszenz, die auch mit den Händlern und Netzanbietern zusammenhängt. Die Trennung insbesondere von Smartphones fällt schwer: Allein in deutschen Schubladen lagen 2021 über 200 Millionen Altgeräte.[61] Unsere (nicht repräsentativen!) Befragungen von Studierenden verschiedener Hochschulen über mehrere Jahre hinweg ergaben ein klares Bild für die Gründe dieser antizirkulären Sentimentalität: Erstens möchte man es als Backup- oder »Festival«-Handy behalten, zweitens weiß man nicht, was damit getan werden könnte, drittens hängt man irgendwie noch daran, und viertens ist man sich nicht sicher, ob noch delikate Daten auf dem Altgerät verbleiben. Angesichts der vielen wertvollen Ressourcen, die in diesen und vielen anderen Geräten gebunden sind, gäbe es einiges an Kommunikation und Services zu gestalten. Doch selbst das Recycling hat seine physikalischen Grenzen und ist unbedingt notwendig, aber durchaus nicht hinreichend, um Knappheit und Problematik insbesondere der Metalle zu lösen.[62]

Wie sehr gestalterische Kompetenz und Konsequenz über den Impact eines Produkts wie dem Smartphone entscheiden, kann man einer Greenpeace-Studie von 2017[63] entnehmen, die eine Nachhaltigkeitsbewertung von Smartphones vornimmt. Mit Abstand vorne liegen zwei Geräte, die von ihrer Konzeption gegensätzlicher nicht sein könnten: Einerseits das *Fairphone*, ein modular orientiertes Gerät mit austauschbaren Einzelelementen, um die Nutzungszeit insgesamt zu verlängern, das den äußerst ambitionierten Versuch verkörpert, so weit wie möglich nur fair produzierte Rohstoffe zu verarbeiten. Andererseits das *iPhone*, das als in sich geschlossenes System keinerlei Reparaturen zulässt, dafür aber vom Hersteller sehr gut aufbereitet oder recycelt werden kann. Zwei ganz konträre Ansätze erreichen beide gute Ergebnisse, denn »der Mittelweg ist der einzige, der nicht nach Rom führt«,[64] wie Arnold Schönberg vor bald hundert Jahren in ganz anderem Kontext schrieb.

DISRUPTIONEN DER DIGITALISIERUNG

Bleibt noch, einen Blick auf die Wertschöpfung der Daten selbst zu versuchen, die sich immer stärker als eine ganz eigene Kategorie von ökonomischer Ressource erweisen.[65] Sie müssen zunächst einmal erhoben werden, entweder als personenbezogene oder als nicht personenbezogene Daten, letztere beziehen sich zum Beispiel auf große Datenmengen aus wissenschaftlichen Experimenten, wirtschaftlichen Prozessen oder statistischen Erhebungen, erstere entstehen überall dort, wo bestimmte Aktivitäten einer Person zugeordnet werden, sei es das Klickverhalten in den sozialen Medien, Kontobewegungen, Mobilitätsdaten, Shopping-Profile, Krankenakten, etc. Um sie zum Zwecke einer operationalisierbaren Erkenntnis einzusetzen, bedarf es einer Aufarbeitung der Daten, um sie kommensurabel, also miteinander verknüpfbar zu machen. Erst dann können sie verarbeitet, das heißt analysiert und in Kontext mit anderen erhobenen Daten gebracht werden. Und wo das möglich wird, können Daten monetarisiert, das heißt in ein Geschäftsmodell überführt werden. Das ist eine beachtliche Karriere der Datenökonomie: Die Kraft der Deutung der Daten wird zu ihrem Geschäftsmodell; das nahm bis dato die Theologie für sich in Anspruch.

Es gibt keinen Sektor, der den disruptiven Wirkungen der Digitalisierung nicht ausgesetzt wäre. Die technischen, kommunikativen, medialen und ökologischen Disruptionen haben wir bereits gestreift und die wirtschaftlichen angedeutet; der Aufstieg neuer Geschäftsmodelle insbesondere der Plattform-Ökonomie geschieht in unerhörten Skalen, die Arbeitswelten verändern sich grundlegend, und zwar bis in die unwahrscheinlichsten Berufe.[66] Durch die vielfachen Wirkungen der Digitalität öffnet sich aber auch ein neuer gesellschaftlicher Gap zwischen denen, die digitalkompetent sind, und denen, die nicht »reinkommen«. Die Corona-Pandemie hat Fragen der Digitalität in der Bildung akut werden lassen, viele Potenziale und reichlich Ignoranz, aber auch die Grenzen des Digitalen sichtbar gemacht – gerade in der Bildung, sei sie nun schulisch oder akademisch, ist der unmittelbare Kontakt, der tatsächliche, somatisch präsente Wort- und Blickwechsel nicht ohne weiteres substituierbar.

DESIGN UND DIGITALISIERUNG

Wie kann Nachhaltiges Design nun aber diese komplexen Verstrickungen erstens in gestalterischen Entscheidungen berücksichtigen und zweitens durch gelingende Kommunikation gesellschaftlich wirksam werden lassen? Ein Praxisbeispiel entstand im Kontext eines dreijährigen NKI-Projekts[67] mit dem Ziel, Schülerinnen und Schüler für die Klimawirksamkeit ihrer IKT-Nutzung zu sensibilisieren, entsprechende Instrumente zu erarbeiten, zur Anwendung zu bringen und ihre Wirksamkeit zu überprüfen. Auf Basis der Ergebnisse mehrerer Co-Creation-Workshops mit Schülerinnen und Schülern wurde im Rahmen eines Semesterprojekts unter dem Titel *I'm just a Streamer*, geleitet von den beiden Autoren, das Konzept für den CO_{you}-Check[68] erarbeitet und gestaltet, eine Web-App, die der Zielgruppe auf spielerische Weise die vielfachen Auswirkungen insbesondere der Smartphone-Nutzung verständlich macht und konkrete Handlungsoptionen aufzeigt (Abb. 7.4). Das Quiz-Format, die Illustrationen und kleinen animierten Erklärfilme sind niedrigschwellig, unterhaltsam und dennoch informativ.

Das Design gehört zu den früh digitalisierten Disziplinen; vieles von dem, was im 20. Jahrhundert noch in Werkstätten, Studios und Laboren erarbeitet wurde, entsteht heute an Bildschirmen, und die analogen Werkzeuge von damals haben sich zu Icons in den entsprechenden Softwares abstrahiert. Um so wichtiger ist es in unserem didaktischen Verständnis von Design, die analoge Herkunft der Dinge verständlich und erlebbar zu machen, denn aus diesen Herkünften entwickeln sich Perspektiven. Wir haben gezeigt, dass insbesondere das Interface-Design die Königsdisziplin eines digitalen Nachhaltigen Designs ist, weil es unsere Inkompetenzen zu kompensieren versteht, wenn es um die digitalen Black Boxes geht. Dass die *Human-Computer-Interaction* dabei erhebliche Nachhaltigkeits-Potenziale

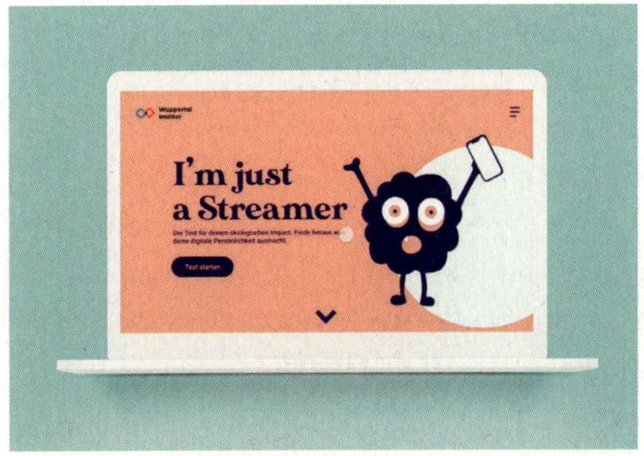

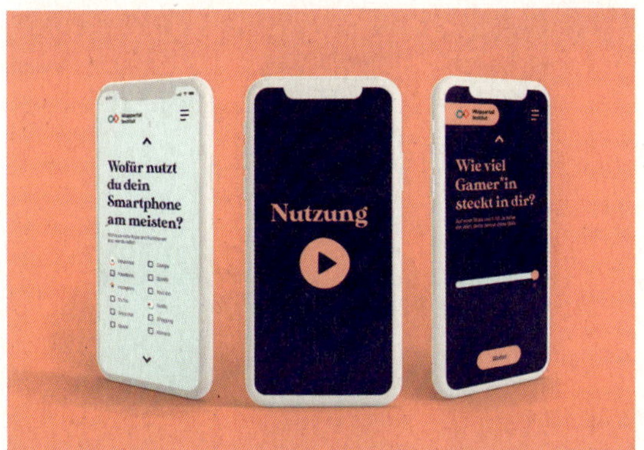

Bilder: © D. Bärenz / E. Erdtmann / P. Klimpel

Abb. 7.4: **»I'm just a streamer«: Ein IKT-Rechner für Schülerinnen und Schüler.** Entstanden in einem Semesterprojekt an der ecosign/ Akademie für Gestaltung in Kooperation mit dem Wuppertal Institut für Klima, Umwelt, Energie; gefördert durch die Nationale Klimaschutzinitiative und das Bundesministerium für Umwelt, Naturschutz und nukleare Sicherheit. Weitere Projektpartner sind die Club-of-Rome-Schulen sowie das Netzwerk Entwicklungspolitik Saarland e.V.

Online unter: *https://coyou-check.de*

Entwurf: Dominik Bärenz, Elea Erdtmann und Pauline Klimpel

Betreuende Dozenten:
Elmar Sander und Bernd Draser

entfaltet, ist eine noch recht junge, aber äußerst relevante Einsicht.[69] Ein nachhaltiges Kommunikationsdesign hat darüber hinaus aber unbedingt die Aufgabe, nicht nur die Stofflichkeit der Digitalität durch den schönen Schein des Interface bedienbar zu machen, sondern auch umgekehrt den schönen Schein so transparent zu machen, dass dahinter die Stoffströme als relevant und gestaltungsbedürftig sichtbar bleiben. Monets Impressionen der »Morgenröthe« muss das folgen, was bei Nietzsche »der große Mittag« heißt, »heiter – tiefer Himmel«,[70] wenn die Nebel vollständig aufgelöst sind und das ganze Bild in aller Klarheit vor uns liegt. Denn für Nachhaltiges Design ist der schöne Schein keine Täuschung, sondern Klarheit – wir verstehen es als eine Disziplin ästhetischer Aufklärung.

---

1 So geschehen am 19. Juni 2013 bei der Pressekonferenz anlässlich des Besuchs von Präsident Barack Obama.
2 In der Sprache des Neulands: »Shitstorm«, seit 2013 im Duden nachzuschlagen.
3 Ein ausgezeichneter Podcast des Hasso-Plattner-Instituts führt ihn im Titel: Neuland. Der HPI Wissenspodcast.
4 Nietzsches Metapher für das vielversprechende und hybride Beginnen von etwas ganz Neuem ist zehn Jahre jünger als Monets Bild. Nietzsche: Morgenröthe. Im Jahr des Entstehens unseres Sinn-Bilds veröffentlichte Nietzsche die »Geburt der Tragödie«, für ihn ebenfalls ein Aufbruch in gänzlich ungeahntes Neuland.
5 Nietzsche: Ecce Homo, S. 290.
6 vgl. Daub: Was das Valley denken nennt.
7 Sloterdijk spricht, auf Nietzsche anspielend, in ähnlichem Kontext von der »Geburt des Design aus dem Geist des Rituals« (Sloterdijk: Das Zeug zur Macht, S. 17); der Ritualbegriff ist erstens zu eng und zweitens zu unambitioniert gewählt, denn nicht jede magisch-religiöse Praxis ist ein Ritual, und Rituale sind mehr als unbeholfene frühmenschliche Ohnmachtskompensationen. Über den Zusammenhang von Nachhaltigem Design als Transformationsdisziplin und Ritualen als ästhetische-performative Akte mit Transformationsabsicht bleibt noch viel zu denken und zu erschließen.
8 Homer: Odyssee 5, V. 46.
9 Homer: Hermes. In dem burlesken Bericht aus der Kindheit des Hermes wird er als gewitzter und verschlagener Trickster vorgestellt.
10 Aischylos: Agamemnon, V. 1–21.
11 Dieser Band bietet eine äußerst materialreiche Sammlung teils recht bejahrter ethnologischer Aufsätze über Trommel- und Pfeifsprachen der Welt: Sebeok / Umiker-Sebeiok: Speech Surrogates. Drum and Whistle Systems.
12 Eliade: Schamanismus und archaische Ekstasetechnik, S. 168–176.
13 Schlaffer: Geistersprache, S. 10.
14 Eine umfassende kulturgeschichtliche Darstellung bietet Holtorf: Der erste Draht zur Neuen Welt.
15 vgl. Cuneo: »Hello, Computer«: The Interplay of Star Trek and Modern Computing, S. 136 f.
16 vgl. Schmandt-Besserat / Erard: Origins and Forms of Writing, S. 8–10.
17 ebd., S. 11–15.
18 Haarmann: Geschichte der Schrift, S. 89–110.
19 Spitzer: Digitale Demenz.
20 Platon: Phaidros 274e.
21 ebd.
22 Das offenbaren die Einträge im – digitalen – Katalog der Deutschen Nationalbibliothek.
23 Platon: Phaidros 276d.
24 Nietzsche: Ecce Homo, S. 263.
25 Für diesen neuen Kosmos instantan verfügbaren Wissens hat Floridi den Begriff »Infosphäre« geprägt. Floridi: Die 4. Revolution.
26 So der Sänger Demodokos am Hofe des Alkinoos, dem wir die Erzählung des Sinn-Bilds im zweiten Kapitel verdanken. Homer: Odyssee, 8. Gesang.
27 Efoui-Hess: Climate Crisis. The unsustainable use of online video, S. 11 f.

28 Bendel: Eine Annäherung an Liebespuppen und Sexroboter.
29 vgl. HDE: Konsummonitor Corona.
30 vgl. PWC: Aufbruch auf der letzten Meile. Neue Wege für die städtische Logistik.
31 vgl. Le Tensorer: Faustkeile, S. 216.
32 Zur Analogie von Faustkeil und Smartphone vgl. Schmid / Maier: Technisches Interface Design, S. 2–5.
33 Adobe zeigt auf der Seite für seine fotografische Software »Photoshop Lightroom« ganz ungeniert, wie sich die »Aura« digital ohne Aufwand herstellen lässt und liefert auch gleich die gängigen Floskeln der auratischen Deutungskunst mit. Auch esoterische Geschäftsmodelle erleben ihren *digital turn*. Adobe: Stelle mit Aurafotografie elektromagnetische Felder farblich dar.
34 Rotter: Unsichtbares sichtbar machen. Strategien zur Darstellung des überirdischen Raumes in der italienischen Malerei im 14. und 15. Jahrhundert.
35 Nassehi: Muster, S. 12.
36 ebd., S. 35–41.
37 Sloterdijk will vermutlich auf einen ähnlichen Gedanken hinaus, wenn er schreibt, man dürfe »Design als Souveränitäts-Simulation definieren« (Sloterdijk: Das Zeug zur Macht, S. 12), oder als »Können des Nichtkönnens« (ebd.). Freilich ist eine Simulation von Kompetenz nicht die Kompensation von Inkompetenz, sondern nur deren Vortäuschung. Gelingendes Design täuscht aber die Kompetenz nicht vor, sondern erzeugt sie.
38 Marquard: Inkompetenzkompensationskompetenz? S. 24.
39 Marquard schreibt: »[...] erst war die Philosophie kompetent für alles; dann war die Philosophie kompetent für einiges; schließlich ist die Philosophie kompetent nur noch für eines: nämlich für das Eingeständnis der eigenen Inkompetenz.« S. 29.
40 Nietzsche: Geburt der Tragödie, S. 28.
41 Nietzsche: Die fröhliche Wissenschaft, S. 352.
42 Eindrucksvoll die Bilder im Artikel von Frey: Wunden der Erde, geschlagen vom Hunger der Energie.
43 vgl. Helms: Von der Lochkarte in den Cyberspace, S. 79. Vgl. Burckhardt: Eine kurze Geschichte der Digitalisierung, S. 35–41.
44 vgl. Helms: Von der Lochkarte in den Cyberspace, S. 79.
45 vgl. ebd.
46 Ein eindrucksvolles Bild des aktuellen Zustandes dieses sehr realen und stofflichen Netzes bietet die Webpage www.infrapedia.com
47 Die vielfältigen Aspekte und Effekte der digitalen Services und Infrastrukturen erschließt ein Greenpeace-Report. Cook et al.: Clicking Clean. Für nachhaltige Rechenzentren gibt es einen Blauen Engel mit anspruchsvollen und breit angelegten Kriterien. Blauer Engel: Der Blaue Engel für klimaschonende Co-Location-Rechenzentren.
48 Fan et al.: Resource Reservation and Request Routing for a Cloud-Based Content Delivery Network.
49 Das gibt der Anbieter Netflix selbst an: https://help.netflix.com/de/node/87
50 Informationszentrum Mobilfunk: Rohstoffe im Handy – die inneren Werte zählen. Südwind Institut: Von der Mine bis zum Konsumenten. Die Wertschöpfungskette von Mobiltelefonen.
51 LANUV NRW: Recycling kritischer Rohstoffe aus Elektronik-Altgeräten.
52 Europäische Kommission: Raw Materials Information System, Country Profile DRC.
53 vgl. WEED: Konfliktrohstoffe in IT-Produkten vermeiden, S. 2; vgl. Shah: Verantwortung entlang der Lieferkette im Rohstoffsektor, S. 1; vgl. Richter: Ressourcenkonflikte.
54 OECD: OECD Due Diligence Guidance for Responsible Supply Chains of Minerals from Conflict-Affected and High-Risk Areas. Insbesondere die grafische Aufarbeitung für Zinn, Tantal und Wolfram, S. 35.
55 EPI: Environmental Performance Index. WGI: Worldwide Governance Indicators.
56 Europäische Kommission: Raw Materials Information System, Raw Materials Profile Bauxite.
57 CIA World Fact Book: China.
58 Europäische Kommission: Raw Materials Information System, Raw Materials Profile Copper.
59 Europäische Kommission: Raw Materials Information System, Raw Materials Profile Lithium.
60 Brot für die Welt: Das weiße Gold. Umwelt- und Sozialkonflikte um den Zukunftsrohstoff Lithium.
61 Statista: Deutsche bunkern über 200 Millionen Alt-Handys.
62 Reuter et al.: Limits of the Circular Economy: Fairphone Modular Design Pushing the Limits.
63 Cook / Jardim: Guide to Greener Electronics.
64 Schönberg: Drei Satiren für gemischten Chor, S. 3.
65 vgl. Spiekermann: Chancen und Herausforderungen in der Datenökonomie, S. 16–18.
66 Eine gelungene und kurzweilige multimediale Darstellung des digitalisierten bäuerlichen Lebens bietet die TU Dortmund: Der digitale Bauernhof.
67 Das Projekt (März 2019 – Februar 2022) trug den Titel »Lifestyle@pro-Klima. Für eine klimafreundlichere Nutzung von Informations- und Kommunikationstechnik.«. Projektpartner waren das Wuppertal Institut für Klima, Umwelt, Energie, das Netzwerk der Club-of-Rome-Schulen, das Netzwerk Entwicklungspolitik im Saarland sowie die ecosign/Akademie für Gestaltung.
68 https://coyou-check.de; vgl. auch Bliesner-Steckmann / Stelzer: I'm just a Streamer. Konzeptionelle Orientierung für die Erstellung von handlungstheoretisch fundierten Bildungsmaterialien für eine klimaoptimierte und energieeffiziente Nutzung von IKT.
69 vgl. dazu den ausgezeichneten Überblick bei Brüch / Stein / Reiners: Towards an Integration of Sustainability Efforts in the HCD Process. Sowohl die designmethodischen Positionen als auch die Anbindung an die Sustainable Development Goals lassen sich unmittelbar auf Fragen des Nachhaltigen Designs übertragen.
70 Nietzsche: Nachgelassene Fragmente Herbst 1883, S. 517.

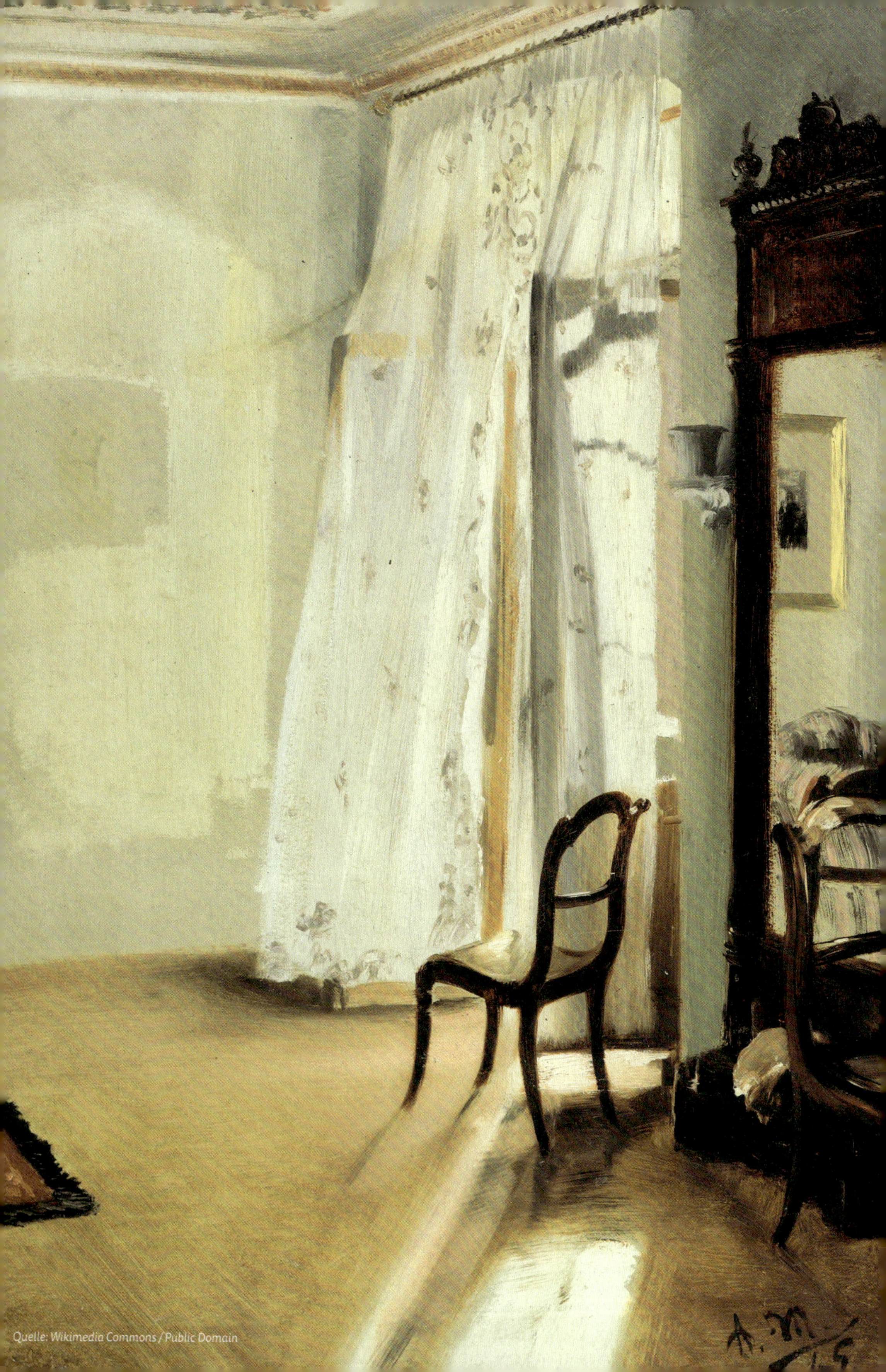

KAPITEL 8

KRITERIEN FÜR NACHHALTIGE DESIGNPROZESSE

Zimmerbilder sind ein beliebtes Sujet in der bildenden Kunst der ersten Hälfte des 19. Jahrhunderts. In den detailliert ausgestalteten Szenen privater Räume bleibt nichts dem Zufall überlassen. Von den Möbeln über die Wandbilder, Teppiche und Tapeten bis zu den Tischdekorationen ist alles sorgsam arrangiert und spiegelt damit perfekt das Zeitgefühl des sogenannten Biedermeier mit seiner introspektiven Ausrichtung auf das geordnete Private wider. Rein formal erfüllt auch das *Balkonzimmer* von Adolph von Menzel (1815–1905) aus dem Jahr 1845 genretypische Kriterien. Doch nähmen wir auf dem leeren, einladend prominent im Bild positionierten Stuhl Platz und blickten geradeaus nach vorn, so sähen wir: nichts. Jedenfalls nicht das Wandbild, das womöglich einst dort hing und das nur noch anhand eines ominösen Umrisses erahnt werden kann. Überhaupt erscheint der Raum insgesamt überraschend leer und verlassen. Wir sehen ergebnisoffene Beweglichkeit statt sorgsamen Arrangements, Liminalität statt Ordnung, Transformation statt

Das Balkonzimmer (Ausschnitt)
Adolph von Menzel (1845)
Höhe: 58 cm; Breite: 47 cm
Alte Nationalgalerie, Berlin

Angekommensein. Die von Menzel vorgenommene optische Verkürzung des Bodens scheint uns selbigen im Wortsinne unter den Füßen wegzuziehen. Schnell schleicht sich außerdem das Gefühl des Unfertigen ein. So mutet es seltsam an, dass das an der Wand erwartete Bild zwar fehlt, im Spiegel auf der rechten Seite mit seiner goldenen Rahmung aber wie selbstverständlich auftaucht. In der Vergangenheit gab es verschiedene kunsthistorische Deutungen für dieses Phänomen. Die einen sahen im *Balkonzimmer* ein proto-impressionistisches Bild, andere schlichtweg ein unvollendetes Werk.[1] Mittlerweile hat sich jedoch eine weitere Erklärung etabliert: Was wir sehen, ist eine Veranschaulichung des Sehprozesses, der Menzels Blick beim Betrachten des Zimmers durch den Raum gleiten und an spannenden Stellen verweilen und fokussieren lässt, während andere Bereiche unscharf oder sogar ausgeblendet bleiben.[2] Das Bild spiegelt damit wider, wie unser Sehsinn in jedem Augenblick aufs Neue die Entscheidung trifft, welcher Reiz am stärksten ist, und immer wieder situativ justiert, was gerade relevant und wesentlich ist. Alles gleichzeitig ins Blickfeld zu nehmen, ist weder möglich noch zielführend. Wir werden gleich sehen, was das mit unserem Thema zu tun hat.

KRITERIOLOGISCHE ANKER IM HORIZONT UNENDLICHER MÖGLICHKEITEN

Mit der in KAPITEL 7 festgestellten Hinwendung des Designs vom Stofflichen zum Immateriellen vergrößert sich nicht nur die Einflusssphäre des Designs, sondern auch der Bedarf an Orientierung und Kriterien für die Übertragbarkeit von der wissenschaftlichen Theorie in die profane Designpraxis. Diese Diskrepanz zieht sich wie ein roter Faden durch die Designgeschichte nach 1945 (vgl. KAPITEL 1). Durch die zunehmende Öffnung des Designbegriffs auf der einen Seite und der Niederschwelligkeit der Benutzung von Designwerkzeugen auf der anderen Seite wird diese Lücke auch gegenwärtig eher größer statt kleiner. Theoretische Erwägungen, die das Design als »Modus einer Gesellschafts- und Zukunftsgestaltung«[3] sehen, scheitern in der Praxis regelmäßig an ihrem Optionalismus und ihrem Anspruch auf Allgemeingültigkeit.[4] Ein Design aber, das den Spagat zwischen Theorie und Praxis nicht zumindest immer wieder versucht, bleibt permanent »in der Rolle des Impulsgebers, der mit viel Leidenschaft und Herzblut *kriterienfrei* träumt und künftige Gesellschaftszustände antizipiert«[5], wie es der Philosoph Christian Bauer formuliert. Wenn Design jedoch immer nur in einem abstrakten »Diskursfeld des Möglichen«[6] verweilt, ohne das Risiko tatsächlicher Responsibilität und Handlungskompetenz auf sich zu nehmen, bleibt es letztlich weitgehend wirkungslos. Es macht es sich dann allzu gemütlich im stillen Kämmerlein des Möglichen, Wünschenswerten und Appellativen inmitten einer komplexer werdenden Welt mit ihren ganz konkreten Nachhaltigkeitsherausforderungen – und bleibt in dieser Oase der vermeintlichen Verantwortungsbefreiung quasi der Biedermeier unter den Zimmerbildern.

Soll die Forderung nach mehr Nachhaltigkeit *durch* Design und nach mehr Nachhaltigkeit *im* Design weder appellatives Gedankenkonstrukt noch Ausdruck leerer Anmaßung sein, so müssen Methoden, Strategien und Kriterien gefunden werden, die alltagstauglich und praktikabel sind. Schließlich befand schon Designvordenker Siegfried Maser mit Verweis auf Immanuel Kant: »Theorie ohne Praxis ist leer, Praxis ohne Theorie ist blind.«[7] Doch der Kreativalltag im Designbüro, der Werbeagentur oder am heimischen Laptop legt allzu häufig offen, was auch für Menzels Balkonzimmer gilt: Den einen goldenen Rahmen mit unumstößlichen Kriterien für Nachhaltiges Design aller Art als Fixpunkt an der Wand gibt es nicht. Es kann ihn gar nicht geben, dafür sind die Anforderungen, Maßstäbe, Ziele und Inhalte in der Designpraxis viel zu divers. Im Gegenteil: Wollte man alles gleichzeitig fokussieren, würde gleichzeitig alles unscharf.

Denn natürlich gelten für ein transformatives Designprojekt mit verschiedenen Stakeholdern andere konkrete Nachhaltigkeitskriterien als für eine Produktgestaltung unter Berücksichtigung zirkulärer Wertschöpfungsketten und für diese wieder andere Kriterien als für die Gestaltung eines Pizzaflyers. Aber in jedem Fall können Kriterien und Methoden für einen nachhaltigen Entwurfsprozess gefunden und angewendet werden, der Nachhaltigkeitsaspekte jenseits allzu anwendungsferner Gedankenkonstrukte in pragmatische und wirkungsvolle Designpraxis transferiert. Das führt uns wieder zu Menzels Balkonzimmer und seiner Verbildlichung des Sehprozesses. Denn auch im Hinblick auf Kriterien für ein Nachhaltiges Design gilt es, den Blick jeweils auf *spezifische* Anforderungen hin auszurichten – immer in dem Wissen, dass nicht nur jeder Designprozess einzigartig ist und daher auch jeweils eigene relevante Aspekte zu beleuchten sind, sondern dass auch Nachhaltigkeitsziele immer nur augenblickliche sein können auf der Grundlage eines ständigen Annäherns und Abwägens. Nachhaltige Entwicklung ist der gemeinsame Nenner, der das Blickfeld definiert. Durch ihn teilt sich das Gesamtbild im Lauf eines jeden Designprozesses in einzelne Fokusfelder auf, die für das jeweils konkrete Gestaltungsziel scharf gestellt werden können. Möglicherweise lassen sich so schließlich doch gewisse hintergründige Ordnungsprinzipien entdecken – in nachhaltigen Entwurfsprozessen ebenso wie im *Balkonzimmer*.

VOM GUTEN DESIGN ZUM AXIOM DER NACHHALTIGKEIT

Die Notwendigkeit, mittels kriteriologischer Pfeiler eine Brücke zur Designpraxis zu schlagen, gilt gleichermaßen für alle Designbereiche, jedoch entstammen die meisten derartigen Vorhaben aus dem Produkt- und Industriedesign. Dazu zählen zum Beispiel die *Zehn Thesen für Gutes Design* der Produktdesignkoryphäe Dieter Rams[8] (Abb. 8.1). Rams, einer der einflussreichsten Designer der zweiten Hälfte des 20. Jahrhunderts, betont dabei stets, dass seine Thesen keine unumstößlichen Wahrheiten darstellen, sondern als Diskursbeitrag und Impuls zu sehen seien. Aus seinen Thesen lassen sich einige Bezüge zu Dimensionen der Nachhaltigkeit herstellen. Attribute wie »Langlebigkeit«, »Umweltfreundlichkeit« und »so wenig wie möglich« adressieren ökologische Aspekte wie langdauernde Gebrauchsphasen und Ressourcenschonung, während Aspekte wie »Brauchbarkeit« und »Verständlichkeit« im Sinne eines *human-centered* Designbegriffes ebenfalls Grundvoraussetzungen für ein nachhaltiges Design bilden. Und ein »ehrliches« Design ist sicherlich eines, das Nachhaltigkeit glaubwürdig und authentisch kommuniziert und damit Camouflage-Techniken wie *Greenwashing* (vgl. KAPITEL 6) kategorisch ausschließt. Bei näherer Betrachtung ergeben sich jedoch auch einige

»Gutes Design ist innovativ.«
»Gutes Design ist unaufdringlich.«
»Gutes Design ist brauchbar.«
»Gutes Design ist ästhetisch.«
»Gutes Design ist konsequent.«
»Gutes Design ist langlebig.«
»Gutes Design ist verständlich.«
»Gutes Design ist umweltfreundlich.«
»Gutes Design ist so wenig wie möglich.«
»Gutes Design ist ehrlich.«

Abb. 8.1: **Zehn Thesen von Dieter Rams für »Gutes Design«.** Quelle: De Jong 2017.

offene Flanken. Ist gutes Design immer unaufdringlich? Aus der Sicht des Produktdesigns kann darüber diskutiert werden, das Kommunikationsdesign muss diese These zurückweisen, wenn es darum geht, die Aufmerksamkeit von Menschen zu erlangen. Ist gutes Design immer ästhetisch? Dafür müsste es interkulturelle und zeitlose ästhetische Prinzipien geben.[9] Der vermeintlichen Deutungshoheit über die Frage, was als ästhetisch gilt und was nicht, liegen aber normative

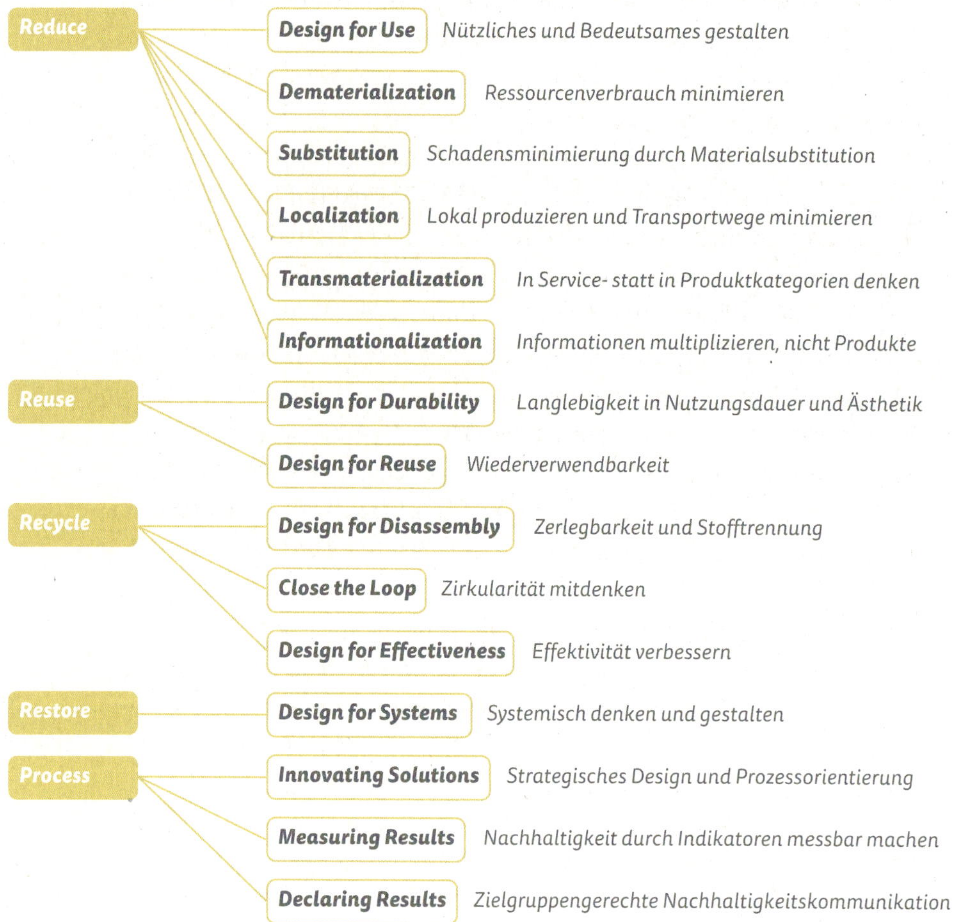

Abb. 8.2: **Kriterien für Nachhaltiges Design nach Nathan Shedroff,** mit komprimierten Erläuterungen auf Deutsch durch die Autoren. Quelle: Shedroff 2009.

Konzepte zugrunde, die in Teilen auch fragwürdige distinguierende und exkludierende Elemente enthalten, wie Mara Recklies treffend argumentiert.[10] Zudem schwebt über dem Gesamtkonstrukt der *Zehn Thesen für Gutes Design* die Frage, was überhaupt *gutes* Design ist. Ein qualitativer, ein moralischer, gar ein nachhaltiger Anspruch?

Aber auch jüngere Kategorisierungen, Toolkits und Guides, die explizit Ziele nachhaltiger Entwicklung mittels Design adressieren, sind in der Regel aus dem Blickwinkel eines primär stofflichen Designbegriffes her gedacht[11], wenn sie zum Beispiel auf material- und wertschöpfungsorientierten Methoden wie *Life Cycle Assessment (LCA)*, *Cradle-to-Cradle* oder *Biomimicry* beruhen. Das gilt auch für die von Nathan Shedroff aufgestellten Kategorien für Nachhaltiges Design[12] (Abb. 8.2). Seiner elaborierten Abhandlung liegt eine durchaus inter- und transdisziplinäre Sicht auf das Design zugrunde, doch bezeichnenderweise geht von fünfzehn Unterkriterien gerade mal eines, das letzte, explizit auf richtige Nachhaltigkeitskommunikation ein. Das ist kein Zufall, denn während im Produkt- und Industriedesign allein aufgrund der Unmittelbarkeit des Materials und des offensichtlichen Zusammenhangs zwischen dem Designentwurf auf der einen Seite und Aspekten wie Ressourcenverbrauch, Langlebigkeit und Recyclingfähigkeit auf der anderen Seite zentrale Kriterien für Nachhaltiges Design naheliegend scheinen, sind die Zusammenhänge in anderen Designdisziplinen jenseits von Offensichtlichkeiten weniger greifbar. So ist die Erkenntnis, dass sich Nachhaltigkeit im Kommunikationsdesign nicht in der Entscheidung für ein FSC-zertifiziertes Papier erschöpft oder bei der dekorativen Aufhübschung nachhaltigkeitsrelevanter Inhalte endet, noch immer nicht in allen Agenturfluren angekommen. Dabei gilt auch und gerade für das Kommunikationsdesign: *Jedes* Design ist transformativ. Es hat nicht nur Einfluss auf Ressourcenverbrauch, sondern unabhängig vom gestalteten Medium auch auf Verhaltensweisen, Lebensstile und Wertvorstellungen. Und obgleich viele konventionelle Designstudiengänge und Berufsbilder noch immer von einer fein säuberlichen Trennung einzelner Designdisziplinen ausgehen, sind sie de facto durch die Verzahnung von Produkten und Kommunikation, von analoger und digitaler Gestaltung sowie durch den unmittelbaren Zusammenhang zwischen Nutzungserlebnissen (*User Experience*) und Konsumentscheidungen längst nicht mehr isoliert zu sehen, sondern bedingen und komplementieren einander durch vielfache Wechselwirkungen[13]. Wie das vorangegangene Kapitel gezeigt hat, liegt die entscheidende Schnittstelle für die Weiterentwicklung vom Produktdesign zum serviceorientierten Design oft im Kommunikationsdesign – im Falle des Interface Designs wird es gar im Wortsinn zum Berührungspunkt zwischen Subjekt und Objekt.

Doch wovon ist überhaupt die Rede, wenn wir von »nachhaltigem Kommunikationsdesign« sprechen? Kommunikationsdesign mit all seinen Spielarten wie Grafikdesign, Mediendesign, Webdesign, Interface Design usw. lässt sich im kleinsten gemeinsamen Nenner zunächst dadurch definieren, dass es sich um gestaltete Vermittlung handelt – Vermittlung sowohl im Sinne eines Informationstransfers als auch im Sinne eines in Form gebrachten kommunikativen Aktes. Auch das sorgt für eine Verschränkung zwischen vormals isoliert verstandenen Designkategorien, denn bei näherer Betrachtung ist jedem Produktdesign jenseits der Funktionalität im Sinne der Kommunikationsaxiome von Paul Watzlawick stets auch eine kommunikative Ebene inhärent: So wie man »nicht nicht kommunizieren kann«, kann man auch »nicht nicht gestalten«. Wenn es um die passende Vermittlung einer Botschaft geht, so ist die Frage nach dem richtigen Medium eine folgerichtige, aber nachrangige. In Anbetracht der semantischen Wende des Designbegriffes (vgl. **KAPITEL 1**) lässt sich Sullivans oft missverstandene Formel *form follows function* (vgl. KAPITEL 2) vielmehr zu *form follows meaning*[14] weiterdenken: Sinnhaftigkeit, Kommunikationsabsicht und Wirkabsicht bestimmen die Form – nicht umgekehrt. Ein Beispiel aus der Hochschulpraxis mag das veranschaulichen: In einem Semesterprojekt mit Studierenden des Studiengangs *Nachhaltiges Design* sollten in Zusammenarbeit mit den Kölner Abfallwirtschaftsbetrieben (AWB) Kommunikationsmedien und -strategien entworfen werden, die zu mehr Stadtsauberkeit beitragen. Im Projektseminar entstanden diverse Gestaltungskonzepte für klassisches Kommunikationsdesign wie Plakate, Websites oder auch Dienstleistungs- und Serviceideen. Und es entstand ein Entwurf, der auf den ersten Blick klar in die Kategorie des Produktdesigns fällt: Eine Applikation für städtische Mülleimer, die es ermöglicht, leere Pfandflaschen abzustellen. Dadurch werden einige funktionale Ziele erreicht. Auf ökologischer Ebene wird Glasbruch

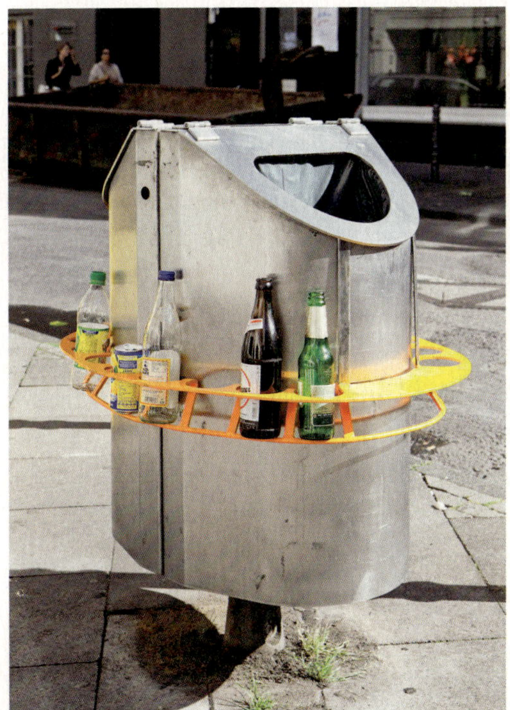

Foto: Markus Diefenbacher / Pfandring: Paul Ketz

Abb. 8.3: **Der Pfandring.** Die gewohnten Grenzen zwischen Kommunikations- und Produktdesign verschwimmen, wenn im Nachhaltigen Design die mediale Formgebung von der intendierten Vermittlungsleistung der Gestaltung abhängt.

Entstanden in einem Semesterprojekt mit den Kölner Abfallwirtschaftsbetrieben, kommt der Pfandring mittlerweile in rund 100 deutschen Städten zum Einsatz.

Weitere Informationen unter *www.pfandring.de*

Entwurf: Paul Ketz

Dozent: Elmar Sander

durch auf oder neben den Mülleimer abgestellte Pfandflaschen verhindert, was wiederum jedes Jahr hohe ökonomische Folgekosten für die Abfallwirtschaftsbetriebe nach sich zieht – ganz abgesehen davon, dass die falsch entsorgten Flaschen dem Wertstoffkreislauf entzogen werden. Auf sozialer Ebene ermöglicht es die Applikation pfandsammelnden Menschen, ihrer Tätigkeit umstandsloser und weniger entwürdigend nachzugehen.

Neben diesen funktionalen Aspekten versteht sich der *Pfandring* aber auch als politische Kommunikation und Projektionsfläche für einen öffentlichen Diskurs. Entstanden als studentisches Projekt, hat der *Pfandring* kurz nach seiner Einführung in Medien und Öffentlichkeit eine breite Debatte ausgelöst, denn er macht als auffälliges Kommunikationsobjekt im öffentlichen Raum sichtbar, was normalerweise unter dem Radar gesellschaftlicher Wahrnehmung bleibt: Dass in einem wohlhabenden Land wie Deutschland überhaupt Menschen durch das Sammeln von dem Wertstoffkreislauf vorenthaltenen Pfandflaschen einen Teil ihres Lebensunterhalts bestreiten müssen und so letztlich das zirkuläre Pfandsystem als letztes Glied in der Kette erst schließen. Der Pfandring löst also einerseits unmittelbare Probleme, aber wirft andererseits allein durch sein Vorhandensein Fragen auf, die zu selten gestellt werden. Seine Daseinsberechtigung wäre im Moment der eigenen Überflüssigkeit erfüllt. Eine Aufgabenstellung aus dem Kommunikationsdesign zum Thema Stadtsauberkeit führte somit letztlich zu einem Produktdesign-Entwurf, der wiederum über seinen funktionalen Ansatz hinaus eine gesamtgesellschaftliche Fragestellung im Kontext nachhaltiger Entwicklung aufwirft. Kommunikation und Produkt bilden in diesem Fall eine Einheit, deren Klammer in der Berücksichtigung von Dimensionen der Nachhaltigkeit besteht – und das mittlerweile realisiert in über hundert Städten Deutschlands.[15]

NACHHALTIGES DESIGN ALS ENTWURFSPROZESS

Wie **KAPITEL 2** verdeutlicht hat, beeinflusst Design die gesamte Wertschöpfung eines Produktes (oder Services), sodass durch Entscheidungen des Designs entlang der gesamten Wertschöpfung Nachhaltigkeitsaspekte berücksichtigt werden können. Betrachten wir das Nachhaltige Design nun in der praktischen Anwendung, zeigt sich ganz komplementär: Die holistische Einbeziehung von Nachhaltigkeitsaspekten gilt nicht nur für stoffliche Wertschöpfungsprozesse, sondern auch für den Designprozess selbst, ist doch jede planvolle Kreation an sich ein Vorgang der Wert-Schöpfung. Daraus folgt, dass im Nachhaltigen Design der *gesamte* gestalterische Prozess mit Aspekten der Nachhaltigkeit gekoppelt ist. Während die Ausdifferenzierung des Designs in unterschiedliche Disziplinen im Nachhaltigen Design weder als Hürde noch als Leitplanke taugt, liegt der Schlüssel in der konsequenten Einbindung rational argumentierter und nachvollziehbarer Nachhaltigkeitskriterien im kompletten Designprozess, in dessen Verlauf zwischen Intention und Wirkung eine konkrete mediale Form hergeleitet, konzipiert und ausgestaltet wird.Der konventionelle Designprozess verläuft linear zwischen der Vergabe des Designauftrages und dessen Realisation (Abb. 8.4).

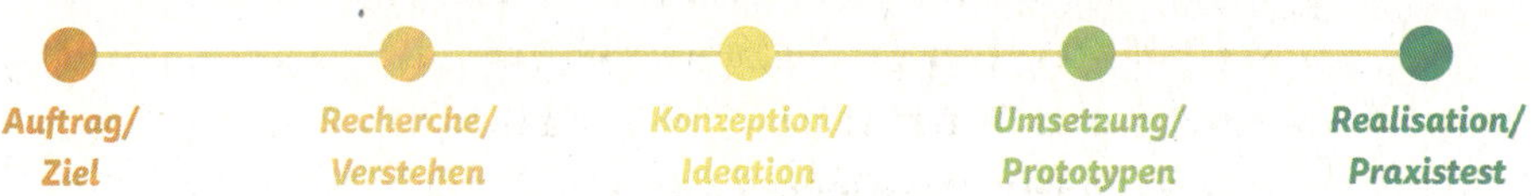

Abb. 8.4: **Darstellung des konventionellen, linearen Designprozesses.** Die Benennung und Einteilung der verschiedenen Phasen variiert je nach Methode (z. B. Design Sprint, Design Thinking), das Muster dahinter ist jedoch meist ein ähnliches.

Demgegenüber dreht sich in nachhaltigen Entwurfsprozessen sprichwörtlich alles um Kriterien der Nachhaltigkeit (Abb. 8.5). Sie bilden gewissermaßen die Sonne, den der gestalterische Prozess in seinen verschiedenen Phasen umrundet und an der er sich messen lassen muss, dies immer in dem Bewusstsein geschehend, dass Fixsterne entgegen ihrer Bezeichnung nicht unverrückbar und starr am Firmament stehen, sondern selbst permanentem Wandel unterliegen. Die Ziele nachhaltiger Entwicklung und deren Indikatoren müssen sich *qua definitionem* verändern und immer wieder neu gesetzt werden, alles andere wäre ein Zeichen ihres Scheiterns. Eine Agenda 2030 hat nicht ohne Grund das eigene Verfallsdatum bereits im Namen inkludiert, und auch die Deutsche Nachhaltigkeitsstrategie ist auf kontinuierliche Justierung durch regelmäßige Updates ausgelegt.

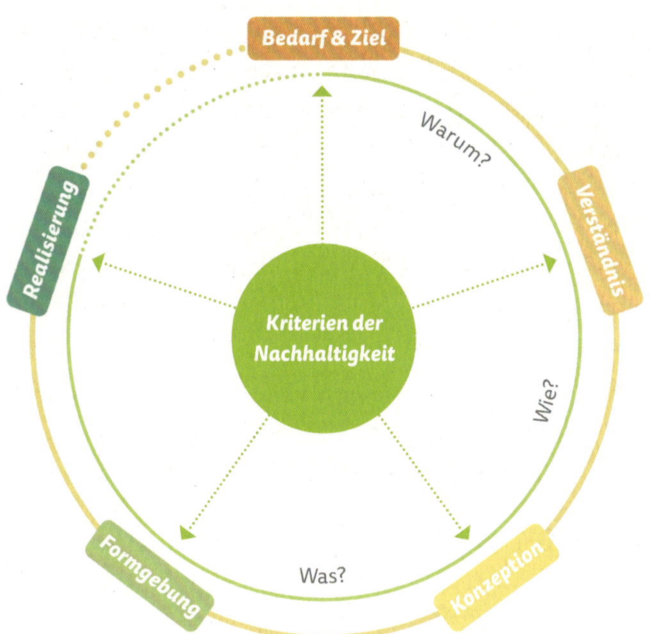

Abb. 8.5: **Keine Schablone, aber Orientierung: Der Designprozess im Nachhaltigen Design hat Kriterien der Nachhaltigkeit als Fixpunkt.** In der Realität verläuft der Prozess natürlich nicht derart stringent: Erst durch Iterative Schleifen wird er wirklich zu einer runden Sache.

Statt schablonenhaft einen schematischen Kriterienkatalog abzuarbeiten, liegt Nachhaltigem Design in der Anwendung also ein zutiefst agiles und iteratives Designprozessverständnis zugrunde, das sich nicht als hastige Beantwortung eines Gestaltungsauftrages versteht, sondern als dessen permanente Infragestellung. Wenn wir Design als Antwortdisziplin für Missstände sowie Informations- und Kompetenzlücken verstehen, so stehen am Anfang des Prozesses Fragen – und Nachhaltiges Design sollte dabei besonders fragefreudig sein. Es stellt nicht nur dem *Was* ein *Wie* voran, sondern zuallererst dem *Wie* ein *Warum*. Das möchten wir im Folgenden entlang des Designprozesses herleiten.

NACHHALTIGES DESIGN BEHAUPTET NICHT, SONDERN LÄSST SICH RECHTFERTIGEN

Nachhaltiges Design ist sich bewusst, dass jedes Design einen Ressourcenaufwand bedeutet. Daher darf es nicht auf vagen Behauptungen beruhen, sondern muss sich stets anhand rationaler Überlegungen rechtfertigen und messen lassen. Am Anfang nachhaltiger Entwurfsprozesse stehen deswegen selbst- und verantwortungsbewusste Fragen nach Relevanz, Bedarf und Operationabilität[16] im Kontext der intendierten Designwirkung[17]. Das bedeutet in der Praxis mitnichten, Aufträge bei vermeintlicher Nachhaltigkeitsirrelevanz abzulehnen, sondern sie zu hinterfragen – auch im Sinne des Auftraggebers. Um bei unserem Paradebeispiel für ein scheinbar möglichst belangloses Design zu bleiben: Die Anfrage für einen Pizzaflyer sollte nicht mit dem stupiden Zusammensuchen austauschbarer lizenzfreier Stockbilder beginnen, sondern mit einem Dialog über den möglichst sinnvollen Einsatz von Design im Hinblick auf die Zielsetzung. Daraus könnte sich unter Umständen ergeben, dass ein herkömmlicher Flyer gar nicht das richtige Medium für eine spezifische, zielgruppengerechte Ansprache darstellt und andere Kommunikationskanäle viel geeigneter wären. Dadurch würden gleich am Anfang die Weichen neu gestellt und die Zielsetzung und Wirkabsicht der Gestaltung bereits in der Angebotserstellung berücksichtigt – zum Nutzen sowohl des Auftraggebers als auch der Umwelt, enden doch rund 75% aller Druckerzeugnisse innerhalb eines Jahres im Müll.[18]

Bei umfassenderen Gestaltungsaufträgen mit entsprechend größerer kreativer und konzeptioneller Fallhöhe ist es umso wichtiger und wirksamer, die Frage nach der Sinnhaftigkeit, die Frage nach dem *Warum* an den Anfang des Entwurfsprozesses zu setzen[19] – nicht als philosophische Sinnfrage, sondern als pragmatische Abwägung. Damit ist nicht gemeint, dass Nachhaltiges Design nur auf Wesentlichkeitsanalysen basiert statt auf Werten und ethischen Überzeugungen. Doch es orientiert sich an konkreten Bedarfen und Problemstellungen und hinterfragt angenommene Notwendigkeiten. Es will mehr, als nur »zum Nachdenken anzuregen«, wie es aus studentischem Munde manchmal lapidar heißt, wenn es um die Intention eines Designentwurfes geht. Deshalb braucht es zum einen objektive Indikatoren und zum anderen eine Durchdringung komplexer Zusammenhänge und Wechselwirkungen (dazu mehr in **KAPITEL 9**). Sind Relevanz und Zielsetzung geklärt, geht das *Warum* daher fließend in das *Wie* über.

VOM WARUM ZUM WIE: NACHHALTIGES DESIGN IST VERSTEHENDES DESIGN

Design als Schnittstelle zwischen Produkt und Konsument, aber auch zwischen Sender und Empfänger einer Botschaft, muss wissen, was es tut. Vermittlung braucht Verständnis – für die Zusammenhänge und

Hintergründe der Thematik, aber auch für die Bedürfnisse, Wünsche und Lebenswirklichkeiten der Zielgruppe. Ansätze für nachhaltige Produkt-, Service- und Kommunikationsideen scheitern regelmäßig an einem fehlenden Verständnis dafür, dass die Gesellschaft keine homogene Gruppe bildet, sondern aus Menschen, die völlig verschiedene Einstellungen zum Thema Nachhaltigkeit mitbringen. Eine Ansprache, die ein bestimmtes sozioökonomisches Milieu anspricht, läuft bei einem anderen komplett ins Leere oder erzeugt sogar eine Abwehrhaltung. So wäre es völlig kontraproduktiv, eine hedonistische Zielgruppe mit einer Verzichtsaufforderung zu konfrontieren, während eine sozialökologisch orientierte Gesellschaftsschicht darauf tendenziell positiv reagieren würde. Aufgrund der elementaren Wichtigkeit widmen wir diesem Aspekt ein eigenes Kapitel, nämlich **KAPITEL 10** des vorliegenden Buches.

Nachhaltiges Design versucht aber nicht nur, die unmittelbare Zielgruppe eines Designentwurfs zu verstehen,[20] sondern sämtliche Stakeholder, die direkt oder indirekt vom Gestaltungsresultat betroffen sein werden, in den Überlegungen zu berücksichtigen.[21] Und das können je nach Projektvorhaben sehr viele sein, mit oftmals divergierenden Vorstellungen, Einwänden und Ambiguitätspotenzialen. Dabei kann es gelegentlich zu überraschenden Erkenntnissen und Widersprüchen kommen, die im weiteren Prozess abgewogen werden wollen. Bei der Entwicklung des weiter oben genannten studentischen *Pfandring*-Projektes ergab der Dialog mit Stakeholdern, in diesem Fall mit einigen Pfandsammlerinnen und Pfandsammlern, dass die erleichterte Entnahme der Pfandflaschen ungeahnte Befürchtungen weckte: Durch die Vereinfachung und Sichtbarmachung der Tätigkeit würden womöglich weitere Menschen zum Flaschensammeln ermutigt, was eine größere Konkurrenz unter den Sammelnden mit sich bringen könne. Generell zeigt die Berücksichtigung der Interessen aller Bezugsgruppen in der Regel, dass selbst augenscheinlich nachhaltige Designprojekte nicht für *alle* Menschen zu *allen* Zeiten *ausschließlich* positive Auswirkungen haben – nicht nur das *NIMBY*-Prinzip (»*Not in my backyard*«), in katholischen Kreisen besser als St.-Florians-Prinzip bekannt, zeugt von derlei Verwerfungen. Wie immer bei Fragen der Nachhaltigkeit geht es auch hier um ein Ermessen basierend auf erworbener Urteilskraft.

Das führt uns zurück zum Verständnis für Zusammenhänge: Nachhaltiges Design ist sich der komplexen Wechselwirkungen und Wirkmechanismen bewusst, die durch Design determiniert werden. So unvollkommen die *Sustainable Development Goals* auch sein mögen, so gut eignen sie sich durch ihre Systematik, ihre Querverbindungen und ihre Aufsplitterung in Unterziele als Indikatoren und Reflexionsfläche für Nachhaltiges Design. Dazu kommt die Kombination aus fixen, markanten Zielen und ihren dynamischen Konkretisierungsmöglichkeiten je nach globalem, nationalem oder regionalem Kontext. Das ermöglicht den Einsatz übersichtlicher Matrizen und Indikatorensets wie sie beispielsweise beim *Nachhaltigkeitsradar* aus dem *Transition Design Guide* des Wuppertal Instituts[22] verwendet werden. So kann der Designprozess ganz konkret in Verhältnismäßigkeit zu den Zielen nachhaltiger Entwicklung gesetzt werden. Manche Verknüpfungen und Bezüge sind dabei offensichtlicher als andere und einmal mehr zeigt sich, wie verzweigt und vernetzt Aspekte der Nachhaltigkeit sind – und welche Verantwortung Designerinnen und Designer durch ihr Tun tragen, ob sie wollen oder nicht.

Das Prinzip lässt sich von hochkomplexen Projektvorhaben bis zu einfachen Designaufträgen herunterbrechen. Wir wollen das Niederschwelligkeitsbeispiel nicht überstrapazieren, aber selbst im Falle des Pizzaflyers sind mindestens sieben der siebzehn *SDGs* zumindest indirekt durch Entscheidungen des Designs betroffen (2, 3,

8, 10, 12, 13, 14, 15). Ja, auch Ziel 2, *Zero Hunger*, ist dabei, allerdings nicht etwa wegen des befriedigenden Sättigungsgefühls nach dem Verzehr einer bestellten Pizza, sondern durch den Einfluss der Flyergestaltung auf die Art der Ernährung und damit auf Aspekte wie nachhaltige Landwirtschaft und Reduktion des Fleischkonsums.[23] Nun ist Design allerdings bei aller rationaler Argumentation und allem analytischen Vorgehen letztlich immer noch eine kreative, eine schöpferische Aktivität, was uns zu unserer nächsten Etappe im Designprozess führt.

VOM WIE ZUM WAS: NACHHALTIGES DESIGN FÜHRT SINNHAFTIGKEIT UND VERSINNLICHUNG ZUSAMMEN

Auf dem Weg von der Zielsetzung über das Verständnis für Zielgruppen und Zusammenhänge hin zur konkreten Formgebung liegt der Schlüsselmoment der Konzeption, der Transfer von einem abstrakten Vorhaben in eine innovative Gestaltungsidee. Das Ästhetische und das Sinnliche aber bleiben gelegentlich auf der Strecke, wenn Publikationen ausschließlich von Nicht-Designerinnen und Nicht-Designern verfasst werden. Vor lauter berechtigter Erweiterung des Designbegriffes und soziologischer Designverortung geht mitunter die Erkenntnis verloren, dass dem Design bei aller Sinnhaftigkeit das Versinnlichende nicht abhanden kommen darf – der schöpferische Moment, die überraschende kreative Leitidee, das emotional Berührende. Diesen Fehler begingen schon die Vordenker eines rein auf funktionale und funktionalistische Aspekte fokussierten Designs (vgl. KAPITEL 1). Und er setzt sich in anwendungsfernen theoretischen Diskursen bis heute fort, wenn intuitive und improvisierte Kreativprozesse *per se* als suspekt und subaltern abgekanzelt werden oder als übersehene Lücke zwischen Analyse und Umsetzung klaffen.[24]

Nachhaltiges Design sollte sich aber nicht mit folgerichtigen Konstruktionen begnügen, sondern innovative Konzeptionen zum Ziel haben. Der Begriff der Konzeption meint etymologisch nicht von ungefähr die Befruchtung von Samen- und Eizelle und damit die Entstehung einer neuen Verknüpfung, die Verschmelzung des zuvor isoliert Bestehenden zu einem neuen Zusammenhang. Die besten Konzeptideen lassen sich oft in wenigen prägnanten Worten zusammenfassen, wenngleich der Weg dorthin über vielfältige epistemologische Prozesse und iterative Schleifen des Imaginierens, Diskutierens und Reflektierens führt. Denn obwohl der Ideation etwas Geheimnisvolles, Schöpferisches innewohnt, das nicht vollumfänglich entzaubert werden kann, ist der Designer eben noch lange kein Zauberer, der dem staunenden Publikum ein Kaninchen in Form eines fertigen Designentwurfes aus dem Hut zaubert. Nur wenn sich Sinnhaftigkeit und Versinnlichung im Lauf des Ideationsprozesses kreativ miteinander verbinden, kann eine tragfähige Konzeptidee entstehen – was manchmal eine schwere Geburt darstellen kann. Ist das geschafft, können wir als Nächstes die konkrete Ausgestaltung des Designmediums unter Berücksichtigung von Nachhaltigkeitskriterien in den Fokus nehmen.

NACHHALTIGES DESIGN BEDEUTET KONGRUENZ VON INHALT UND FORM

In puncto Nachhaltigkeit haben wir es in den Prozessphasen der prototypischen Formgebung sowie der seriellen Realisierung endlich wieder mit Offensichtlicherem zu tun, wenn es nun darum geht, die richtige Form für die Konzeptidee zu finden. Nicht ohne Grund beschränken sich manche Ratgeber für Nachhaltiges Design nur auf diese stofflich-exekutive Ebene, deren Umwelt- und Sozialfolgen unmittelbar nachvollziehbar sind. Die wichtigste Regel dieser Prozessphase ist im Grunde eine Selbstverständlichkeit: Wenn der Inhalt Nachhaltigkeit kommuniziert, sollte die Form dasselbe tun. Denn Nachhaltiges Design gestaltet nicht nur Nachhaltiges, sondern gestaltet auch nachhaltig.

Ein Nachhaltigkeitsbericht auf gebleichtem Hochglanzpapier mit Metallic-Effekt hat zu Recht ein Glaubwürdigkeitsproblem. Und wenn ein Produkt Nachhaltigkeit adressiert, sollten Formsprache und die verwendeten Materialien ebenfalls nachhaltig sein. Eine Verpackung für ein veganes Lebensmittel aus Aluminium wirft Fragen auf. Die genannten Beispiele sind plakativer Natur, die Realität ist wie so oft komplexer. Waren die prinzipiellen Überlegungen zur Berücksichtigung von Nachhaltigkeit in den Designprozessphasen bis hierher disziplinübergreifend, so sind in der formgebenden Gestaltung und der Realisierung jeweils medienspezifische Kriterien zu beachten, die an dieser Stelle unmöglich alle aufgefächert werden können. Wie bei Menzels *Balkonzimmer* sind vielmehr die Bereiche zu fokussieren, die für das jeweilige Medium relevant sind. So könnten im Produktdesign Aspekte wie Materialwahl, Lieferketten und Fertigungsbedingungen eine wesentliche Rolle spielen, während bei einem Designauftrag für eine Websitegestaltung unter anderem Gesichtspunkte wie Barrierefreiheit, Nutzerfreundlichkeit und ökologisch verträgliche Datenströme bedacht werden müssen (vgl. Abb. 7.3).[25] Und beim erwähnten Nachhaltigkeitsbericht gibt es selbstverständlich in der Ausgestaltung und Realisierung mehr zu beachten als die Verwendung eines zertifizierten Umweltpapieres.[26] Austauschbare Stockbilder, irrelevante Infografiken und dekorativer Nonsens machen einen Bericht ebenso unglaubwürdig wie inhaltliche Beliebigkeit durch Phrasendrescherei und unklare Nachhaltigkeitsindikatoren (auf eine gelingende Nachhaltigkeitskommunikation geht **KAPITEL 10** ein).

Schließlich münden die Entwurfsphasen des Designs in die Realisierung, je nach Art der Gestaltung also zum Beispiel in Produktion und Distribution, in die Veröffentlichung in einem App-Store, in Druck und Auslieferung eines Druckerzeugnisses und so weiter. Während die Beauftragung des Designers und der Designerin damit in der Regel zu Ende ist, geht die *Stakeholder Journey* aller durch den Designentwurf Betroffenen jetzt erst richtig los.[27] Die in den Entwurfsphasen getroffenen Entscheidungen entfalten spätestens jetzt unmittelbare und mittelbare Effekte und Auswirkungen derer sich Designerinnen und Designer im Vorfeld bewusst sein müssen.

DER KREIS SCHLIESST SICH

Den Beginn unseres Designprozesses markierten Zielformulierung und Rechtfertigung des Designs. Mit der Reflexion des Designresultats im Hinblick auf die initiale Intention schließt sich nun der Kreis – und eröffnet je nach Schlussfolgerung gleich wieder einen neuen. Iteration bestimmt aber nicht nur das Ende des Entwurfsprozesses, sondern begleitet und evaluiert sämtliche Phasen desselben. Das fügt dem bekannten Dreiklang des Ecodesigns (*Reduce*, *Reuse*, *Recycle*) mit *Rethink* und *Reflect* mindestens zwei weitere »R« hinzu. Nachhaltiges Design ist eben kein gemütliches Design, das biedermeiergleich im stillen Kämmerlein weilt, sondern ist unentwegt in Bewegung und Transformation. In diesem Horizont scheinbar unendlicher Möglichkeiten bedarf es daher immer wieder aufs Neue der Orientierung durch jeweils spezifische Kriterien und agile Prozesse, damit sich am Ende ein stimmiges Gesamtbild ergibt.

À propos stimmiges Gesamtbild: Auch Adolph von Menzel lässt die Rezipientinnen und Rezipienten seines *Balkonzimmers* bei aller Prozesshaftigkeit und Infragestellung des Gewohnten nicht gänzlich

Abb. 8.6: **Exemplarische Leitfragen für Nachhaltiges Design entlang des Designprozesses**
Die folgenden Punkte sind als Impuls zu verstehen, nicht als Checkliste!

Bedarf & Ziel

- *Welcher Bedarf liegt dem Design zugrunde? (Bedarfsanalyse)*
- *Welche Wirkung soll vom Design ausgehen? (Wirkintention)*
- *Wie lässt sich die Zielformulierung für das Design rechtfertigen? (Begründung)*
- *Welche allgemeine Relevanz für Nachhaltigkeit besitzt die Themenstellung? (Allgemeines Relevanzpotenzial)*

Verständnis

- *Wie sind die inneren und äußeren Zusammenhänge der Themenstellung? (Inhaltsspezifische Zusammenhänge)*
- *Welche nachhaltigkeitsrelevanten Kausalitäten, Zielkonflikte und Potenziale lassen sich für den weiteren Designprozess identifizieren? (Nachhaltigkeitsspezifische Zusammenhänge)*
- *Wer ist die Zielgruppe und welche Bedürfnisse, Wünsche und Hemmnisse hat sie in Bezug auf die Thematik sowie in Bezug auf Nachhaltigkeit? (Zielgruppendefinition und -verständnis)*
- *Wer wird außer der direkten Zielgruppe vom Design betroffen sein? (Stakeholderanalyse)*

Konzeption

Wie lassen sich die Erkenntnisse der vorherigen Prozessphasen in eine Gestaltungsidee überführen, die …
- *… innovativ ist? (Konzeptionelle Innovation)*
- *… plausibel, stimmig und folgerichtig ist? (Konzeptionelle Plausibilität)*
- *… Bedürfnissen, Wünschen, Befürchtungen und Touchpoints der Zielgruppe gerecht wird? (Zielgruppengerechte Konzeption)*

Formgebung

- *Was sind zum Inhalt passende Formen, Ästhetiken und Medien? (Inhalt-Form-Kongruenz)*
- *Entspricht die Form den Bedürfnissen, Wünschen, Befürchtungen und Touchpoints der Zielgruppe? (Zielgruppengerechte Formgebung)*
- *Welche allgemeinen und spezifisch vom Medium abgeleiteten Nachhaltigkeitskriterien spiegelt die Ausgestaltung des Entwurfes wider? (Entwurfsspezifische Nachhaltigkeitskriterien)*
- *Werden die Kriterien einer gelingenden Nachhaltigkeitskommunikation eingehalten, z. B. Glaubwürdigkeit, Transparenz, Barrierefreiheit usw.? (Nachhaltigkeitskommunikation)*

Realisierung & Reflexion

- *Welche nachhaltigkeitsrelevanten Aspekte werden im seriellen Fertigungsprozess berücksichtigt? (Nachhaltige serielle Produktion)*
- *Welche Impacts und Outcomes hat das Design und welche Schlüsse können daraus für folgende Designprozesse abgeleitet werden? (Reflexion des Prozesses und der tatsächlichen Wirkung)*

orientierungslos zurück. Ganz im Gegenteil, er hat in seinem Bild ausgerechnet zwei der wichtigsten Ordnungs- und Harmonieprinzipien subtil aber gekonnt angewendet. Folgen wir mit dem Auge dem Verlauf des im Wind wehenden Vorhangs, so landen wir am oberen Bildrand genau in Höhe der Mittelachse, die das Bild in zwei exakt gleich große Hälften teilt. Aber es erwartet uns noch eine Überraschung. Lassen wir den Kunsthistoriker Werner Busch das Rätsel auflösen: »Der schmale, vom Fenster ausgehende Strahl der Spiegelung am Boden wird beantwortet durch die Randschräge des Teppichs links, die ausdrücklich durch parallele Pinselspuren am bräunlich-roten Fußboden verlängert und unterstrichen wird. Der so gebildete Dreieckskeil hat seine Spitze ein Stück außerhalb des Bildes. Die senkrechte Mittelachse dieses Keils wird an der Wand durch den senkrechten Rand des großen gelblich-weißen Wandfleckens fortgesetzt. Diese Linie aber teilt das Bild exakt nach den Proportionen des Goldenen Schnittes.«[28] Am Ende ist eben doch manchmal hinter allem eine universelle Harmonie zu erahnen, auch wenn sie sich nicht immer auf den ersten Blick offenbart (Abb. 8.7).

Ein Grund dafür sind immer wieder die Nicht-Linearität und die vielfachen Wechselwirkungen, die nachhaltigkeitskompetentes Design aushalten muss. Diese Attribute wiederum stehen in Zusammenhang mit einem Begriff, der untrennbar mit den Herausforderungen einer nachhaltigen Entwicklung verbunden ist. Einem Begriff, der auch in diesem Buch schon des Öfteren gefallen ist und in dem die Beschaffenheit unserer Zeit in einem einzigen Wort kulminiert:

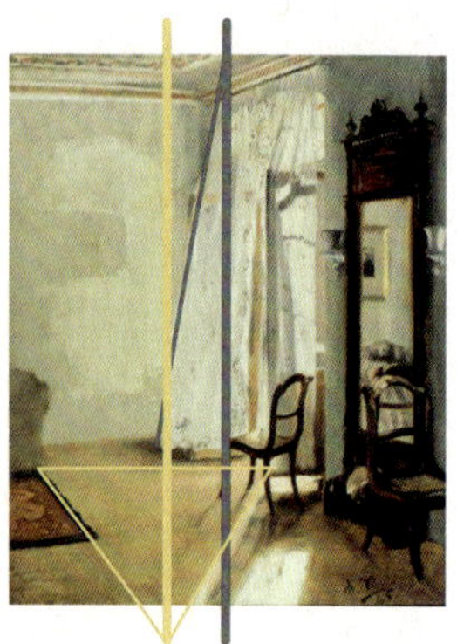

Abb. 8.7: **Auch Transformation braucht Ordnungsprinzipien.** Im Balkonzimmer verbergen sich die Harmonieprinzipien der Mittelachse und des Goldenen Schnittes.

Komplexität. Doch es ist das Design, das oft den Unterschied zwischen komplex und kompliziert macht, wie wir im folgenden Kapitel sehen werden.

1 vgl. Busch: Adolph Menzel, S. 97.
2 vgl. ebd.
3 Mareis: Theorien des Designs, S. 132.
4 vgl. Bauer: Schädliches Design – demoralisierende Designtheorie?, S. 60.
5 ebd., S. 69.
6 ebd.
7 vgl. form. Heft 73, 1976.
8 vgl. De Jong: Zehn Thesen für gutes Design: Dieter Rams.
9 siehe Paál: Was ist schön?
10 vgl. Recklies: Kriterien für gutes Design, die den Schaden maximieren, S. 106 ff.
11 Hier einige online abrufbare Toolkits und Guides für Nachhaltiges Design, Ecodesign und verwandte Spielarten transformativer Designansätze: https://sustainabilityguide.eu; https://circulardesign.tools; www.circulardesignguide.com; www.ecodesignkit.de; www.designkit.org/resources/1; https://servicedesigntools.org
12 vgl. Shedroff: Design is the Problem: The Future of Design Must be Sustainable, S. 11 ff.
13 Nehmen wir als Beispiel noch einmal das Smartphone zur Hand, dessen komplexe Nachhaltigkeitsgemengelage bereits in Kapitel 8 eingehend beleuchtet wurde: In einem Smartphone bilden Produktdesign (die Gestaltung des tatsächlichen Gerätes), konventionelle Kommunikationsdesignaspekte (Verpackung, Markenprofil und Unternehmensidentität, Webdesign usw.) sowie das User Interface Design (UI Design), das unter anderem die möglichst intuitive und einfache Bedienung ermöglichen soll, eine untrennbare Einheit, die in der Nutzungserfahrung ganzheitlich betrachtet werden muss. Und damit wiederum sind auch die Entwurfsprozesse, Wertschöpfungsketten und Nachhaltigkeitsauswirkungen in ihrem Gesamtzusammenhang zu sehen.
14 vgl. Bürdek: From function to meaning: In the long run everything is Design.
15 vgl. www.pfandring.de
16 Operationabilität bedeutet hier im Sinne des Deutschen Nachhaltigkeitskodexes, dass »Ziele messbar gemacht werden. Dabei sollen die Objektivität, Zuverlässigkeit und Gültigkeit der Daten sichergestellt werden. Messbar heißt, dass die Ziele so konkret wie möglich und der Plan und Zeithorizont zur Zielerreichung klar definiert sind.« [www.deutscher-nachhaltigkeitskodex.de/de-DE/Home/DNK/Criteria/Ziele]
17 Bei Pierre Smolarski findet sich der schöne Ausdruck von Design als »wirkungsintentionalem Funktionszusammenhang«, siehe Smolarski: Kann Design gesellschaftskritisch sein?, S. 96.
18 vgl. Sherin: Grafikdesign nachhaltig, S. 40.
19 Bezüglich der Wichtigkeit des »Warums« nicht nur in Designprozessen, sondern als generelles Kommunikationsaxioms, aus dem sich ein »Wie« und erst zum Schluss ein »Was« ableiten, siehe »Start with Why: How Great Leaders Inspire Everyone to Take Action« von Simon Sinek. Eine Zusammenfassung der These ist als (etwas marketingaffiner) TED Talk unter folgendem Link hörbar: www.youtube.com/watch?v=u4ZoJKF_VuA
20 Dafür eignen sich in der Praxis beispielsweise die Erstellung von Personae, das Durchspielen der Costumer Journey und weitere Methoden aus dem erweiterten Repertoire des Marketings.
21 vgl. Pufé: Was ist Nachhaltigkeit?, S. 19. Iris Pufé stellt hier pointiert die Berücksichtigung der »Stakeholder«, also der ökonomisch Profitierenden, den »Shareholdern«, also allen Betroffenen, gegenüber.
22 Der Transition Design Guide mit zahlreichen methodischen Ansätzen, Beispielen und Arbeitsblättern kann kostenlos unter folgendem Link heruntergeladen werden: https://epub.wupperinst.org/frontdoor/deliver/index/docId/7567/file/WS55_2ed.pdf
23 Gestalterinnen und Gestalter könnten im Hinblick auf die Unterziele des SDG 2 zum Beispiel Leitfragen stellen wie: Wird durch das Teaserbild Lust auf eine Pizza Salami gemacht oder auf eine vegetarische Alternative? Wo sind die Salate auf der Karte platziert? In welcher Schriftgröße und wie nah an den Produkten werden Zusatzstoffe aufgelistet?
24 vgl. Recklies: Kriterien für gutes Design, die den Schaden maximieren, S. 104.
25 Auch hier hängen die Dimensionen der Nachhaltigkeit wieder einmal zusammen: Die Berücksichtigung der Nutzerbedürfnisse hat zugleich Einfluss auf Nutzungsdauer und damit z. B. auch auf konkrete ökologische Faktoren wie den Stromverbrauch. Zum Thema Nachhaltiges User Experience Design siehe Molzbichler: Nachhaltiges Design und User Experience.
26 Hier ist zu beachten, wie unterschiedlich die Vorgaben der einzelnen Gütesiegel sind. Eine »FSC«-Zertifizierung ist vergleichsweise niederschwellig, während Siegel wie der »Blaue Engel« strengere und damit wirkungsvollere Kriterien anlegt.
27 vgl. Lemon, Katherine N. / Verhoef, Peter C.: Understanding Customer Experience Throughout the Customer Journey, S. 74 ff.
28 Busch: Adolph Menzel, S. 100.

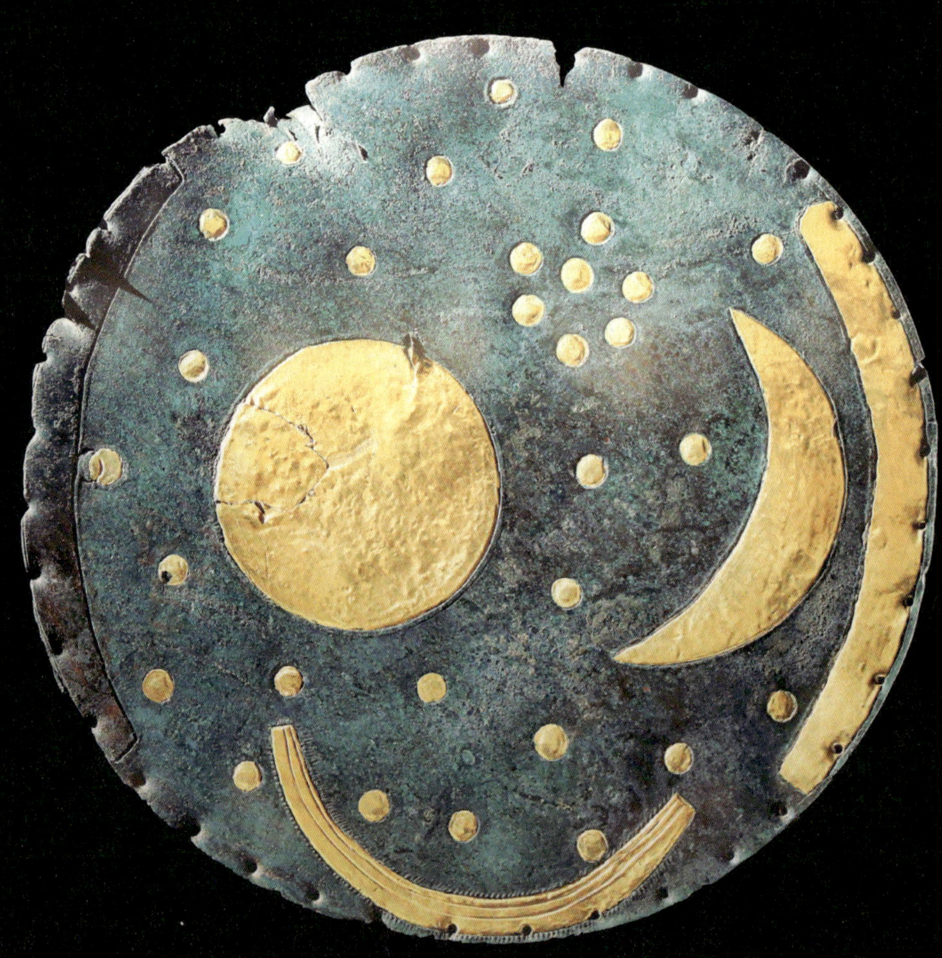

KAPITEL 9

NACHHALTIGES DESIGN ALS VERMITTLUNG VON KOMPLEXITÄT

Als zwei Raubgräber im Sommer 1999 mit ihren Metallsuchgeräten ein hügeliges Waldstück in Sachsen-Anhalt nach vergrabenen Militaria absuchten, hielten sie die aus der Erde beförderte kleine runde Scheibe zunächst für einen wertlosen Eimerdeckel. Erst über Umwege, die problemlos einem mehrteiligen Kriminalroman entnommen sein könnten, gelangte das mysteriöse Objekt schließlich in das Landesmuseum für Vorgeschichte in Halle, wo es heute das mit Abstand prominenteste Ausstellungsstück darstellt.[1] Kein Wunder, denn das heute als *Himmelsscheibe von Nebra* bekannte Artefakt aus der bronzezeitlichen Aunjetitzer Kultur (um 2100–1700 v. Chr.) gilt nicht nur als die weltweit älteste bekannte Himmelsdarstellung konkreter astronomischer Phänomene, sondern verblüfft auch mit dem komplexen Wissen, das die kleine Metallscheibe mit einem Durchmesser von gerade einmal 32 Zentimetern kompakt vermittelt. Zu *sehen* ist in Gold auf Malachitgrün[2] Folgendes: ein großer Kreis, eine große sichelförmige Form, insgesamt 30 kleine

Himmelsscheibe von Nebra
Artefakt der bronzezeitlichen Aunjetitzer Kultur (um 2100–1700 v. Chr.)
Durchmesser: 32 cm
Landesmuseum für Vorgeschichte, Halle

Punkte, von denen sieben auffällig konzentriert erscheinen, zwei große Kreissegmente links und rechts (das linke war zum Zeitpunkt der Aufnahme noch nicht restauriert) sowie eine große bogenförmige Form im unteren Bereich.

Zu *erkennen* sind darin ein Vollmond, ein zunehmender Halbmond, insgesamt 30 Sterne, aus denen die sieben des Plejaden-Sternbildes herausstechen, zwei Horizontbögen und eine sogenannte Sonnenbarke. Durch die Übersetzung dieser grafischen Zeichen wird schließlich Wissen visuell kommuniziert. So *erfahren* wir durch die gezeigte astronomische Kon-*stella*-tion[3] Informationen zu den optimalen Aussaat- und Erntezeitpunkten des landwirtschaftlichen Jahres, während die beiden Horizontbögen an den Seiten das Sonnenjahr messbar machen, indem sie als Indikatoren für die Sommer- und Wintersonnenwende dienen.[4]

Vergegenwärtigen wir uns nun, wie der Sternenhimmel zur Bronzezeit über Mitteleuropa aussah: Verschont von jeglicher Lichtverschmutzung durch moderne künstliche Beleuchtung, waren in sternklaren Nächten mehrere Tausend Gestirne mit bloßem Auge sichtbar. Eine erste Leistung besteht daher bereits darin, in dem scheinbaren Chaos von leuchtenden Punkten am Firmament wiederkehrende Muster und Strukturen zu erkennen und aus diesen astronomischen Formationen Rückschlüsse auf Abläufe und Zyklen in der irdischen Lebenswelt herzustellen. Eine zweite Leistung stellt die Reduktion des dreidimensionalen Raums in eine zweidimensionale Vorstellung von Sternbildern dar. Dadurch wird »das uns Unverfügbare […] in ein verfügbares Orientierungsinstrument, das Unübersehbare in eine übersichtliche Anordnung, das Unendliche in eine prägnante Gestalt transformiert«[5], wie Sybille Krämer schreibt. Die dritte Leistung ist schließlich die Übertragung dieser Vorstellung in ein prinzipiell reproduzierbares, gestaltetes Artefakt (mit anderen

Worten: in Design), denn erst dadurch können Informationen sowie daraus folgend Handlungskompetenz komplexitätsgerecht gestreut werden.

Dieser Dreiklang aus dem Erkennen von Mustern, Strukturen und Zusammenhängen, der sinnvollen Reduktion des Erkannten auf die als relevant identifizierten Informationen sowie schließlich dem Transfer in reproduzierbare Artefakte und handhabbare Schnittstellen zum Menschen beschreibt heute, rund 3.600 Jahre nach dem letztmaligen Vergraben der Himmelsscheibe in der Erde und dem Ende der Aunjetitzer Kultur, eine zentrale Aufgabe des Designs. Das gilt insbesondere für Nachhaltiges Design, das sich immer wieder mit der Kommunikation, dem Umgang und der Gestaltung vielschichtiger Zusammenhänge und Wechselwirkungen konfrontiert sieht – in einer Welt, die nicht nur hinsichtlich ihrer Komplexität schon lange keine Scheibe mehr ist.

KOMPLEXITÄT: HERAUSFORDERUNG UND SCHLÜSSELKOMPETENZ DES 21. JAHRHUNDERTS

Als der bekannte Astrophysiker Stephen Hawking (1942 – 2018) in einem Interview zu Beginn des Jahres 2000 gefragt wurde, welche wissenschaftliche Disziplin wohl das 21. Jahrhundert prägen werde, war seine Antwort: »Ich denke, das nächste Jahrhundert wird das Jahrhundert der Komplexität sein.«[6] Zwanzig Jahre später klingt es nicht mehr nach einer vagen Vermutung, wenn der Wissenschaftstheoretiker Klaus Mainzer feststellt: »Komplexität bestimmt die Wissenschaft des 21. Jahrhunderts.«[7] Doch was verbirgt sich überhaupt hinter diesem allgegenwärtigen, vermeintlichen Zauber- und Containerwort für alles scheinbar Überfordernde, schwierig zu Erklärende und nebulös Vertrackte?

Wie so oft ist bereits die Begriffsetymologie aufschlussreich, leitet sich Komplexität doch von den lateinischen Vokabeln *cum* (»mit«, »zusammen«) und *plectere* (»flechten«) ab. Wir haben es also mit Verflechtungen zu tun, die nicht selten zu unauflöslichen Verstrickungen führen (was uns an Ares, Aphrodite und das Netz des Hephaistos aus KAPITEL 2 denken lässt). Dem Komplexitätsforscher Dirk Brockmann zufolge besteht ein »komplexes System [...] aus verschiedenen Elementen, die miteinander verbunden sind und dabei, wie Flechtwerk, eine Struktur bilden, die in den Einzelelementen nicht erkannt werden kann«[8]. Bei Niklas Luhmann ist analog dazu von der »Einheit des Mannigfaltigen«[9] die Rede, denn in komplexen Systemen sei es möglich, »jedes Element mit jedem anderen jederzeit zu verknüpfen«[10]. Komplexität wird also erst im Gesamtzusammenhang greifbar, auch dort allerdings nur flüchtig. Denn Komplexität bedeutet ebenfalls *permanente* transdisziplinäre Relationalität in einem Geflecht ohne Begrenzung. Wird ein Parameter verändert, ändern sich die Organisation und Zusammensetzung des gesamten Systems, was die Sache entscheidend erschwert. Eine Herausforderung, die schnell zum Problem werden kann in unserer multidimensional verstrickten Welt.

In KAPITEL 1 haben wir bereits die langfristigen Entwicklungslinien (*Megatrends*) kennengelernt und kurz angerissen, dass diese ohne Nachhaltigkeit nicht zukunftsfähig und ohne Design weder vermittelbar noch gestaltbar sein können. Die einzelnen Megatrends sind jedoch nicht als isolierte Phänomene zu betrachten, sondern in ihrem Gesamtzusammenhang – und damit als komplexes Gebilde. So sind die Trends der Urbanisierung, der Individualisierung und der Mobilität beispielsweise durch zunehmend individualisierte Stadträume und die Auflösung der traditionellen Stadt-Land-Dichotomie miteinander verwoben,[11] während die Trends Gesundheit, Gender Shift und Neo-Ökologie unter anderem in Fragen geschlechtersensibler medizinischer Versorgung oder gesundheitsorientierter Ernährung verknüpft sind.[12] Jenseits solcher direkter Verbindungslinien sind sämtliche Megatrends aber vor allem mit den großen systemischen Herausforderungen und Krisen der Gegenwart und der erwartbaren Zukunft in einer großen Gemengelage verflochten (Abb. 9.1). Dazu gehören unter anderem globale Finanzkrisen, Flüchtlingsströme, Herausforderungen durch demografische Veränderungen, den Klimawandel, das Artensterben sowie die Überschreitung weiterer

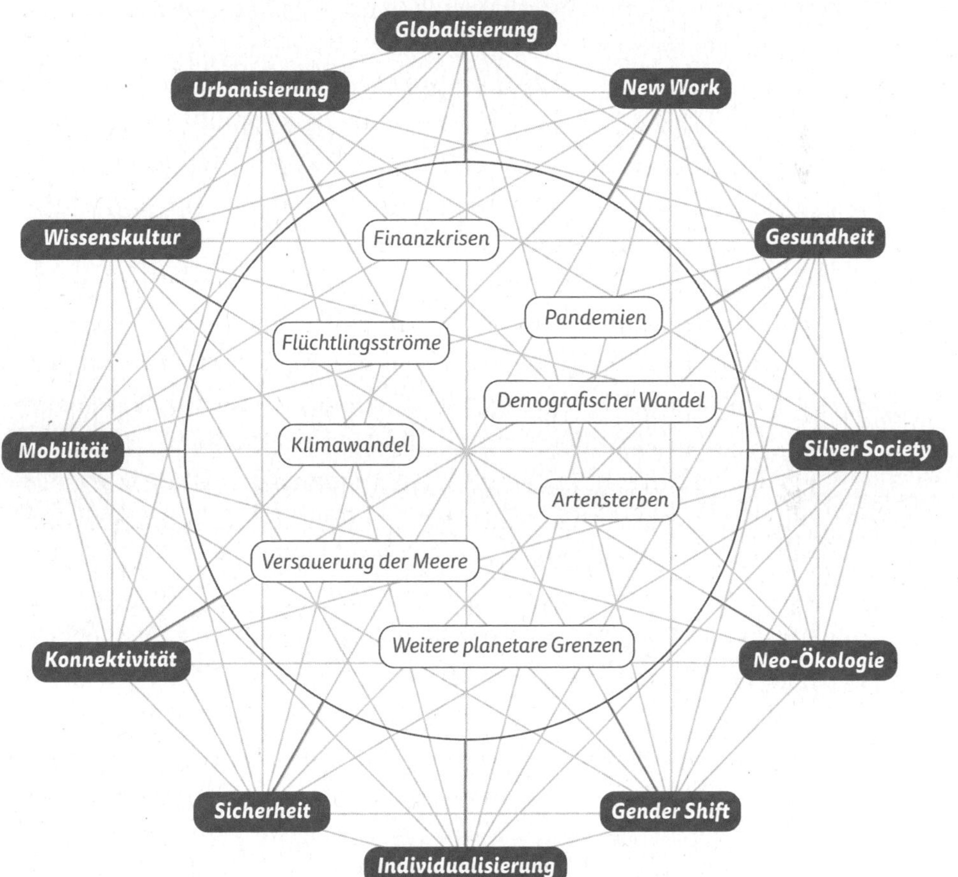

Abb. 9.1: **Langfristige Entwicklungslinien (»Megatrends«) und komplexe systemische Herausforderungen und Krisen: Alles hängt mit allem zusammen.**

planetarer Belastungsgrenzen. Und als sei das Geflecht damit noch nicht engmaschig genug, hängen auch diese Phänomene in einer Vielzahl von Wechselwirkungen miteinander zusammen, denn eine systemische Krise kommt selten allein. So könnte, vereinfacht gesagt, der falsche Umgang mit tierischem Leben zu einer Zoonose führen, die wiederum eine globale Pandemie auslösen könnte, die ihrerseits nicht nur eine Gesundheitskrise darstellen würde, sondern unter anderem wirtschaftliche Krisen nach sich zöge, Ungleichheiten verstärkte und bei näherer Betrachtung gar mit *allen* 12 Megatrends in Wirkzusammenhängen stehen würde. Die Verwendung des Konjunktivs an dieser Stelle ist seit dem globalen Ausbruch der Covid-19-Pandemie im Frühjahr 2020 obsolet.

Gleichzeitig stehen alle systemischen Herausforderungen essenziell mit Aspekten der Nachhaltigkeit in Beziehung. Sie werden nicht ohne Grund durch die Vielzahl der *Sustainable Development Goals* explizit oder implizit adressiert. Doch Nachhaltigkeit ist nicht einfach nur ein weiterer Akteur auf dem Spielfeld systemischer Zusammenhänge, Nachhaltigkeit ist selbst ein durch und durch komplexes Phänomen, wie die vorangegangenen Kapitel ausgiebig gezeigt haben. Der Zusammenhang der *SDGs* als miteinander in Wechselwirkung stehende, dynamische Strukturen; der non-lineare Prozesscharakter nachhaltiger Entwicklung; die vielschichtigen Einflüsse entlang der Wertschöpfungsketten; die verschachtelte Relationalität zwischen den planetaren Belastungsgrenzen: Nachhaltigkeit ist ohne Komplexität undenkbar, was uns zu dem Zwischenfazit bringt, dass Nachhaltigkeitsverständnis unbedingt Komplexitätsverständnis voraussetzt. Was folgt daraus für das Nachhaltige Design?

ZWISCHEN KOMPLEX UND KOMPLIZIERT LIEGT DESIGN

Die Adjektive *komplex* und *kompliziert* werden gelegentlich durcheinander gebracht. Doch was komplex ist, muss nicht zwangsläufig kompliziert sein – und umgekehrt. Natürlich klingen beide Begriffe nicht nur zufällig ähnlich, denn auch das lateinische Verb *complicare* leitet sich ebenso wie das bereits genannte *plectere* vom griechischen *pléko* (»flechten«) ab. Doch während *komplex* als objektives Kriterium die Beschaffenheit eines systemischen oder phänomenologischen Zusammenhangs beschreibt, ist *kompliziert* stets von der subjektiven Rezeption abhängig.[13] So kann eine Mathematikaufgabe für einen Schüler kompliziert erscheinen, für seine Sitznachbarin hingegen nicht. Komplex ist sie im Falle eines eindeutigen linearen Lösungsweges objektiv nicht. Die subjektive Rezeption wiederum hängt maßgeblich von der Auffassungsgabe der Rezipientin bzw. des Rezipienten ab. Aber nicht nur: Auch die Vermittlungsleistung und damit in der Regel auch Artefakte des Designs sind entscheidend daran beteiligt, ob eine Angelegenheit als kompliziert wahrgenommen wird oder nicht. Design gibt den Ausschlag, ob ein komplexer Sachverhalt verstanden wird, beispielsweise im Falle einer infografischen Datenvisualisierung. Ebenso ist im Design determiniert, ob die Bedienungsoberfläche eines Smartphones als kompliziert empfunden wird, unabhängig von der komplexen Mechanik hinter dem Touchscreen.

À propos Datenvisualisierung und Bedienungsoberfläche: In beiden Fällen kommt eine uralte anthropologische Errungenschaft zum Tragen, die schon bei unserer *Himmelsscheibe von Nebra* eine entscheidende Rolle gespielt hat. Die Übersetzung der uns umgebenden, dreidimensionalen Welt in zweidimensionale Oberflächen zieht sich nämlich als *Kulturtechnik der Verflachung*[14] (Sybille Krämer) wie ein roter Faden durch die Kulturgeschichte – von prähistorischen, geritzten

Zeichen über antike Papyri bis zu unseren heutigen Computer-Displays. Wir machen uns die Welt greifbar und erzeugen Handlungskompetenz, indem wir sie aus ihrer Räumlichkeit in eine artifizielle, überschaubare Fläche transferieren.[15] Genau dabei spielt das Design eine Schlüsselrolle, und das gleich in zweifacher Hinsicht: Indem es Komplexität sichtbar macht wie im Falle der auf diagrammatischen Denkmodellen basierenden Datenvisualisierung – oder indem es sie unsichtbar macht, wie im Falle des mehr oder weniger intuitiv zu bedienenden Smartphones. Schauen wir uns die erste Variante im Folgenden einmal näher an.

VON DER IKONOGRAFIE DER PANDEMIE ZUR KOMMUNIKATION SYSTEMISCHER RISIKEN

Große Krisen und Wendepunkte der Menschheitsgeschichte werden oft begleitet von einer ausgeprägten ikonischen Wucht, insbesondere in unserer Zeit der medialen Reizdichte – man denke nur an die wirkmächtigen Bilder des 11. September 2001. Als dagegen im März 2020 die Covid-19-Pandemie in der europäischen Lebenswirklichkeit aufschlug, herrschte zunächst eine relative Bilderarmut. Das Virus war eine unsichtbare Bedrohung, seine Auswirkungen noch nicht unmittelbar zu verbildlichen. Interessanterweise war es schließlich eine einfache Infografik, die diese Leerstelle zeitweise ausfüllte und zu einem ikonischen Initial der Pandemie geriet. Dabei handelt es sich um

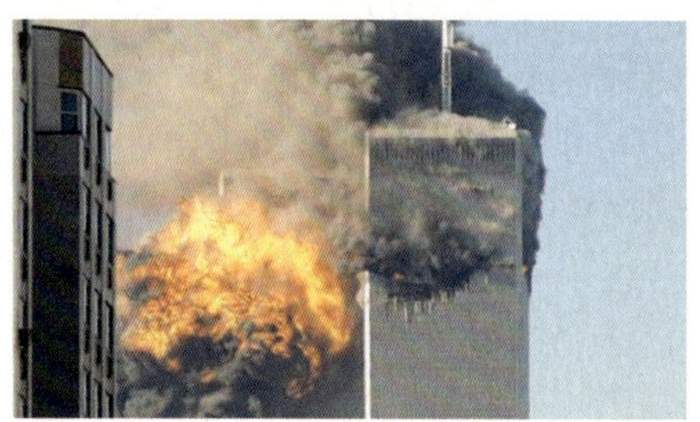

Quelle: Robert J. Fish / Wikimedia Commons (CC BY-SA-2.0)

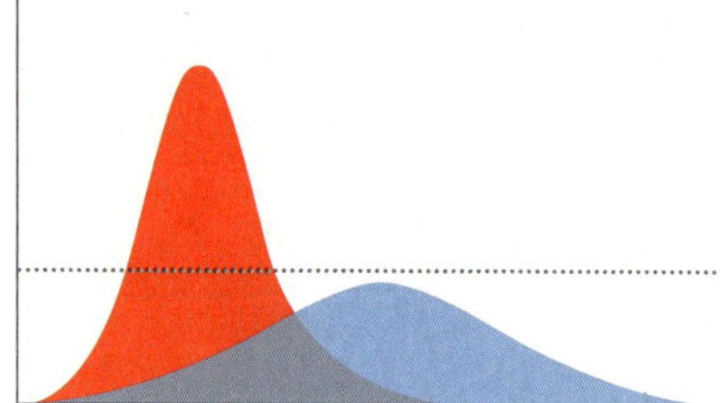

Quelle: Eigene Darstellung

Abb. 9.2: **Die brennenden Zwillingstürme in New York und »Flatten the Curve«.**
Zwei ikonische Initiale bedeutender historischer Ereignisse im Vergleich.

die prognostische Abbildung zweier Kurvenverläufe: eine steile Kurve, die eine katastrophale Überlastung des Gesundheitssystems figuriert, und eine flachere, bei der das nicht der Fall ist, verbunden mit der aus der Visualisierung abgeleiteten Aufforderung *Flatten the Curve* (Abb. 9.2). Diese diagrammatische Darstellung stellte der anfänglichen Sprachlosigkeit eine zumindest gefühlte Handlungskompetenz gegenüber, indem sie ausdrückte: Wir sind dem Virus nicht hilflos ausgeliefert, sondern können noch etwas gegen die drohende Katastrophe tun.[16] Und das war nur der Anfang, denn Infografiken und Datenvisualisierungen aller Art haben der Pandemie seitdem eine fortlaufende anschauliche Gestalt gegeben. Sie bestimmen die mediale Rezeption, wie es wohl bei keiner großen Krise in der Menschheitsgeschichte zuvor der Fall war.[17] Design, in diesem Fall das Informationsdesign als Spielart des Kommunikationsdesigns, nimmt also wie so oft eine Mittlerfunktion ein – diesmal im Spannungsfeld zwischen Wissenschaft, Politik und Öffentlichkeit.

Wenngleich die Coronavirus-Pandemie ein singuläres Geschehen darstellt, steht sie geradezu modellhaft für das Wesen systemischer Krisen und Risiken, die unter anderem durch ihre »grenzüberschreitenden Auswirkungen, hohe Komplexität und Vernetzung, stochastische Ursache-Wirkungsketten und nicht-lineare Funktionsabläufe«[18] charakterisiert werden können – allesamt Merkmale der Pandemie, aber ebenso auch komplexer Nachhaltigkeitsherausforderungen unserer Zeit wie Klimawandel, Verlust der Artenvielfalt oder Versauerung der Meere. Ihnen allen ist gemeinsam, dass sie nur sehr schwierig zu vermitteln sind, denn »komplexe Wechselwirkungen sind intuitiv schwer zu durchschauen, und die häufig mit systemischen Risiken verbundenen nicht-linearen Wirkungsketten widersprechen weitgehend dem gesunden Menschenverstand«.[19] Dazu kommen weitere Aspekte, die unseren erlernten Reaktionsmustern bei Risiken entgegenstehen: Die Auswirkungen der Krise sind zeitlich und räumlich versetzt, so dass die gewohnte Unmittelbarkeit von Ursache und Wirkung fehlt. Die Wirkung wiederum ist durch die Vernetzung mit anderen systemischen Risiken unübersichtlich und die Kausalketten werden durch zahlreiche weitere Faktoren beeinflusst. Außerdem kommt sowohl in einer Pandemie als auch beim Klimawandel ein Phänomen zum Tragen, das wir auch im heimischen Aquarium beobachten können, wenn es nicht richtig gepflegt wird. Sogenannte Kipppunkte (*tipping points*), die ein auf Gleichgewicht ausgerichtetes System zum sprichwörtlichen Umkippen bringen, werden nicht graduell erreicht, sondern plötzlich und nicht immer vorhersehbar. Lange Zeit sieht die Lage kontrollierbar aus, doch »ist der Kipppunkt erst einmal überschritten, setzt eine Kaskade von Ereignissen ein, die das System in einen total anderen Gleichgewichtszustand bringen«[20]. Eine Rückkehr zum ursprünglichen Zustand ist dann gar nicht mehr oder nur unter großen Anstrengungen möglich, selbst wenn die Ursache für das Erreichen des Kipppunktes gestoppt wird – wir haben es mit einer sogenannten Hysterese zu tun.[21]

All diese Merkmale verleiten letztlich immer wieder zur faktischen Fehleinschätzung bzw. Unterschätzung systemischer Risiken,[22] insbesondere hinsichtlich ihrer akuten Relevanz für die eigene Lebenswelt. Daher braucht es einen nachvollziehbaren, verständlichen Transfer des wissenschaftlichen Wissens in die Alltagskommunikation und eine zielgruppengerechte Ansprache, die von den Adressierten her denkt (in diesem Fall: die Öffentlichkeit), statt nur innerhalb wissenschaftlicher Wissens-Silos zu funktionieren.[23] In der Pandemie bestand ein wesentlicher Schlüssel dafür in vermittelnder, anschaulicher und nachvollziehbarer Datenvisualisierung und damit in einer Übersetzungsfunktion des Designs.

INFORMATIONSVISUALISIERUNG ALS KOMPLEXITÄTSKOMPETENTE NACHHALTIGKEITSKOMMUNIKATION

Es gibt seit längerem Forderungen, die Spaltung zwischen den Natur- und den Geisteswissenschaften transdisziplinär zu überwinden, da gesellschaftliche, soziologische und kommunikative Aspekte in Modellierungen, Szenarien und deren Kommunikation immer noch eine viel zu geringe Rolle spielen.[24] So scheiterten rückblickend nicht wenige Modellierungen für den Verlauf der Covid-19-Pandemie daran, dass die gesellschaftliche Rückkopplung zu wenig beachtet wurde, was wiederum zu Präventionsparadoxa (vgl. dazu **KAPITEL 5**) und in der Folge zu größerer Wissenschaftsskepsis führte. Doch während der Bedarf an einer Einbindung von Disziplinen wie der Soziologie oder der Psychologie zunehmend erkannt und akzeptiert wird, ist die Rolle des Designs für eine verständliche Wissensvermittlung immer noch eine weitgehend unterschätzte.[25] Das gilt für Wissenschaftskommunikation im Allgemeinen und für Nachhaltigkeitskommunikation im Speziellen (was wir in **KAPITEL 10** vertiefen werden).

Ebenso wie das visuelle Gesicht der Pandemie ist nämlich auch die Ikonografie der Nachhaltigkeit geprägt von Informations- und Datenvisualisierung[26] – angefangen bei den mit vielen Grafiken versehenen *Grenzen des Wachstums* aus dem Jahr 1972 über unternehmerische Nachhaltigkeitsberichterstattung bis hin zur Visualisierung komplexer Szenarien und Modellierungen in Studien und anderen wissenschaftlichen Publikationen. Doch die ästhetischen Dimensionen erweisen sich auch hier immer noch viel zu häufig als blinder Fleck der Nachhaltigkeitsvermittlung. Dabei wusste doch bereits William Playfair (1759–1823), einer der Pioniere moderner Infografik, wodurch sich erfolgreiche Informationsvisualisierung auszeichnet. Sein Werk *The Commercial and Political Atlas* aus dem Jahr 1786 enthielt insgesamt 43 Liniendiagramme und ein Balkendiagramm, die immer noch erstaunlich zeitgemäß wirken. Auf diplomatisch verschlungenen Wegen war das Werk dem französischen König Ludwig XVI. vermacht worden, der als großer Freund von Atlanten und Karten aller Art galt (und kurze Zeit später zum unfreiwilligen *Early Adopter* des in **KAPITEL 5** beschriebenen Guillotinen-Designprozesses werden sollte). Obgleich *The Commercial and Political Atlas* keine herkömmlichen kartografischen Abbildungen, sondern eben abstrakte, völlig neuartige Visualisierungsformen enthielt, war der König verzückt.[27] Playfair berichtet: »[The king] at once understood the charts and was highly pleased. He said they spoke all languages and were very clear and easily understood.«[28] Auf gut Deutsch: Die Zielgruppe (der König) verstand die Grafiken unmittelbar und der semiotische Transfer war so gelungen, dass er unabhängig von sprachlichen, kulturellen oder sozialen Barrieren gelang. Das sind nach wie vor zentrale Kriterien im Informationsdesign.

Nun sind Informations- und Datenvisualisierungen heute weitaus komplexer als zur Zeit Playfairs und die Datengrundlage ist ebenso wie die allgemeine Rezeptionsfähigkeit eine völlig andere. Gerade im Fall der Nachhaltigkeitskommunikation besteht die Herausforderung in der Regel nicht in fehlenden Daten, sondern im Gegenteil in ihrer schieren Menge. Exemplarisch sei an dieser Stelle das SDG-Portal genannt (*www.sdg-portal.de*). Diese von der Bertelsmann-Stiftung initiierte Plattform sammelt und vergleicht Nachhaltigkeits-Indikatoren für die Unter- und Teilziele der *Sustainable Development Goals* für sämtliche Kommunen in Deutschland.[29] Sie liefert wertvolle Informationen, wo die deutschen Städte und Gemeinden hinsichtlich ihrer nachhaltigen Entwicklung konkret stehen und holt die *SDGs* damit aus der vermeintlichen Distanz eines globalen Anspruchs heraus in den lokalen Wirkungsbereich mit messbaren Handlungsbedarfen und Erfolgen. Das Portal kann jedoch nur funktionieren, wenn der Zugang handlich und praxisnah ist. Daher entwickelten zwei Studierende im Studiengang *Nachhaltiges Design* ein Konzept, das zum einen die Datenvisualisierungen anschaulich und verständlich macht, ohne sie ihrer Komplexität zu berauben, und zum anderen durch *Best Practices* und nutzungsfreundliche Navigation den identifizierten Zielgruppen den Zugang zum Portal und seinen enormen Möglichkeiten erschließt (Abb. 9.3).

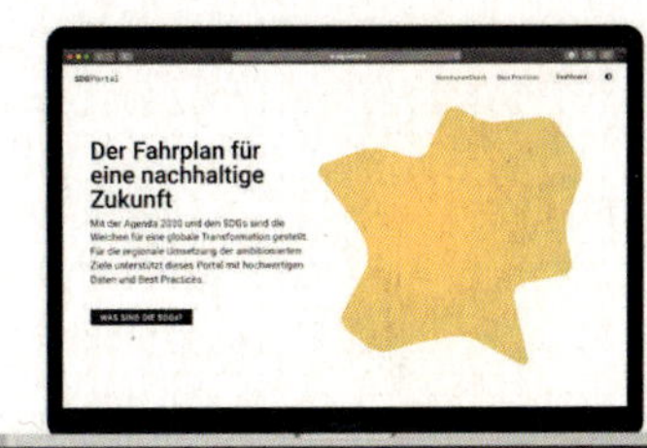

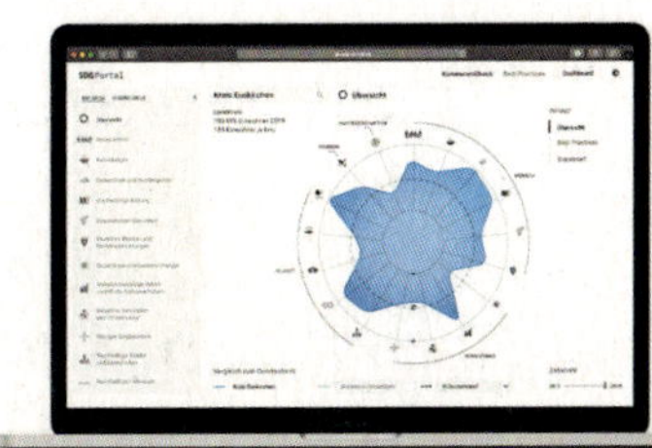

Abb. 9.3: **Das SDG-Portal der Bertelsmann-Stiftung verfügt über eine enorme Datenbasis, indem es Daten zur nachhaltigen Entwicklung sämtlicher deutscher Kommunen enthält und aufbereitet.** Im Rahmen ihrer Abschlussarbeit beschäftigten sich zwei Studierende mit Vorschlägen, wie das Portal zugänglicher und verständlicher gestaltet werden könnte. Die Arbeit entstand in Zusammenarbeit mit der Bertelsmann-Stiftung und dem Wuppertal Institut und wurde unter anderem mit dem Kölner Design Preis ausgezeichnet.

Entwurf: Vincent Grabowski und Rasmus Langen
Dozenten: Elmar Sander und Bernd Draser

Weitere Informationen zum Portal unter:
www.sdg-portal.de

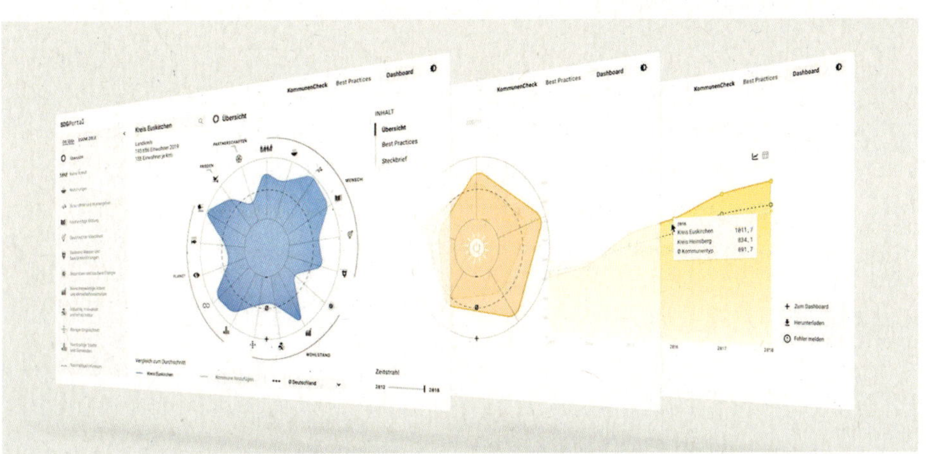

Bilder: © Vincent Grabowski und Rasmus Langen

Auf internationaler Ebene gibt es weitere spannende Projekte, die aus umfassenden Datensätzen Handlungssouveränität erwachsen lassen. Hier sticht besonders die von Hans Rosling (bekannt durch sein Werk *Factfulness*) und der *Gapminder Foundation* gegründete Plattform *www.gapminder.org* hervor. Die Website ist die Verwirklichung der Forderung Roslings, Statistiken und Fakten über den Zustand der Welt und die zugrunde liegenden dynamischen Prozesse sichtbar und zugänglich zu machen mit dem Ziel, Datenkompetenz zu ebenso selbstverständlichen Kompetenzen wie Lesen und Schreiben zu machen.[30] Doch während Lesen und Schreiben, einmal gelernt, autonome Fertigkeiten des Menschen darstellen, steht Datenkompetenz immer wieder im Kontext gelingender Informationsvisualisierung durch Design. Das erfordert von Designerinnen und Designern, die Komplexität gestalten und medial übersetzen, auch auf diesem Gebiet ein Bewusstsein für ihre meinungs- und kompetenzbildende Tätigkeit und die daraus erwachsende Verantwortung (vgl. KAPITEL 5).

Was wir nun beispielhaft an einem Bereich des Kommunikationsdesigns argumentiert haben, lässt sich prinzipiell auf andere Designbereiche übertragen. Das führt uns nun zum Ende des Kapitels noch einmal zum Smartphone-Bildschirm und zur bereits erwähnten »Kulturtechnik der Verflachung«. Und damit schließlich auch ein letztes Mal zu unserer Himmelsscheibe von Nebra.

HANDLUNGSFÄHIGKEIT IM »OZEAN DER INKOMPETENZ«

Um ein Smartphone bedienen zu können, ist es glücklicherweise nicht erforderlich, die hinter der Bildschirmoberfläche verborgene, höchst komplexe Technik zu verstehen (vgl. KAPITEL 7). Die Übersetzung technischer Prozesse in nutzungsfreundliches, verständliches Screendesign macht es möglich, dass nicht nur Produktingenieure oder Informatikerinnen das Gerät zu bedienen imstande sind. »Design«, so formuliert es Peter Sloterdijk in der ihm eigenen Sprachjonglage, »schafft bei komplexem Gerät jene Fassade aus Zeichen und Berührungspunkten, an welcher der Benutzer ohne spürbare Demütigung durch seine evidente Inkompetenz fürs Innere sein Spiel anschließen lassen kann«.[31] Die Aufgabe des Designs im Kontext überfordernder Komplexität bestehe demnach darin, Souveränität zu simulieren, indem es »dem Subjekt Verfahren und Gesten an die Hand gibt, im Ozean seiner Inkompetenz als Könner zu navigieren«.[32] Was Sloterdijk meint: Der Mensch ist ein höchst spezialisiertes Wesen geworden. Er wird immer besser auf einem bestimmten Gebiet, was jedoch auf Kosten stetig sinkender Kompetenzautarkie in der Breite geschieht. Der Spagat, den das Design dabei als Vermittlungsdisziplin zu bewältigen hat, wird mit jeder technologischen Entwicklung größer, denn »der moderne Könner kann immer weniger immer besser«.[33] Das Individuum muss sich deswegen nicht nur darauf verlassen, dass andere mit ihren jeweiligen Fertigkeiten, Dienstleistungen und Angeboten ausgleichen können, was ihm selbst an spezifischer Fähigkeit fehlt, sondern er muss auch auf das Design vertrauen, welches diese Lücke zwischen der kleinen Insel der eigenen Expertise und all jenem schließt, was außerhalb davon liegt. »Universelles Wissen«, schreibt Bazon Brock, »ist logisch unmöglich, aber universelles Handeln wird dadurch realisierbar, dass der Mensch sich durch Design vertrauensvoll auf die Hantierung mit den Dingen ohne Verstehen einlassen kann«.[34]

Das Bild des Designs als eine Art Rettungsboot in dem erwähnten »Ozean der Inkompetenz« lässt uns zu unserem Ausgangspunkt zurückkehren, der *Himmelsscheibe von Nebra*. Die Transferleistung der Übersetzung astronomischer Erkenntnisse in lebenspraktisches Wissen wird dort erstaunlich nüchtern und pragmatisch vollzogen, wie Wolfgang Schlosser analysiert: »Da zieht kein Pferd die Sonne, keine mythische Gestalt verkörpert den Mond. Ebenso sind die Plejaden einfach nur eine Gruppe von sieben Goldplättchen – von den ›atlasgeborenen Töchtern‹ Hesiods keine Spur.«[35] Auf ein spezielles Element der Scheibe trifft das jedoch nicht zu: Der ominöse Bogen im unteren Teil der Scheibe bildet im Unterschied zu den anderen Darstellungen keine astronomische Beobachtung ab, sondern ein stilisiertes Schiff. Bei dieser sogenannten Sonnenbarke handelt es sich um ein religiöses Symbol, das in Nord- und Mitteleuropa zum typischen Bildrepertoire der Bronzezeit gehört.[36] Sowohl die unterschiedliche Beschaffenheit der Goldlegierung als auch die Art der Bearbeitung[37] sind Indizien dafür, dass die Barke erst zu einer späteren Zeit angebracht wurde.[38] Für die genaue symbolische Bedeutung des Schiffes gibt es verschiedene Theorien, doch in der Lebenswelt Nordeuropas zur Bronzezeit spielt es für Transport, Prosperität und Informationsaustausch eine zentrale Rolle. Es versinnbildlicht damit nicht nur »Reichtum und Macht, die Kontrolle über Rohstoffvorkommen, Kommunikationswege und Nachrichten«[39], sondern auch die »Kenntnis der Welt«[40]. Wer das Schiff besaß, verfügte über Handlungskompetenz in der realen Lebenswelt. Und wer das mythologische Symbol des Schiffes als Insignie mit sich führte, demonstrierte diesen Gestaltungsanspruch.

Friedrich Nietzsche beschreibt dagegen in seinem Aphorismus *Im Horizont des Unendlichen*[41] ein ganz anderes Schiff, genauer gesagt ein Schiffchen, das orientierungslos dahintreibt im unendlich scheinenden Ozean. Was Nietzsche allegorisch auf die säkularisierte, gottesferne Welt bezieht, deren Möglichkeiten ebenso unendlich sind wie die damit einhergehende Uferlosigkeit, lässt sich auch auf unsere komplexitätsgetränkte Welt übertragen, in der Multioptionalität und ohnmächtige Überforderung einander im Wege stehen. Nachhaltiges

Design kann den Unterschied machen zwischen der gefühlten Ohnmacht, für die das Schiffchen in Nietzsches Aphorismus steht, und der Handlungsbefähigung, die das stilisierte Schiff auf der *Himmelsscheibe von Nebra* repräsentiert. Damit das gelingen kann, muss Design komplexitätskompetente Vermittlung leisten, wie wir in diesem Kapitel gesehen haben - aber auch den Transfer in die ganz konkreten, spezifischen Lebenswelten der Menschen schaffen, wie das folgende Kapitel zeigen wird.

---

1 vgl. Meller: Die Himmelsscheibe von Nebra, S. 22.
2 Der heutige Grünton der Scheibe ist durch Korrosion der Kupferlegierung entstanden. Ursprünglich leuchteten die goldenen Sterne vermutlich auf einem dunkelbraunen, beinahe schwarzen Untergrund (vgl. Meller: Die Himmelsscheibe von Nebra, S.26).
3 vgl. Krämer: Figuration, Anschauung, Erkenntnis, S. 15 ff.
4 vgl. Meller: Die Himmelsscheibe von Nebra, S. 26.
5 Krämer: Figuration, Anschauung, Erkenntnis, S. 29.
6 Im englischen Original: »I think the next century will be the century of complexity«. Interview in den San Jose Mercury News vom 23. Januar 2000; siehe dazu auch Brockmann, S. 20.
7 Mainzer: Nachhaltige Gestaltung von Komplexität – Zwischen natürlicher und künstlicher Intelligenz, S. 36.
8 Brockmann: Im Wald vor lauter Bäumen, S. 24.
9 Luhmann: Komplexität, S. 940; siehe dazu auch Recklies, S. 118 f.
10 Luhmann: Die Gesellschaft der Gesellschaft, S. 137.
11 vgl. www.zukunftsinstitut.de/dossier/megatrend-urbanisierung
12 vgl. www.zukunftsinstitut.de/dossier/megatrend-gesundheit
13 vgl. Brockmann: Im Wald vor lauter Bäumen, S. 24.
14 Krämer: Figuration, Anschauung, Erkenntnis, S. 15.
15 vgl. ebd.
16 vgl. Sander: Von Florence Nightingale zu »Flatten the Curve« – Epistemische Infografiken in epidemischen Zeiten.
17 vgl. ebd.
18 Renn: Kommunikation über komplexe Zusammenhänge am Beispiel der systemischen Risiken, S. 15.
19 ebd., S. 16.
20 Brockmann: Im Wald vor lauter Bäumen, S. 136.
21 vgl. ebd.; den Begriff der Hysterese kennt der ein oder die andere auch aus der Elektrotechnik, wo die Distanz zwischen Ein- und Ausschaltpunkt gemeint ist.
22 vgl. Renn: Kommunikation über komplexe Zusammenhänge am Beispiel der systemischen Risiken, S. 21.
23 vgl. ebd., S. 26 ff.
24 vgl. Brockmann: Im Wald vor lauter Bäumen, S. 46.
25 Erinnert sei an dieser Stelle exemplarisch an die Präsentation der Wissenschaftlerinnen und Wissenschaftler des CERN zur bahnbrechenden Entdeckung des Higgs-Teilchens (»God Particle«) mit völlig designfernen PowerPoint-Folien in der unsäglichen und albernen ComicSans-Schriftart.
26 Die Termini »Datenvisualisierung« und »Informationsvisualisierung« werden fälschlicherweise oft synonym verwendet. Dabei meinen Daten (von lat. dare: gegeben) etwas anderes als Information (von lat. informare: formen, darstellen, gestalten): Im Gegensatz zu Daten setzen Informationen einen Bezugspunkt und eine Kontextualisierung voraus.
27 vgl. Sander: Von Florence Nightingale zu »Flatten the Curve« – Epistemische Infografiken in epidemischen Zeiten.
28 zitiert nach Spence, Ian und Wainer, Howard: »Introduction to Playfair's Commercial and Political Atlas and Statistical Breviary (2006)«.
29 vgl. www.sdg-portal.de/de/ueber-das-projekt
30 vgl. www.gapminder.org/about/about-gapminder
31 Sloterdijk: Das Zeug zur Macht, S. 16.
32 ebd., S. 12.
33 ebd., S. 11.
34 Brock: Sterbende Götter und freiheitsstiftende Ampeln, S. 152.
35 Schlosser: Die Himmelsscheibe von Nebra – Astronomische Untersuchungen, S. 44.
36 vgl. Meller: Die Himmelsscheibe von Nebra, S. 29.
37 Indizien für die Sonderfunktion der Barke sind unter anderem die außergewöhnliche Fiederung entlang der Kanten sowie die spezielle Binnengliederung innerhalb des Bogens (auch zu sehen in der großformatigen Abbildung zu Beginn des Kapitels).
38 vgl. Meller: Die Himmelsscheibe von Nebra, S. 27.
39 Kaul: Die Sonnenschiffe des Nordens, S. 60.
40 ebd.
41 vgl. Nietzsche: Fröhliche Wissenschaft, S. 480.

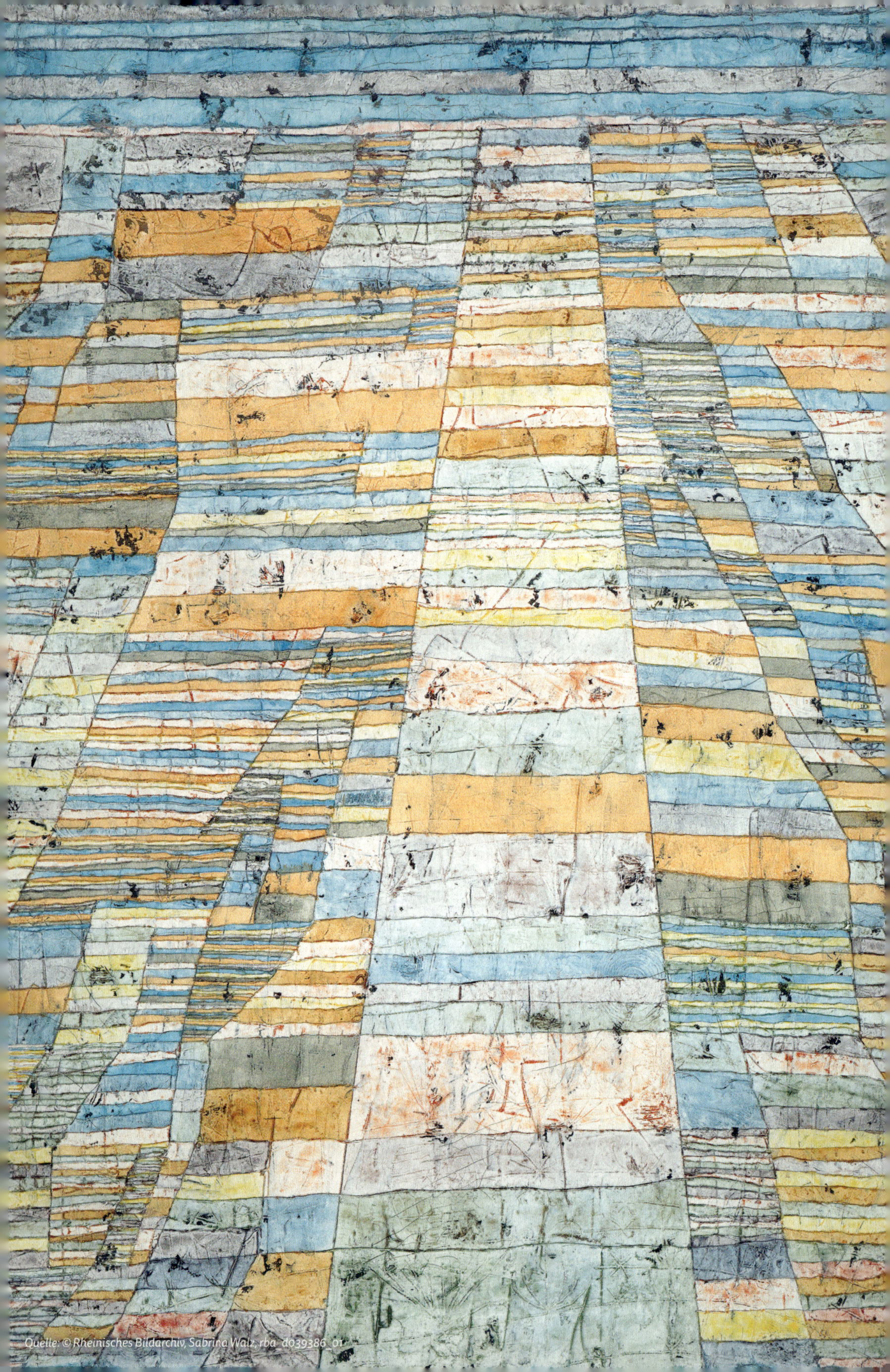

KAPITEL 10

NACHHALTIGES DESIGN ALS BRÜCKE IN KONKRETE LEBENSWELTEN

Nicht alle Wege führen nach Rom, geschweige denn ans Ziel. Das gilt auch für *Hauptweg und Nebenwege*, ein Schlüsselwerk von Paul Klee (1879–1940) aus dem Jahr 1929. Auf dem Bild formen farbige, viereckige Flächen ein Geflecht größerer und kleinerer Wege, die vom Betrachter aus in Richtung eines fiktiven Horizontes verlaufen. Neben dem titelgebenden, zentralperspektivisch angelegten Hauptweg in der Mitte des Bildes eröffnet sich links und rechts davon ein weites Spielfeld gangbarer Möglichkeiten. Einige der Wege scheinen die Spur zu wechseln, andere im Nirgendwo zu enden, und wieder andere segmentieren sich in immer kleinteiligere Pfade.

Was auf den ersten Blick als experimentelle Komposition aus Farben und Formen erscheinen mag, folgt einer durchdachten und sorgsam angelegten Konstruktion. Dafür sprechen unter anderem

Hauptweg und Nebenwege (Ausschnitt)
Paul Klee (1929)
Höhe: 83,5 cm; Breite: 67,5 cm
Museum Ludwig, Köln

die zum Einsatz kommende Maltechnik, die eine äußerst zügige und durchgeplante Verfahrensweise voraussetzt, sowie die sorgfältige Bildkonstruktion, die Klee vermutlich kurz vorher bereits in zwei Federzeichnungen ausgetüftelt hat.[1] Besonders bemerkenswert ist das aus der Musiktheorie abgeleitete Harmonieprinzip der *Cardinalprogression*, das Klee hier konsequent anwendet. Dabei werden Bildfelder nach dem Muster 1:2, 2:4 und schließlich 4:8 systematisch in immer kleinere Teilmengen des großen Ganzen aufgespalten.[2]

Doch so abstrakt und konzeptuell das Werk daherkommt, so lebensweltlich und sinnlich sind zugleich die Eindrücke, die in ihm verarbeitet werden. Entstanden ist *Hauptweg und Nebenwege* im Anschluss an eine ausgedehnte Ägyptenreise, deren visuelle und atmosphärische Erlebnisse Klee in diesem und weiteren Bildern in den Monaten nach der Reise künstlerisch reminisziert. Das beginnt schon mit der Farbgebung, bei der »das Blau an das Wasser des Nils erinnert, die Erdfarben an seinen Schlamm, das Gelborange an die ägyptische Sonne, die Farbschichtungen an Ornamentbänder in den Grabkammern Assuans«.[3] Doch auch motivisch sind wir ganz im Ambiente Ägyptens, wecken doch die Wege Assoziationen an das weitverzweigte System aus Bewässerungskanälen entlang des Nils, das Klee bereits während seiner Reise fasziniert in einem Brief beschreibt.[4]

Die systematische landwirtschaftliche Bewässerung des Nilschwemmlandes wiederum blickt auf eine rund 5.000 Jahre alte Tradition zurück, die den frühen Hochkulturen entlang des großen Stromes einst zum Durchbruch verhalf und Dynastien, Usurpatoren und Herrschaftsformen gleichermaßen erfolgreich überdauert hat. Unter der Herrschaft von Muhammad Ali Pascha (1770–1849) wurde das Kanalsystem in der ersten Hälfte des 19. Jahrhunderts schließlich in großem Stile weiterentwickelt, was unter anderem eine ganzjährige Bewirtschaftung der kultivierbaren Fläche ermöglichte (freilich mit allen ökologischen Nachteilen, die mit der Umwandlung von Naturin Nutzfläche einhergehen). Die Erkenntnis, dass eine zielgerichtete, kanalisierte Vorgehensweise zu weitaus fruchtbareren Ergebnissen führt als wahlloses Überschwemmen, führt uns zum Nachhaltigen Design als Brücke in konkrete Lebenswelten. Denn bereits der Plural im Kapiteltitel deutet es an: Wenn wir Design als Vermittlungsdisziplin in die Lebenswirklichkeit der Menschen auffassen, muss zunächst klar sein, dass es die *eine* Lebenswelt nicht gibt und damit auch nicht den *einen* richtigen Weg der Nachhaltigkeitsimplementierung durch gestaltete Medien, Produkte, Dienstleistungen oder Systeme.

Wie wir in KAPITEL 8 festgestellt haben, ist *jedes* Design transformativ, entweder explizit oder implizit. Mit Verweis auf die Kommunikationsaxiome von Paul Watzlawick hatten wir dort konstatiert: Man kann nicht nicht gestalten. Jedes Design erzeugt Handlungen und manifestiert sich in Haltungen. Doch ebenso wie die Kommunikation als Gesamtphänomen ist auch das Gelingen eines Designprozesses oder -artefaktes maßgeblich abhängig von seinen Rezipientinnen und Rezipienten. Die Gestaltungsintention kann noch so edel, noch so elaboriert, noch so elegant sein: Wenn die spezifisch Adressierten sie nicht oder falsch verstehen, ist nichts gewonnen. Nachhaltiges Design darf sich daher nicht nur allgemein als *human-centered* verstehen, sondern muss immer wieder aufs Neue zielgruppengerechte Haupt- und Nebenwege finden. Was Paul Klee durch seine *Cardinalprogression* vollzogen hat, möchten wir daher nun auf Nachhaltiges Design anwenden: die systematische Aufteilung des Blickes auf die Gesamtgesellschaft in einzelne Milieus und deren Spezifika in der Nachhaltigkeitsrezeption. Denn um Individuen zu erreichen, bedarf es zunächst eines Verständnisses für die dividuelle[5] Struktur der Gesellschaft.

DIE VIELFALT DER LEBENSWELTEN ALS TEILMENGEN EINES GESAMTBILDES

1990 schrieb Niklas Luhmann: »Es mögen Fische sterben oder Menschen, das Baden in Seen oder Flüssen mag Krankheiten erzeugen, es mag kein Öl mehr aus den Pumpen kommen und die Durchschnittstemperaturen mögen sinken oder steigen: solange darüber nicht kommuniziert wird, hat dies keine gesellschaftlichen Auswirkungen«.[6] Über 30 Jahre später können wir ergänzen: Wenn die ökologischen und ökonomischen Auswirkungen nur groß genug sind, kommen die gesellschaftlichen Konsequenzen von ganz alleine. Aber im Kern hat Luhmann natürlich recht: Ohne explizite und implizite Kommunikation, die ein Bewusstsein für die drängenden Nachhaltigkeitsfragen unserer Zeit schafft, kann es keine gesellschaftliche Wende für nachhaltige Entwicklung geben. Doch wer gesellschaftlichen Wandel gestalten möchte, muss zunächst einmal seine Saalgenossen (so die etymologische Herleitung der »Gesellschaft«) gut kennenlernen, denn es handelt sich dabei nun einmal nicht um eine anonyme Ansammlung Gleichgesinnter, sondern um eine äußerst heterogene Gruppe mit verschiedenen Grundeinstellungen, beheimatet in völlig unterschiedlichen Lebenswelten.

Für eine erste Orientierung sorgen unter anderem Milieumodelle, die Menschen mit ähnlichen Wertvorstellungen, Lebensstilen, sozioökonomischen Verhältnissen sowie biografischen Prägungen zusammenfassen.[7] Dabei ist jedoch Vorsicht geboten: Die einzelnen Milieus dürfen weder als separierende Schubladen einer großen Gesellschaftskommode missverstanden werden, noch zu küchenpsychologischer Stereotypisierung führen. Außerdem bewirkt der in vorherigen Kapiteln beschriebene Megatrend der Individualisierung, dass die Grenzen zwischen den einzelnen Milieus fließend sind. Wir haben es mit mäandernden Lebensstilen zu tun, nicht mit statischen Sammelbecken. Und doch bieten die Modelle wertvolle Anhaltspunkte, indem sie »anschaulich die verschiedenen Lebenswelten und Alltagskulturen einer Gesellschaft« beschreiben, wie es Michael Schipperges vom sociodimensions Institute formuliert.[8] Dessen Milieumodell (Abb. 10.1) hat sich unter anderem in Studien des Umweltbundesamtes und damit in direkten Nachhaltigkeitskontexten bestens bewährt. Schnell zeigt der Blick auf die Charakteristika der einzelnen Milieus wesentliche Unterschiede auf – auch im Hinblick

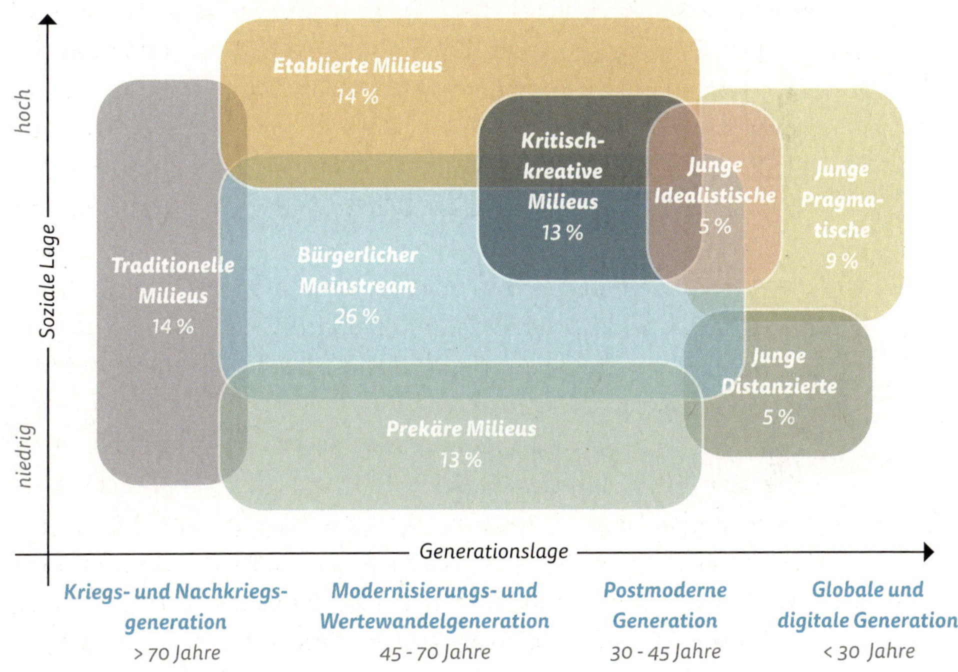

Abb. 10.1: **Soziale Milieus in Deutschland nach sociodimensions.** Voraussetzung für zielgruppengerechte Nachhaltigkeitskommunikation ist das Verständnis für die unterschiedlichen Lebenswelten. Die Bedürfnisse, Befürchtungen und Wünsche sind ebenso wie die Kommunikationsstile, Rezeptionsfähigkeiten und ästhetischen Präferenzen milieuspezifisch zu betrachten und im Designprozess zu berücksichtigen. (Grafik mit freundlicher Genehmigung adaptiert aus: Schipperges 2019, S. 3; Daten-Quelle: BMU & UBA 2019. Basis: Repräsentativerhebung bei 4.038 Befragten, 1. und 2. Befragungswelle aggregiert, Grundgesamtheit: Deutschsprachige Wohnbevölkerung in Privathaushalten ab 14 Jahren. Ausgewiesen werden die Anteile der sozialen Milieus in Prozent der aggregierten Stichprobe.)

auf das Verständnis für und Verhältnis zu Nachhaltigkeit (Abb. 10.2). So sind **Traditionelle Milieus** (Motto: »Hoffentlich bleibt alles so, wie es ist.«[9]) weniger für Nachhaltigkeitsaktivismus oder hippe *Wokeness* zu begeistern, sondern eher für Aspekte wie Langlebigkeit, Einsparpotenziale oder auch regionale Produktion. Nachhaltigkeit muss in diesen Milieus oft gar nicht explizit als Mehrwert oder Notwendigkeit herausgestellt werden, denn der sparsame, verzichtbereite Konsumstil sorgt ohnehin schon regelmäßig für den geringsten ökologischen Fußabdruck aller Milieus. Während Suffizienz-Ansätze auf Zustimmung stoßen, bestehen Befürchtungen und Abwehrreflexe hinsichtlich der Digitalisierung,[10] die das Nachhaltige Design berücksichtigen muss.

In **Etablierten Milieus** (»Auf das Erreichte stolz sein und es genießen.«) wird die Digitalisierung dagegen überwiegend positiv gesehen, während die eigene Rolle im Hinblick auf den individuellen Ressourcenverbrauch regelmäßig unterschätzt wird.[11] Die Selbstwahrnehmung als Leistungsträger der Gesellschaft beinhaltet in der Regel ein Verantwortungsbewusstsein und in jüngerer Generationslage kommt Nachhaltigkeit zunehmend eine Rolle als Distinktionsinstrument und Chiffre für Qualität und Wertigkeit zu, auf das die Nachhaltigkeitskommunikation eingehen kann. Bei den **Jungen Pragmatischen** (»Flexibel sein und Chancen wahrnehmen.«) hat Nachhaltigkeit vor allem dann gute Karten, wenn sie nützlich erscheint und in den ressourcenintensiven Lebensstil integriert werden kann. Maßnahmen zur Ressourcenschonung werden, ebenso wie in den etablierten Milieus, oftmals ökonomischen Prioritäten untergeordnet.[12] Rational argumentierter Pragmatismus statt Idealismus lautet hier die Devise. Der **Bürgerliche Mainstream** (»Dazugehören und integriert sein.«) wiederum ist ein eher statisches Milieu, das gesellschaftliche Entwicklung nur langsam adaptiert, doch auch hier verankert sich Nachhaltigkeit zunehmend in der Alltagskultur und als Selbstverständlichkeit.

Weitaus schwieriger ist Nachhaltiges Design für die Zielgruppen der **Prekären** (»Über die Runden kommen und nicht negativ auffallen.«) sowie der ***Jungen Distanzierten*** (»So gut es geht mein eigenes Ding machen.«) zu vermitteln: Obgleich auch ihnen bewusst ist, dass die derzeitigen Produktions- und Konsummuster problematisch sind[13], umwehen bereits den Begriff »Nachhaltigkeit« vor allem Reaktanz und Skepsis; eine fundierte Auseinandersetzung mit den Zusammenhängen findet kaum statt, da die Sorge und das Bemühen um Existenzsicherung und Erhalt des Lebensstandards drängender erscheinen.[14] Durch die vergleichsweise geringen Einkommen sind die negativen Nachhaltigkeits-Impacts dennoch relativ gering. Nachhaltiges Design kann in diesem Fall vor allem auf ungezwungene und

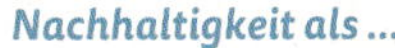

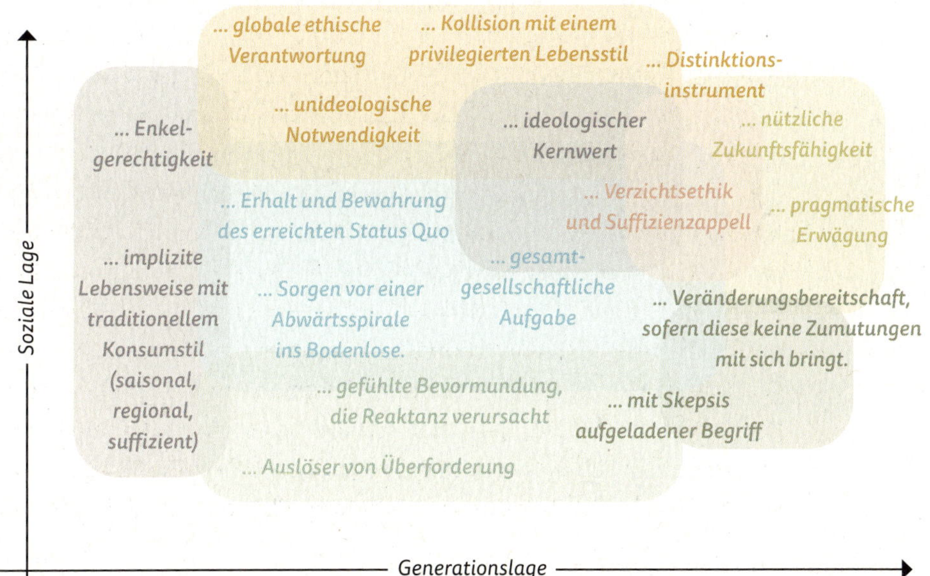

Abb. 10.2: **Verständnis für und Verhältnis zur Nachhaltigkeit.** Basierend auf dem Milieumodell von sociodimensions lassen sich Zuschreibungen für spezifische Ansatzpunkte im Sinne gelingender Nachhaltigkeitskommunikation ableiten.

zugleich alltagskompatible Elemente setzen, auch Trends wie *Gamification* oder kurzweiliges *Storytelling* können zum Zuge kommen. Die Kommunikation ist vielversprechend, sofern Nachhaltigkeit auch mit Fragen der sozialen Absicherung sowie Perspektiven für eine Entlastung von Konkurrenzdruck und prekären Arbeitsverhältnissen verknüpft wird.[15] Ganz anders die Milieus der **Kritisch-Kreativen** (»Die Dinge kritisch hinterfragen; verantwortlich und sinnvoll leben.«) und der urban geprägten **Jungen Idealistischen** (»Nachhaltig leben und die Welt zu einem besseren Ort machen.«), wo Nachhaltigkeit zum Identitätskern gehört und häufig suffiziente Lebensstile mit einem hohen Maß an kritischem Reflexionsvermögen einhergehen.[16] Beide Milieus stehen der sozial-ökologischen Transformation der Gesellschaft uneingeschränkt positiv gegenüber[17] und haben im Gegensatz zum Gros der Gesellschaft auch keine Berührungsängste mit moralisierenden Rhetoriken; dystopische Warnungen lassen sie weder in Schockstarre noch in Abwehrhaltung verfallen. Im Gegenteil scheint ihnen das »Laster der Propheten« (vgl. KAPITEL 5) gelegentlich nicht gänzlich fremd zu sein. Positiv ist das sehr feine Sensorium für korrumpierende *Greenwashing*-Versuche.

Mit diesem überaus groben und vereinfachenden Rundumblick in petto wollen wir nun beispielhaft sehen, inwiefern die Erkenntnisse um die verschiedenen Lebenswelten in der Nachhaltigkeitsforschung eine Rolle spielen – und wie Nachhaltiges Design durch versinnlichenden Transfer für Vermittlung in beide Richtungen sorgen kann.

EIN KANAL IST KEINE EINBAHNSTRASSE

Die Berücksichtigung der verschiedenen Lebenswelten innerhalb der Gesamtgesellschaft ist nicht nur im Hinblick auf zielgruppengerechtes Design für nachhaltige Kommunikationsstrategien und

-medien, Produkte und Dienstleistungen relevant, sondern auch elementar für die Einschätzung und Bewertung zukunftsfähiger Leitbilder und systemischer Transformationsszenarien. Denn was nützen die ausgeklügeltsten und wohlmeinendsten Ansätze für eine nachhaltigere Gesellschaft, wenn deren Teilmengen und letztlich die einzelnen Individuen nicht gehört, verstanden und ernstgenommen werden? Nachhaltige Transformation, die sich nur in Modellen der Forschung abspielt und von weiten Teilen der Gesellschaft als alltagsfern und aufoktroyiert wahrgenommen wird, bleibt eine akademische Utopie mit elitärem Anstrich. Schon im Hauptgutachten des Wissenschaftlichen Beirats der Bundesregierung Globale Umweltveränderungen (WBGU) aus dem Jahr 2011 heißt es: »Wissen ist nichts ohne Wissende, und Wissen verbreitet sich nur durch Handelnde: Ein Transformationsprozess ist zum Scheitern verurteilt, wenn ›Experten‹ auf die Selbstevidenz der Vernünftigkeit ihrer am grünen Tisch erarbeiteten Vorschläge setzen und ›Laien‹ durch Informationskampagnen und Anreizsysteme veranlassen (wollen), entsprechende Maßnahmen im Nachhinein zu akzeptieren.«[18] In Analogie zu Paul Klees *Cardinalprogression* kann gesellschaftliche Transformation als Gesamtvorhaben nur gelingen, wenn die Polyphonie aller Teilmengen in die Gesamtorchestrierung einfließt – und wenn die Orchestrierung von denen mitgestaltet und mitdiskutiert wird, in deren Ohren sie schließlich Musik sein soll.

Genau dies hat das Umweltbundesamt kürzlich mit der Studie *Erfolgsbedingungen für Systemsprünge und Leitbilder einer ressourcenleichten Gesellschaft*[19] erforscht. Durch Instrumente der Nachhaltigkeits- und Zukunftsforschung sowie der empirischen Sozialforschung wurden gesellschaftliche Leitbilder entwickelt und untersucht, »die aus sich selbst heraus Ressourcenschonung und soziale Gerechtigkeit mit einer dauerhaft tragfähigen ökonomischen

Grundlage verbinden«.[20] Zur Bewertung der Ressourcenintensität kam ein Bewertungstool des Wuppertal Instituts zum Einsatz, das die *Total Material Consumption (TMC)* misst, worunter »die Menge aller konsumbedingten, direkt und indirekt in ein Bezugssystem eingehenden Materialien einschließlich der versteckten Stoffströme in Massenstromeinheiten (t/a)«[21] zu verstehen ist. Das klingt abstrakt, und ebenso wenig greifbar wirken auf Nicht-Eingeweihte die skizzierten Leitbilder der *genossenschaftlichen Regionalität*, der *wirtschaftsfreundlichen Ökologisierung*, der *verordneten Mäßigung*, der *freiwilligen Genügsamkeit* sowie des *dematerialisierten Globalismus*. Doch wie wir in **KAPITEL 9** gesehen haben, kann Design gerade in der Wissenschaftskommunikation den Unterschied ausmachen zwischen komplex und kompliziert. Das gilt auch für die Kommunikation theoretisch-interdisziplinärer Forschung durch narratives Design, wie im Folgenden ein weiteres studentisches *Best-Practice*-Beispiel aus dem Studiengang *Nachhaltiges Design* vor Augen führt.

Im Rahmen ihrer Abschlussarbeit gestaltete Anne Stürmer die fünf potenziellen Leitbilder für eine ressourcenleichte Gesellschaft als animierte Diskussionsrunden fiktiver Personae aus den verschiedenen sozialen Milieus (Abb. 10.3). Auf diese Weise werden die trockenen Studieninhalte humorvoll, komplexitätsgerecht und zugleich auf den wissenschaftlichen Erkenntnissen beruhend inszeniert. Die Charaktere geben den Bedürfnissen, Wünschen und Befürchtungen der einzelnen Milieus eine anschauliche Gestalt, während die Dialoge der Figuren untereinander die möglichen Konflikt- und Kompromisslinien im Hinblick auf nachhaltige Transformationsoptionen offenlegen. Durch das Element des *Storytelling* wird nachvollziehbar, warum beispielsweise das Szenario der *genossenschaftlichen Regionalität* vor allem bei den traditionellen und konservativ-etablierten Milieus Anklang findet, während jüngere und konsumorientierte Milieus in

Abb. 10.3: **»Zukunftsmenschen«:** Verschiedene nachhaltige Zukunftsszenarien werden im Hinblick auf die unterschiedlichen gesellschaftlichen Milieus als animierte Diskussionsrunden narrativ kommuniziert und damit auch für Menschen außerhalb des wissenschaftlichen Elfenbeinturms nachvollziehbar gemacht.

Online unter:
www.zukunftsmenschen.com

Entstanden als Abschlussarbeit an der ecosign/Akademie für Gestaltung in Zusammenarbeit mit dem Wuppertal Institut für Klima, Umwelt, Energie.

Entwurf: Anne Stürmer

Betreuende Dozierende:
Nola Bunke und Bernd Draser

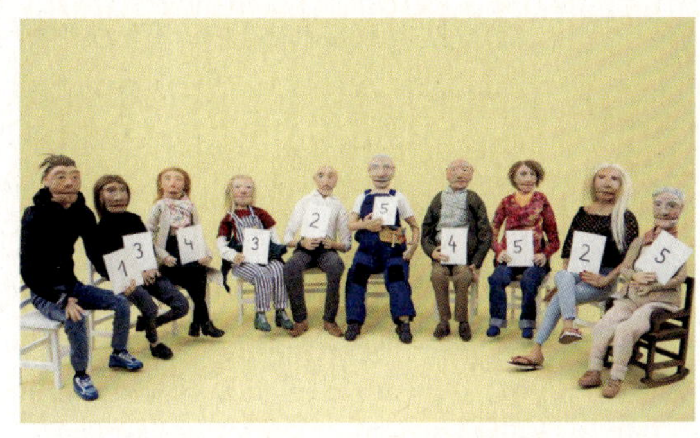

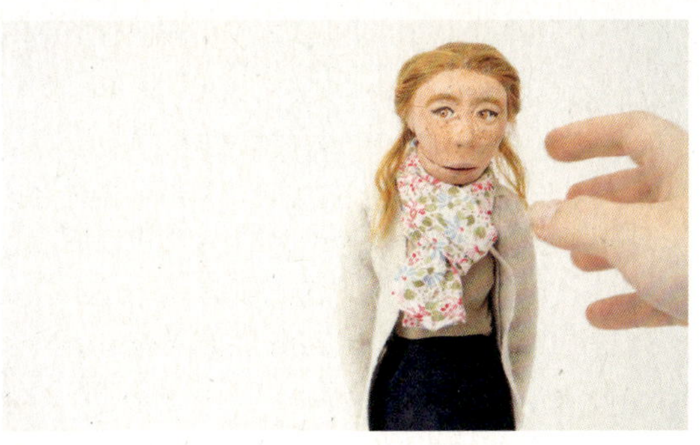

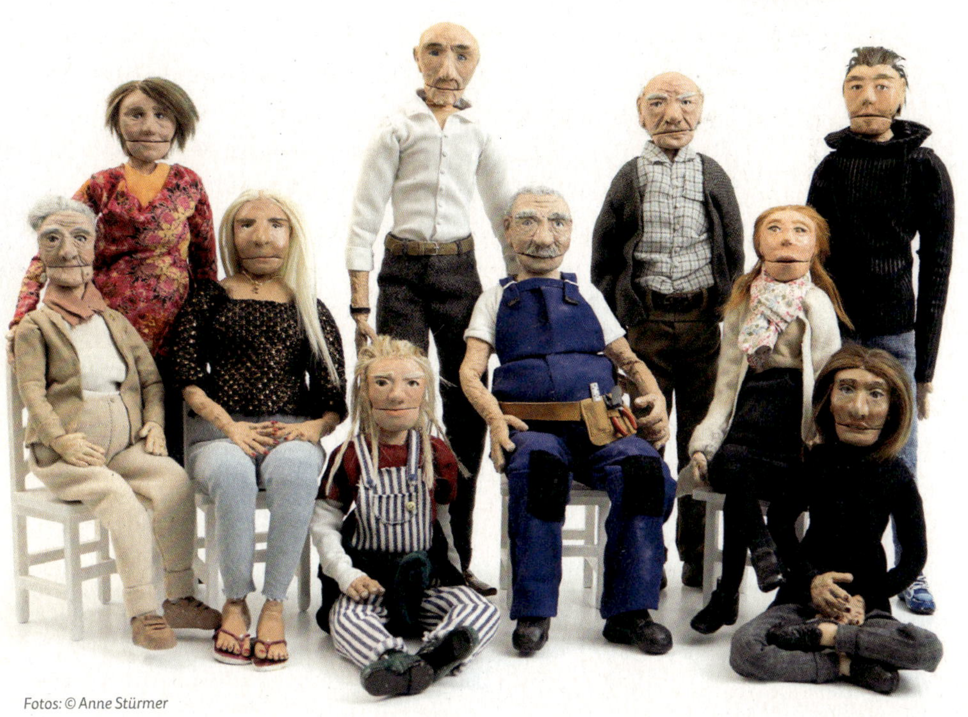

Fotos: © Anne Stürmer

dem Leitbild eher Beschränkung und geistig-kulturelle Verengung vermuten. Und es wird verständlich, warum das Leitbild der *verordneten Mäßigung* milieuübergreifend schlecht abschneidet, wohingegen die *wirtschaftsfreundliche Ökologisierung* eine überdurchschnittliche Akzeptanz bei gleichzeitig hoher Skepsis hinsichtlich der Realisierbarkeit erfährt.[22] Was das Lesen des Abschlussberichtes linear nachvollziehbar macht, erfährt durch die synoptische Simultanität der medialen Aufbereitung eine ganz neue epistemische Qualität für Rezipientinnen und Rezipienten sowohl aus dem wissenschaftlichen als auch aus dem nicht-wissenschaftlichen Kontext und sorgt dafür, dass insbesondere letztere aktiv am Diskurs beteiligt werden und Wissen und Erkenntnisse in beide Richtungen fließen können. Design hat auf dem Feld der Wissenschaftskommunikation, so zeigt es dieses Beispiel einmal mehr, eindeutig nicht nur deskriptive, sondern konstruktive Potenziale.[23]

DER WILLE ZUR TRANSFORMATION IST DA

Insgesamt kommt die Studie zu dem Schluss, dass in der Gesellschaft bereits ein grundlegendes Bewusstsein für die Notwendigkeit nachhaltiger Transformation gegeben ist. Auch die Bereitschaft zur Veränderung ist prinzipiell vorhanden, wenngleich milieuabhängig mehr oder weniger ausgeprägt. Doch während »bei allen Teilnehmenden ein Bewusstsein für die Notwendigkeit nachhaltigerer Gesellschaften besteht«, ist zugleich eine latente »Ungewissheit über gegenwärtige Möglichkeiten zu ihrer Erreichung«[24] zu beobachten. Diese prinzipielle Sensibilisierung für eine nachhaltige gesellschaftliche Transformation bei gleichzeitig weiterhin vorhandenen Umsetzungshemmnissen hat sich durch die Eindrücke der Covid-19-Pandemie noch verstärkt.[25]

Das deckt sich mit den Einschätzungen des Sinus-Instituts, das in regelmäßigen Abständen sein bekanntes Modell der *Sinus-Milieus* überarbeitet, um die aktuellen gesellschaftlichen Entwicklungen abzubilden. Die jüngst vorgenommene Anpassung aus dem Jahr 2021 trug vor allem zwei gegenwärtigen Beobachtungen Rechnung: Zum einen dem zunehmenden Auseinanderdriften der Gesellschaft, das sich in der Erosion der *Bürgerlichen Mitte* manifestiert – und zum anderen der breiten Akzeptanz der Nachhaltigkeit als einen neuen Leitwert. So sei Nachhaltigkeit »in immer mehr Milieus handlungsleitend im Alltag« und ihre Verankerung im Lebensalltag sei »nicht mehr eine Frage des ›Ja‹ oder ›Nein‹, sondern des ›Wie‹.«[26] Doch obgleich Nachhaltigkeit eine zunehmende gesellschaftliche Etablierung erfährt, führt diese Entwicklung »in Teilen der unteren Mitte und der Unterschicht angesichts neuer Verteilungskämpfe aber auch zur Sorge um Teilhabe und Befürchtung höherer Kosten. Nachhaltigkeit ist heute zwar mehrheitsfähig, wird aber milieuspezifisch sehr unterschiedlich verstanden und gelebt«.[27]

Bei der hier aufgeworfenen Frage nach dem »Wie« spielt ein Graben eine Rolle, dem wir bereits in KAPITEL 5 begegnet sind und den wir nun unter anderen Vorzeichen erneut ausleuchten möchten.

GRÄBEN, WOHIN DAS AUGE REICHT

Gefragt nach den gravierendsten Problemen unseres Landes, antworteten bei einer repräsentativen Erhebung 68 % der Umfrageteilnehmerinnen und -teilnehmer im Jahr 2019 mit »Umwelt- und Klimaschutz«. Eine im direkten Umfeld des Nachhaltigkeitsdiskurses angesiedelte Herausforderung belegt also überraschenderweise den ersten Platz in der Sorgenhierarchie.[28] Ein Jahr später wurden unter dem unmittelbaren Eindruck der Covid-19-Pandemie der Zustand des

Bildungswesens und des Gesundheitssystems sowie das Thema der sozialen Gerechtigkeit zwar als noch gewichtiger erachtet, aber »Umwelt- und Klimaschutz« rangiert weiterhin vor üblichen Triggern wie Öffentlicher Sicherheit, Terrorismus sowie Befürchtungen hinsichtlich der wirtschaftlichen Entwicklung und der Digitalisierung.[29]

Aber es ist nicht nur generelles Problembewusstsein vorhanden, sondern auch am prinzipiellen Wollen scheint es nicht zu hapern: Nach einer Studie von Capgemini aus dem Jahr 2020 bekundet eine satte Mehrheit von 79 % der im Rahmen der Studie Befragten, die eigenen Konsumgewohnheiten aufgrund von Nachhaltigkeitsabwägungen bereits verändert zu haben oder verändern zu wollen (nach derselben Studie gingen demgegenüber übrigens nur 36 % der befragten Unternehmen von dieser Einstellung ihrer Kundinnen und Kunden aus; diesen sei KAPITEL 6 ans Herz gelegt).[30]

Woran es mangelt, ist das Verständnis für ganz konkrete Wirkzusammenhänge und vor allem für die Möglichkeiten des eigenen Einflusses. Oder, wie die Capgemini-Studie resümiert: »There is a significant gap between perception and practice of sustainability«.[31] Und hiermit schließt sich nun der Kreis zum *Intention-Behaviour-Gap*, der sich in KAPITEL 5 in Form des *Luther-Gap* bereits als ein unerwartet protestantisches Phänomen entpuppte und der vom verwandten, aber nicht deckungsgleichen *Knowledge-Action-Gap* zu unterscheiden ist[32] – eine Grabenvielfalt, die uns dezent an das weitläufige System aus Bewässerungsgräben auf dem Bild von Paul Klee denken lässt.

Außerdem erinnern wir uns an dieser Stelle an die im fünftem Kapitel bereits zitierte Studie *Umweltbewusstsein* des Umweltbundesamtes, die eine auffällige Diskrepanz zwischen Kognition, Affekt und Verhalten ausmacht. So erfuhren Fragestellungen, die auf eine rationale Bewertung abzielen, die höchsten Zustimmungswerte (Beispiel: »Jede und jeder Einzelne trägt Verantwortung dafür, dass wir nachfolgenden Generationen eine lebenswerte Umwelt hinterlassen.«). Zielten die Fragen auf den Affekt, also auf die emotionale Einschätzung, sank die Affirmation ein wenig, blieb aber grundsätzlich auf hohem Niveau (Beispiel: »Es beunruhigt mich, wenn ich daran denke, in welchen Umweltverhältnissen zukünftige Generationen wahrscheinlich leben müssen.«). Eklatant wird die Abweichung aber immer dort, wo Fragestellungen ganz konkret das eigene Verhalten adressieren (Beispiel: »Beim Kauf von Haushaltsgeräten wähle ich besonders energieeffiziente Geräte.«): Auf einmal stürzt der Durchschnittswert der zustimmenden Antworten um rund ein Drittel ab.[33] Ein Graben, der eher wie ein Abgrund anmutet.

IN DER DRACHENHÖHLE

Erklärungsversuche für diese kognitive Dissonanz gibt es viele. Einige Gründe können wir der in **KAPITEL 9** beschriebenen Überforderung durch den schwierigen Transfer komplexer systemischer Zusammenhänge auf die eigene Handlungskompetenz zuschreiben. Aber die Ursachen sind beileibe nicht monokausal. Ein anschauliches Modell hat der kanadische Umweltpsychologe Robert Gifford entworfen, indem er sieben Ursachen des *Intention-Behaviour-Gaps* in Bezug auf den Klimawandel analysiert und sie metaphorisch als *Dragons of Inaction* bezeichnet.[34] Die erste Kategorie nennt Gifford »Begrenztes Denkvermögen« (*Limited Cognition*). Darunter fasst er Phänomene wie das in Bezug auf die Einschätzung nicht unmittelbarer Gefahren in der Steinzeit feststeckende menschliche Gehirn und die selektive Wahrnehmung zusammen, die unserem Verhalten oft zugrundeliegen. Auch das Verhaltensmuster, bei Ungewissheiten in Lethargie zu verfallen, ist für nachhaltigkeitsgerechtes Verhalten eher abträglich. Die Kategorie der »Ideologien« (*Ideologies*) umfasst Hindernisse wie den Glauben an die Allmacht zukünftiger technische Innovationen (*Technosalvation*) und die sogenannte Systemrechtfertigung (*System Justification*), derzufolge Veränderungen am Gesamtsystem zu großer Reaktanz führen. Eine dritte Gruppe gefährlicher Feuerspeier bilden die »Vergleiche mit anderen« (*Comparisons with other People*), worunter Gifford beispielsweise die Anpassung an das eigene soziale Umfeld und soziale Normen verortet. Als »Unumkehrbare Kosten« (*Sunk Costs*) werden in einer weiteren Kategorie Verhaltensmuster der Trägheit und der Sorge vor Komfortverlust ebenso subsumiert wie das Phänomen, sich schwerlich von Gewohnheiten zu trennen, für die in der Vergangenheit etwas investiert wurde.[35]

Der fünfte Drache nennt sich »Missbilligung« (*Discredence*) und äußert sich unter anderem, der Fabelversion eines ehemaligen US-Präsidenten nicht unähnlich, durch aktive Leugnung des Klimawandels und fehlendes Vertrauen in wissenschaftliche Expertise. Das sechste Genre bildet das »Wahrgenommene Risiko« (*Perceived Risks*). Jegliche Verhaltensveränderungen gehen mit funktionalen, physischen, sozialen, psychologischen und aufwandsbezogenen Befürchtungen und Kosten-Nutzen-Erwägungen einher, und dies umso mehr im mit Ungewissheiten aufgeladenen Nachhaltigkeitskontext. Als letzter Gegner lässt sich schließlich das »Begrenzte Handeln« (*Limited Behaviour*) identifizieren. Dazu gehören beispielsweise der sogenannte *Tokenism* (einfach zu realisierende Verhaltensveränderungen werden als Feigenblatt für weitaus schädlicheres anhaltendes Verhalten benutzt, wir erinnern uns an das Fallbeispiel des bienenschützenden Rüstungskonzerns aus KAPITEL 6) und verschiedene *Rebound-Effekte*.[36]

Diese »Drachen der Untätigkeit« taugen als eine erste, einprägsame Annäherung an die Thematik, die zugrunde liegenden Zusammenhänge und psychologischen Muster können an dieser Stelle selbstverständlich nur stark verkürzt wiedergegeben werden. Für

Abb. 10.4: **#liebedeinenhahn oder: Alltagsgewohnheiten zielgruppengerecht verändern.** Leitungswasser ist das am besten kontrollierte Lebensmittel in Deutschland. Es ist immer verfügbar, deutlich günstiger als Flaschenwasser und wesentlich umweltfreundlicher. Dennoch greifen rund 65% Prozent der Menschen in Deutschland zu abgepacktem Wasser in Plastikflaschen. Genug Anlass für eine Social-Media-Kampagne, die von zwei Studentinnen gemeinsam mit Expertinnen und Experten der Verbraucherzentrale NRW konzipiert wurde.

Während sich altvordere Designkoryphäen ob der quietschbunten Ästhetik der Kampagne möglicherweise im Grabe herumdrehen würden, gilt letztlich auch beim Wasser: Es muss dem Gast schmecken, nicht dem Kellner. Für die Zielgruppe ist das Fließen des Social-Media-Streams so alltäglich, wie es das Trinken von Wasser aus der Leitung sein sollte, und genau hier ist der erste Touchpoint der ausgetüftelten Kommunikationsstrategie.

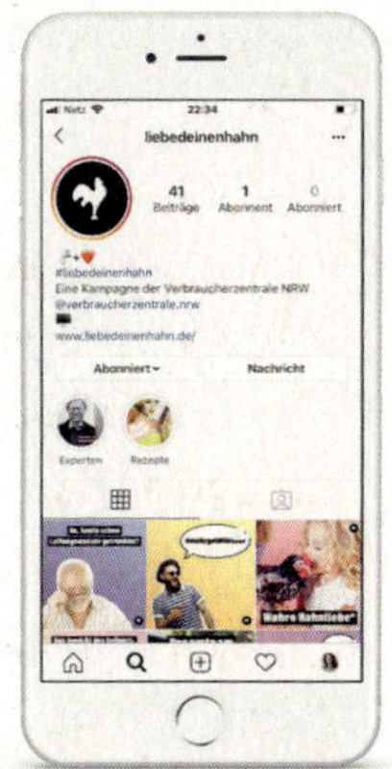

Entstanden als Abschlussarbeit an der ecosign/ Akademie für Gestaltung in Zusammenarbeit mit der Verbraucherzentrale NRW.

Entwurf: Linda Dierke und Stefanie Nagel

Dozenten: Elmar Sander und Bernd Draser

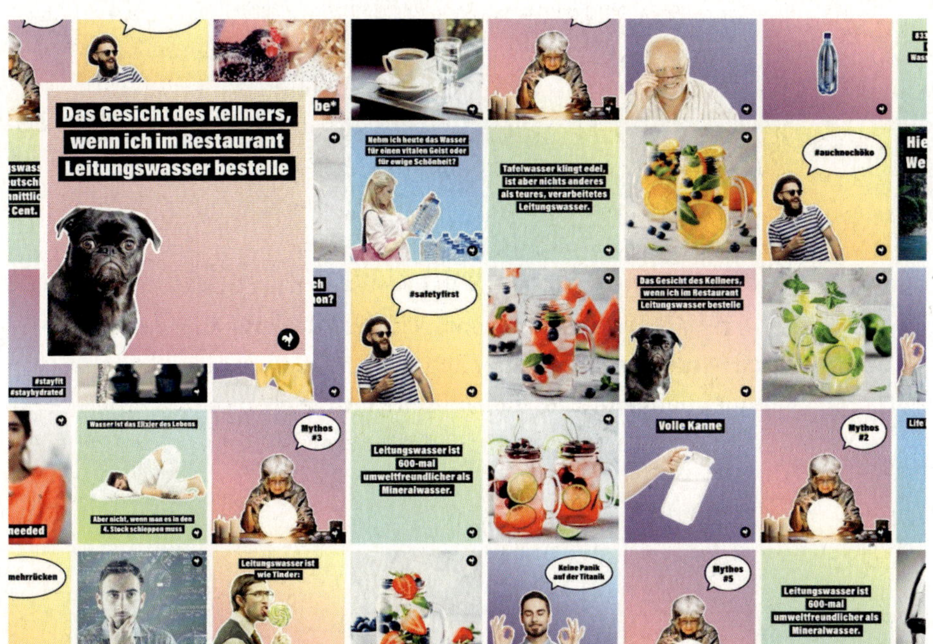

Bilder: © Linda Dierke und Stefanie Nagel

einen anwendungsorientierten Zugang zur Psychologie im Kontext der Nachhaltigkeitskommunikation empfehlen wir *Psychologie im Umweltschutz* von Karen Hamann, Anna Baumann und Daniel Löschinger sowie das niederschwellige Übersichtsposter *Fallen und Chancen der Nachhaltigkeits-Kommunikation* von OroVerde.[37]

PONTIFEX AESTHETICUS

Nachdem wir in **KAPITEL 9** gesehen haben, wie das Design als Rettungsboot auf dem »Ozean der Inkompetenz« fungieren kann, schlüpft es nun in eine weitere Rolle, nämlich in die des Pontifex. Nicht Maximus, sondern Aestheticus, als Brückenbauer für den *Intention-Behaviour-Gap*. Nachhaltiges Design muss die Brücke schlagen zwischen der vorhandenen grundsätzlichen Zustimmung zu nachhaltiger Transformation auf der einen Seite und der Vermittlung konkreter Handlungsoptionen im eigenen, individuellen Lebensalltag andererseits. Und diese »Idee von Design als Motor für gesellschaftliche Veränderung ist weder extravagant noch utopisch«[38], wie Florian Pfeffer schreibt, sondern sie ist die elementare Aufgabe eines zeitgemäßen Designs als Vermittlungs- und Übersetzungsdisziplin. Und ebenso wie die linguistische Übersetzungsarbeit ist auch diejenige von Designerinnen und Designern geprägt durch dialektische Exploration, Analyse, Interpretation und schließlich schöpferische Invention.[39]

Wir wollen daher im Folgenden untersuchen, welche Aspekte die durch Nachhaltiges Design geschaffenen Artefakte und Systeme grundsätzlich berücksichtigen sollten, um ihr transformatives Potenzial entfalten zu können. Dazu bedarf es gelingender Nachhaltigkeitskommunikation – für Medien, aber auch für Produkte und Dienstleistungen. Denn nicht nur klassischem Kommunikationsdesign ist eine kommunikative Ebene inhärent, wie **KAPITEL 8** gezeigt hat.

GELINGENDE NACHHALTIGKEITSKOMMUNIKATION

»Vertrauen ist der Anfang von allem« lautete über Jahre hinweg der Werbeslogan einer deutschen Großbank, die in puncto Glaubwürdigkeit schon bessere Zeiten erlebt hat (daran ändert auch die bis heute brillante Bildmarke des Grafikdesigners Anton Stankowksi aus dem Jahr 1974 nichts). Im Falle der Nachhaltigkeitskommunikation trifft es allerdings tatsächlich zu: Vertrauen ist die wichtigste Ressource für ein Design, das nachhaltige Entwicklung begleiten und in konkrete Anwendung bringen möchte, indem es den als wesentliches Hemmnis identifizierten Ungewissheiten und Überforderungsgefühlen etwas entgegensetzt. Als »psychologischer Reduktionsmechanismus zur Förderung subjektiver Kontrolle« kommt dem Vertrauen »eine besondere Bedeutung für die Bereitschaft [zu], sich mit Gestaltungsspielräumen einer nachhaltigen Entwicklung auseinanderzusetzen und diese Potenziale schließlich im Spektrum des eigenen Handelns zu nutzen«[40], wie es Martin Schweer, Karin Siebertz-Reckzeh und Eva Nitsch formulieren.

Das Vertrauen auf Seiten der Kommunikationsempfänger, also der Nutzerinnen und Nutzer, setzt auf der Senderseite die ***Glaubwürdigkeit*** Nachhaltigen Designs voraus. Damit einhergehend muss sich Nachhaltigkeitskommunikation, muss sich jedes Nachhaltige Design sowohl an seiner ***Transparenz*** als auch an validierbarer ***Evidenz*** im Hinblick auf Nachhaltigkeit messen lassen. Die Transparenz bildet dabei die Schnittstelle zwischen Glaubwürdigkeit und Evidenz und legt Intentionen der Gestaltung offen, indem sie beispielsweise Benevolenz- und *Nudging*-Aspekte nicht verheimlicht. In der konkreten Gestaltung bedeutet das unter anderem die Gewährleistung der Inhalt-Form-Kongruenz, wie wir sie in KAPITEL 8 als Teil des Designprozesses untersucht haben.

Die zweite wichtige Säule der Nachhaltigkeitskommunikation ist die ***Verständlichkeit***. Unter ihr subsumieren wir die ***Zielgruppenorientierung*** und die ***Komplexitätsgerechtigkeit***. Nachhaltiges Design muss, wie wir zu Beginn dieses Kapitels festgestellt haben, die Lebenswelten, Bedürfnisse, Gewohnheiten und den Alltag der Angesprochenen kennen. Die spezifischen Anforderungen an die Komplexitätskommunikation (vgl. **KAPITEL 9**) sind wiederum abhängig von den zuvor definierten Zielgruppen zu sehen.

Das dritte Standbein fassen wir unter dem Stichwort ***Relevanz*** zusammen. Von Relevanz im Hinblick auf Nachhaltigkeit, so haben wir es schon in **KAPITEL 8** gesehen, hängt der gesamte Designprozess ab. Eine sehr beliebte Spielart des *Greenwashing* besteht darin, unwesentliche, aber sachlich korrekte Nachhaltigkeitsaspekte in den Fokus der Kommunikation zu rücken. Nachhaltigkeitskommunikation sollte demgegenüber für eine aufrichtige ***Kontextualisierung*** sorgen und die ***Wesentlichkeit*** und ***Skalierbarkeit*** von nachhaltigen Prozessen und Designartefakten benennen.

Viertens sehen wir in der ***Wirkungsorientierung*** einen weiteren essenziellen Baustein der Nachhaltigkeitskommunikation. Wie ein nutzerzentriertes Design generell, so sollte auch das Gelingen von Nachhaltigkeitskommunikation in Abhängigkeit vom konkreten *Outcome* bewertet werden (ein großes Wort gelassen ausgesprochen, wie wir in der **CONCLUSIO** sehen werden). Die innere Haltung ist nicht maßgeblich für die äußere Transformation, wie **KAPITEL 5** gezeigt hat. Um Wirkung entfalten zu können, müssen ***Handlungsmöglichkeiten*** und ***Alltagstauglichkeit*** gegeben sein, mit einem Fokus auf Handlungsorientierung statt Problemorientierung.

Um Wirkung entfalten zu können, muss für die angemessene ***Versinnlichung*** der Inhalte durch geeignetes Design gesorgt werden. Elemente wie *Storytelling* oder andere Methoden der Narration sorgen für Nachvollziehbarkeit.[41] Falls Emotionalität kommuniziert wird, dann sollten dies **Positive Emotionen** sein und tunlichst nicht vom »Laster des Propheten« (KAPITEL 5) inspiriert sein, sollen die Rezipientinnen und Rezipienten nicht verschreckt werden. Das darf natürlich nicht zu Beschönigung und Bagatellisierung führen, sondern muss mit den Prinzipien der Transparenz und Glaubwürdigkeit korrelieren, gerade auch im Hinblick auf die **Inhalt-Form-Kongruenz**.

Und schließlich sollte im Rahmen einer ehrlichen und transparenten Kommunikation der **Vorläufigkeitscharakter** nicht unterschlagen werden, den alle Entwürfe, Konzepte und Ansätze für nachhaltige Entwicklung beinhalten (das vorliegende Buch inbegriffen). Nachhaltigkeit ist, so hat bereits KAPITEL 1 gezeigt, kein statisches Konstrukt, sondern immer ein explorativer Weg. Daher sollten und können Meilensteine und *Best Practices* kommuniziert werden, aber niemals als finales oder vollkommenes Resultat. Besonders der **Best-Practice-Fokussierung** kommt daher in der Nachhaltigkeitskommunikation eine besondere Rolle zu.

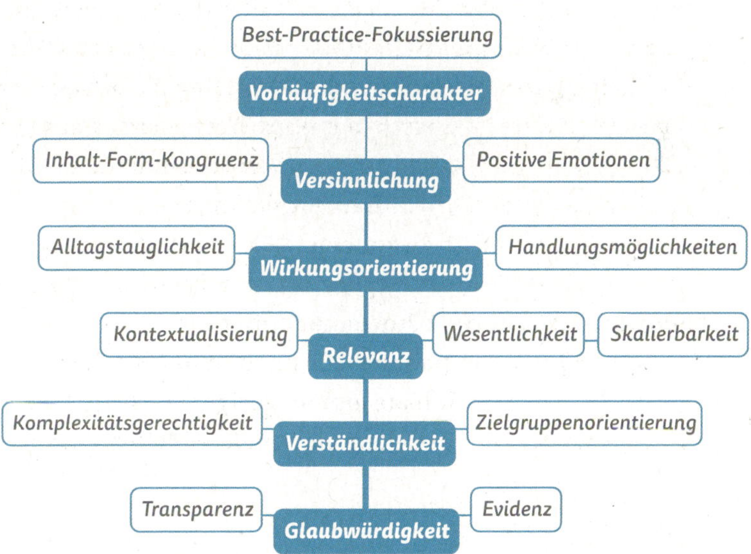

Abb. 10.5: **Aspekte gelingender Nachhaltigkeitskommunikation.**

VORLÄUFIG NACHHALTIG

Der letztgenannte Aspekt der explorativen Vorläufigkeit des Nachhaltigen Designs schlägt nun zum Ende des Kapitels noch einmal den Bogen zu KAPITEL 1 und der Prozesshaftigkeit, die der Verbindung von Nachhaltigkeit und Design zu eigen ist.

Von Michael Braungart (»*Cradle-to-Cradle*«) stammt die Aussage: »Nachhaltigkeit ist das Minimum. Es bedeutet einfach nur, dass wir unser Ökosystem erhalten. Wir würden aber heute noch auf Bäumen sitzen und uns mit primitiven Instrumenten die Schädel einschlagen, wenn wir nur nachhaltig wären. Da ist nichts an Kreativität, Wissen und Freude dabei«[42]. Zu dem Schluss könnte man gelangen, wäre Nachhaltigkeit ein Monolith. Dann verweist der Begriff in der Tat »auf einen Zustand, Statik und Beständigkeit«[43], wie Iris Pufé schreibt.

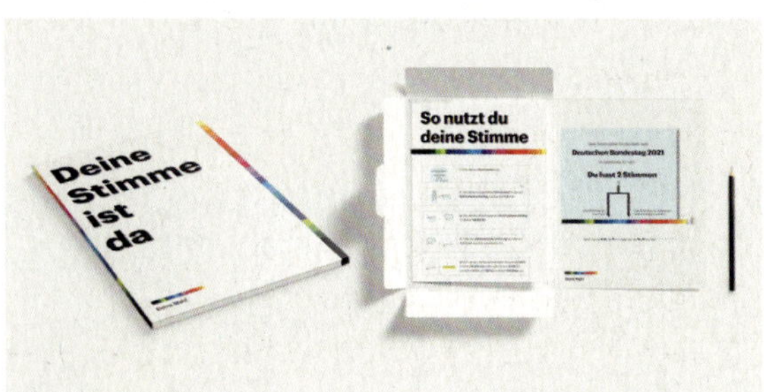

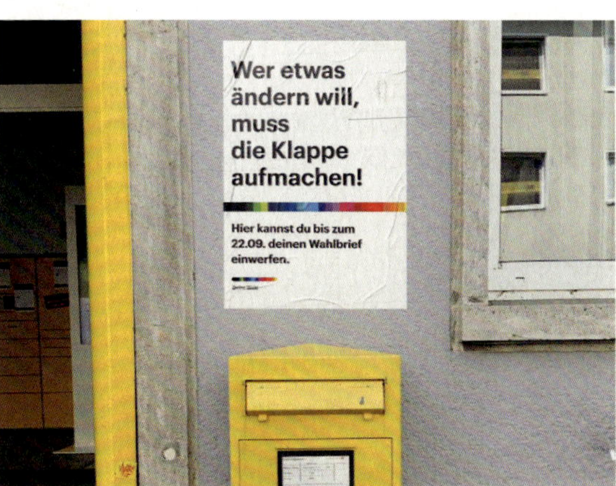

Bilder: © Pauline Muszi

Abb. 10.6: **»Deine Wahl«:** Ein kleiner, plakativer Ausschnitt einer Kommunikationskampagne zur Stärkung demokratischer Prozesse. Das Farbband setzt sich aus den Farben aller zur Wahl stehenden Parteien zusammen, der besondere Fokus der Kampagne auf die Briefwahl begegnet den spezifischen Herausforderungen durch die Covid-19-Pandemie.

Entstanden als Semesterarbeit an der ecosign/Akademie für Gestaltung in Zusammenarbeit mit der Agentur »Gute Botschafter«.

Entwurf: Pauline Muszi

Dozent: Elmar Sander

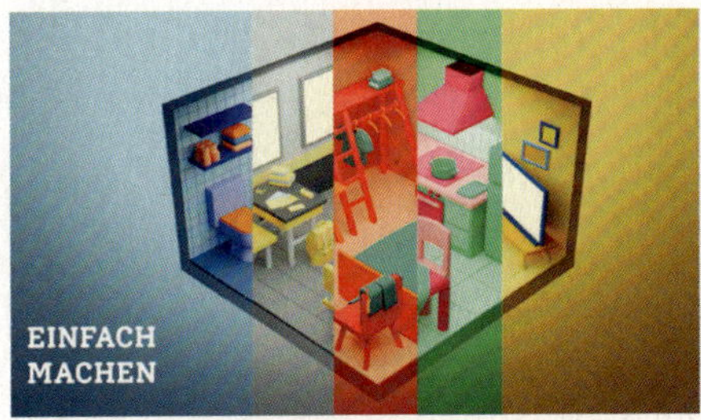

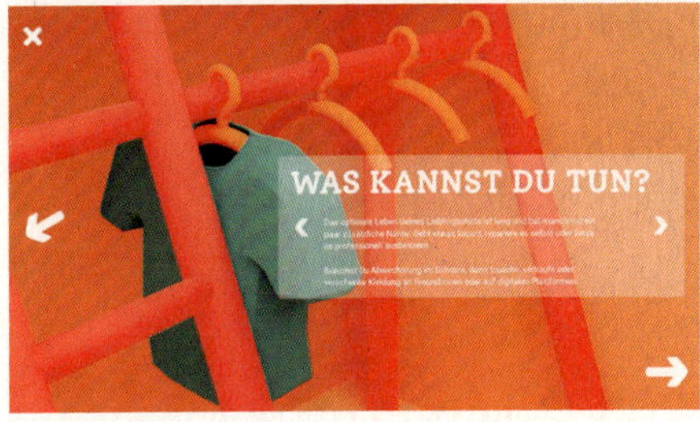

Bilder: © Isabelle Albrecht und Bianca Reithmeier

Abb. 10.7: **»Einfach machen«: Ein Beispiel für Design, das Handlungsmöglichkeiten aufzeigt und Zusammenhänge in den Lebensalltag transferiert.** Die interaktive Website übersetzt nachhaltigsrelevante Zusammenhänge aus verschiedenen Bereichen der Konsum- und Lebensstilforschung in Form eines digitalen Puppenhauses in konkrete Lebenswirklichkeiten und zeigt dabei Handlungsoptionen garantiert ohne moralinsauren Zeigefinger auf.

Entstanden als Semesterarbeit an der ecosign/ Akademie für Gestaltung in Zusammenarbeit mit der Verbraucherzentrale NRW.

Entwurf: Isabelle Albrecht und Bianca Reithmeier

Dozent: Elmar Sander

Doch Nachhaltigkeit ist eben kein Solitär, kein furchtsames Konzept der Bewahrung eines *Status Quo*, sondern steht nicht ohne Grund immer im Kontext dynamischer Prozesshaftigkeit. »Nachhaltige Entwicklung«, beschreibt Pufé nämlich weiter, »impliziert Bewegung, Dynamik, das Prozesshafte sowie das Werdende und Entstehende.«[44] Als *Telos* von Entwicklung und Designprozessen ist Nachhaltigkeit wiederum nicht das Minimum, sondern im Gegenteil das unerreichbare Maximum, da alle Entwürfe für Nachhaltigkeit stets vorläufige, stets unvollkommene sind.

Schon im Brundtland-Bericht ist explizit kontextualisierend von »Nachhaltiger Entwicklung« die Rede und nicht nur von »Nachhaltigkeit«. Primär adressiert der Entwicklungsbegriff dort die Steigerung der Lebensqualität im globalen Süden, doch im erweiterten Sinne ist er essenziell auf gesellschaftliche Entwicklung im globalen Norden gemünzt.[45] Das in *Our Common Future* artikulierte *Leitbild Sustainable Development* »stellt somit keinen Bruch mit bisherigen Vorstellungen dar, sondern hält an den Fortschrittsversprechungen der Moderne fest«.[46] Dass die 17 *Ziele für nachhaltige Entwicklung* bzw. die *Sustainable Development Goals* das permanent Prozesshafte schon im Namen tragen, hat **KAPITEL 1** bereits ins Feld geführt. Und natürlich ist auch die Deutsche Nachhaltigkeitsstrategie nicht auf den Erhalt eines Status Quo ausgerichtet, sondern auf perspektivische Etappenziele und Meilensteine.[47]

Nachhaltigkeit ist ohne Entwicklung nicht zu denken. Entwicklung nicht als großer Masterplan, sondern als Spielfeld diverser Möglichkeiten. Denn die so oft postulierte *Große Transformation* ist kein in geregelten Bahnen fließender großer Strom, kein konstruiert-lineares Ereignis, sondern Ergebnis einer »Verflechtungsdynamik, bei der unterschiedliche Handlungsepisoden und Intentionen einer Vielzahl von Akteuren«[48] einfließen, ein »Zusammenspiel von zahlreichen kleineren Veränderungen«[49]. So gesehen ist Nachhaltiges Design in seiner Brückenfunktion in die konkreten Lebenswelten als vielfältige Vermittlung *für* Nachhaltigkeit zu verstehen und nicht als einfältige Vermittlung *von* Nachhaltigkeit; nicht als Kommunikation eines stabilen Zustandes, sondern iterativer Prozesse. Es ist die Einladung, von den Bäumen herunterzukommen und die Gesellschaft gemeinsam zu transformieren. Und dies im Übrigen mit jeder Menge Kreativität, Wissen und Freude dabei. Dabei ist stets der Weg das Ziel, manchmal ein Hauptweg, manchmal ein Nebenweg, und in der Geschichte des Designs gelegentlich auch ein Holzweg.

Das führt uns schließlich zurück zu unserem Sinn-Bild, denn Paul Klee legte den Titel seines Bildes wohl bewusst doppeldeutig an – einerseits als topografische Beschreibung der abgebildeten Landschaft sowie andererseits als Metapher für Veränderungsprozesse und Exploration.[50] Seinen Studierenden gab er in diesem Sinne einst mit auf den Weg: »Gut ist Formung. Schlecht ist Form; Form ist Ende ist Tod. Formung ist Bewegung ist Tat. Formung ist Leben.«[51]

---

1 vgl. Zöllner: Paul Klee. Hauptweg und Nebenwege, S. 266.
2 vgl. Zentrum Paul Klee: Paul Klee, S. 206.
3 ebd., S. 204.
4 Klee: Briefe an die Familie; vgl. dazu auch Zöllner: Paul Klee. Hauptweg und Nebenwege, S. 269.
5 Zur Bedeutung der beiden Begriffe »dividuell« und »individuell« im Werk von Paul Klee und insbesondere bei seinen sogenannten »Lagenbildern«, zu denen auch »Hauptweg und Nebenwege« gehört, siehe Zöllner, S. 276.
6 Luhmann: Ökologische Kommunikation, S. 63.
7 vgl. Schipperges: Soziale Milieus in Deutschland, S. 2.
8 ebd.
9 Alle milieuspezifischen Leitmottos sind entnommen: Schipperges: Soziale Milieus in Deutschland.
10 vgl. Schipperges et. al.: Trendradar – Ergebnisse der sozial-empirischen Fundierung, S. 105.
11 vgl. ebd., S. 106.
12 vgl. ebd., S. 112 f.
13 vgl. ebd.
14 vgl. ebd.
15 vgl. ebd.
16 Dennoch sind auch bei diesen Milieus Hemmnisse und Widersprüche zu beobachten, die unter anderem aus einem ressourcenintensiven Lebensstil resultieren, vgl. Schipperges et. al., S. 112 f.
17 ebd.
18 WBGU: Welt im Wandel. Gesellschaftsvertrag für eine Große Transformation, S. 255.
19 vgl. Umweltbundesamt: Leitbilder einer ressourcenleichten Gesellschaft. Abschlussbericht.
20 ebd., S. 9.
21 Umweltbundesamt: Glossar zum Ressourcenschutz, S. 37.
22 vgl. Umweltbundesamt: Leitbilder einer ressourcenleichten Gesellschaft. Abschlussbericht, S. 29 f.
23 vgl. u.a. Bonsiepe: Entwurfskultur und Gesellschaft, S. 206; Mareis: Designtheorien zur Einführung, S. 152.
24 Umweltbundesamt: Leitbilder einer ressourcenleichten Gesellschaft. Abschlussbericht, S. 4.
25 vgl. Schipperges et. al.: Trendradar – Ergebnisse der sozial-empirischen Fundierung, S. 115.
26 vgl. www.sinus-institut.de/media-center/presse/sinus-milieus-2021
27 ebd.
28 Umweltbundesamt, Studie Umweltbewusstsein in Deutschland 2019; befragt wurden ca. 2.000 Personen ab 14 Jahren.
29 Umweltbundesamt, Studie Umweltbewusstsein in Deutschland 2021; befragt wurden ca. 2.000 Personen ab 14 Jahren.
30 vgl. Capgemini: How Sustainability is fundamentally changing consumer preferences, S. 7 sowie S. 18.
31 ebd., S. 16.
32 vgl. Funke: How Much Knowledge Is Necessary for Action?, S. 102.
33 vgl. Umweltbundesamt: 25 Jahre Umweltbewusstseinsforschung im Umweltressort, S. 19.
34 vgl. Gifford: The Dragons of Inaction.
35 vgl. Hamann / Baumann / Löschinger: Psychologie im Umweltschutz, S. 76.
36 vgl. ebd., S. 290 ff.
37 vgl. www.regenwald-schuetzen.org/unsere-projekte/bildungs-projekte/systeme-verstehen/fallen-und-chancen-der-nachhaltigkeits-kommunikation
38 Pfeffer: To Do. S. 33.
39 vgl. Dedecius: Vom Übersetzen, S. 45 ff.
40 Schweer / Siebertz-Reckzeh / Nitsch: Vertrauen – zentrale Ressourcen im Kontext einer nachhaltigen Entwicklung, S. 59.
41 vgl. Fischer / Storksdieck: Storytelling, S. 162: »Gefordert werden daher neue Kommunikationsformate, die weniger stark auf kognitiv orientierte Informationsvermittlung oder auf moralische Appelle ausgerichtet sind, sondern die Rezipientinnen und Rezipienten vielmehr über Emotionen, Personalisierung und Alltagsbezug ansprechen«.
42 vgl. Pfeffer, S. 204; siehe auch Interview-Ausschnitt unter www.youtube.com/watch?v=v1X3JkNTe8w
43 Pufé: Nachhaltigkeit, S. 43.
44 ebd.
45 vgl. Brand / Jochum: Der deutsche Diskurs zu nachhaltiger Entwicklung, S. 22.
46 ebd.
47 Allein der Begriff »Transformation« kommt als Wort oder Wortteil rund 100 Mal in der Deutschen Nachhaltigkeitsstrategie vor; vgl. Deutsche Nachhaltigkeitsstrategie, Weiterentwicklung 2021.
48 Sommer / Welzer: Transformationsdesign, S. 60.
49 Osterhammel: Große Transformationen, S. 628.
50 vgl. Zöllner: Paul Klee. Hauptweg und Nebenwege, S. 263.
51 Zentrum Paul Klee: Bildnerische Gestaltungslehre, 1.2/78, 8.1.1924; die Vorlesungsmanuskripte Paul Klees über »Bildnerische Form- und Gestaltungslehre«, die er in Weimar und Dessau hielt, sind online zugänglich unter: www.kleegestaltungslehre.zpk.org.

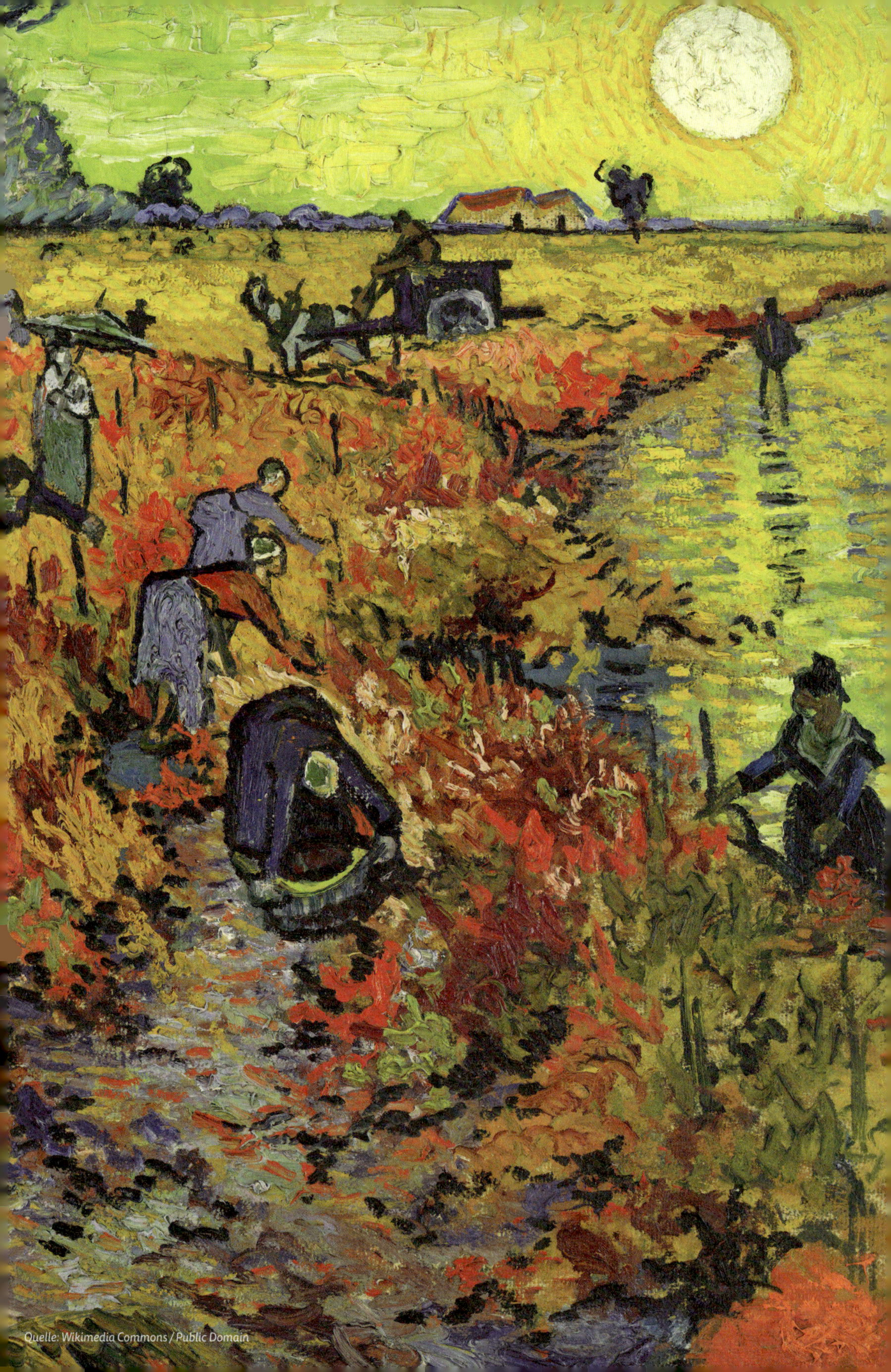

KAPITEL 11

CONCLUSIO

Da dieses Buch sich dem Ende zuneigt, liegt es nah, ein Sinn-Bild mit Sonnenuntergang für die Conclusio zu wählen. Unsere Wahl fällt auf einen prachtvollen herbstlichen Sonnenuntergang: Über einem roten Weinberg, der gerade von einer größeren Zahl meist gebückter Gestalten gelesen wird, geht mächtig strahlend am rechten oberen Bildrand die Sonne unter und färbt nach links hin den Himmel grünlich; auf einem Weg rechts im Bild schimmert, grün wie der Himmel, kürzlich gefallener Regen wie auf einem Fluss. Links oben, bis in den Bildhintergrund hinein, wird der Weinberg von Bäumen begrenzt, die bläulich den eben gefallenen Regen verdunsten. Die Farben strahlen in herbstlicher Opulenz, das Laub der Rebstöcke selbst fast weinfarben, die Lesenden dazwischen wie kühlende Flecken. Das Bild malt Vincent van Gogh im November 1888 in der Nähe von Arles, wo er sich zusammen mit Paul Gauguin aufhält und arbeitet, einige Male wählen sie auch dieselben Sujets.[1] Das Bild ist durchdrungen von einem herbstlichen Gefühl der glücklichen Erfüllung, wie es zur gleichen Zeit Friedrich Nietzsche in Turin empfindet: »An diesem vollkommnen Tage, wo Alles reift und nicht nur die Traube braun wird, fiel mir ein Sonnenblick auf mein Leben: ich sah rückwärts, ich sah hinaus, ich sah nie so viel und so gute Dinge auf einmal.«[2] Die reifende Traube, die Weinlese und der Wein

Der rote Weinberg (Ausschnitt)
Vincent van Gogh (1888)
Höhe: 73 cm; Breite: 91 cm
Puschkin-Museum, Moskau

selbst sind kein schlechtes Bild für das Nachhaltige Design: Die Arbeit im Weinberg ist durchaus mühsam und kleinteilig, das Gelingen der Mühen ist von einem gewissen Timing abhängig, eine Recht-Zeitigkeit, die die Griechen als Kairós personifizierten, Gott des rechten Zeitpunkts und Maßes; in der Nachhaltigkeitsforschung ist dies nicht nur das Erkennen und Meiden der *Tipping Points*. Im rechten Augenblick wird die Traube geerntet und konserviert, in ihr gelingt das, was in der Energiewirtschaft nicht möglich ist: Die Kraft der Sonne zu speichern, zu bewahren und, nach einer angemessenen Reifezeit, dem beseligenden Genuss zu dienen – Nietzsche hätte ihn dionysisch genannt.

Wir haben es mit einem Bild tiefer Zuversicht, kraftvoller und ausdrucksmächtiger Farbigkeit zu tun, das ohne utopische oder gar dystopische Überspanntheiten unseren Möglichkeitssinn nicht befeuert, nicht erweckt, sondern beschwingt. Ganz anders wirkt Paul Gauguins Bild, das von derselben Szene angeregt und gleichzeitig entstanden ist: Obgleich die Farbpalette van Goghs Bild ähnelt, sehen wir ein flächiges und horizontloses Bild, in dem der Raum sich zu erdrückenden Wülsten staut. Frauen in schweren bretonischen Gewändern verdüstern die provenzalische Landschaft; dominant im Vordergrund hockt trotzig oder zornig eine weibliche Figur mit lemurenhaft fahlem Gesicht, die zusammen mit der pyramidalen Konstruktion des Bildes eine symbolische Deutung geradezu erzwingt – Assoziationen von Sisyphos, dem Fels und dem Berg drängen sich

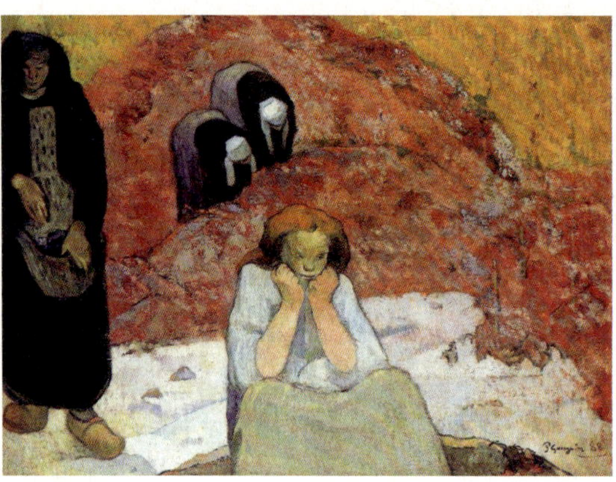

Abb. 11.1: **»Das menschliche Leiden (Die Weinlese oder Die Armut)«** von Paul Gauguin aus dem Jahr 1888.

Quelle: Wikimedia Commons / Public Domain

auf, freilich kein glücklicher Sisyphos wie bei Camus.[3] Van Goghs Bild ist als Reaktion auf Gauguins Weinberg-Bild entstanden, einen Tag nach dessen Vollendung.[4] Und wie van Gogh auf Gauguin reagiert, so reagiert das Nachhaltige Design auf die Mutlosigkeit und Niedergeschlagenheit, die sich angesichts der Herausforderungen unserer Gegenwart breit zu machen drohen, nicht zuletzt in der Nachhaltigkeitskommunikation.

NACHLESE

Um unsere Kerngedanken zu verdichten, möchten auch wir eine kleine Nachlese betreiben, mit der die *Tour d'Horizon* durch das weite Feld des Nachhaltigen Designs einen Abschluss finden soll. Wir haben die Herkünfte des Nachhaltigen Designs aus der Vielfalt kultureller, technischer, wirtschaftlicher und gesellschaftlicher Entwicklungslinien erkundet, die unsere Gegenwart konstituieren und Kommendes bedingen. Wir haben mögliche Zukünfte des Nachhaltigen Designs als transformativ wirkende Disziplin betrachtet, und wir haben das Nachhaltige Design aus den Perspektiven verschiedener transformationsrelevanter Diskurse in den Blick genommen.

KAPITEL 1 widmete sich den beiden zentralen Begriffen des Buches, ihren Unschärfen und wissenschaftlichen Scharfstellungsversuchen. Die Begriffsgeschichten zeigen dabei spannungsvolle Konstellationen, die choreografisch eine Disziplin aufspannen zwischen Oberfläche und Tiefe, zwischen Steinbruch und Megatrend, zwischen Lebensrealität und Wissenschaft, zwischen heimischem Wald und globalen Entwicklungszielen, zwischen Sinnlichkeit und Sinnhaftigkeit. In **KAPITEL 2** untersuchten wir die Verstrickung von Nachhaltigkeit und Design aus der gemeinsamen industriellen Genealogie heraus, erzählten sie in fünf Akten und richteten fünf grundlegende methodische Fragen an das Nachhaltige Design, das eben nicht nur eine spezifische Design-Nische ist, sondern die Reichweite von Design systematisch durchdringt und dadurch den Wirkraum von Gestaltung erweitert. Wir vertieften in KAPITEL 3 den Blick in die Schwellenzeit von 1750 bis 1815, in der sowohl das Design als auch die Herausforderungen der Nachhaltigkeit ihren Ursprung haben. Wir suchten zu verdeutlichen, welche großen Entwicklungslinien in Wissenschaft und Bildung, Forst- und Landwirtschaft, Urbanisierung und Pauperismus, Beschleunigung und Standardisierung, Säkularisierung und Individualisierung ebenfalls dort entspringen und die Muster unserer Gegenwart zeichnen. KAPITEL 4 widmete sich dem Design als ästhetische Disziplin, die vom Schwung der ästhetischen Diskurse der Schwellenzeit beflügelt ist. Kunst erhebt sich vom nachahmenden Handwerk zur allzuständigen Erlösungskompetenz und usurpiert dadurch das Primat der Religion. Das neu sich entfaltende Design wird von diesem Schwung der Kunst mitgesogen und schickt sich in der Gegenwart an, die usurpatorische Bewegung der Kunst nun selbst gegen diese zu wenden – die Doppelkompetenz des pragmatischen Realitätssinns und des kreativen Möglichkeitssinns deuten den möglichen Ausgang an.

In KAPITEL 5 haben wir die ethische Dimension Nachhaltigen Designs untersucht und dabei festgestellt, dass ethische Qualitäten in einer moralisierenden Tonlage meist unzulänglich realisiert werden können, denn ein solcher Kommunikationsstil ist kontraproduktiv und sollte gemieden werden. Gleichzeitig verführen die Herausforderungen der Nachhaltigkeit dazu, sich im Fundus prophetischer Buß-, Umkehr- und Untergangsrequisiten zu bedienen, was gleichermaßen unzweckmäßig ist. KAPITEL 6 widmete sich der unternehmerischen Verantwortung und ihrer allmählichen Genese heraus aus einer philanthropisch-dekorativen Haltung hin zu einer sehr viel stärkeren

Verankerung nachhaltiger Indikatoren in unternehmerischem Handeln. Zunehmend erweist sich das Umsetzen von unternehmerischer Verantwortung als Analyse der Impacts entlang der gesamten Wertschöpfungskette – und genau darin entfaltet sich eine machtvolle Konvergenz von CSR und Nachhaltigem Design. Künftig werden Unternehmen Nachhaltiges Design eng in ihre Entwicklungsprozesse integrieren, um ihre langfristigen Marktchancen abzusichern. In KAPITEL 7 haben wir uns einen Überblick über die Digitalisierung verschafft, indem wir zunächst die zugrunde liegenden, überwiegend archaischen Bedürfnisse identifizierten, die sie befriedigt, um dann die Stoffströme und damit die Nachhaltigkeitsaspekte der Digitalisierung zu verstehen, die schließlich den Ansatz für das Nachhaltige Design in der Digitalisierung bieten. Die digitale Königsdisziplin des Designs ist das Interface als eine Oberfläche reduktiver Schönheit, die Funktionen erst zugänglich macht.

In KAPITEL 8 haben wir gezeigt, wie Indikatoren von Nachhaltigkeit einerseits und verschiedene Modelle von Designprozessen andererseits so miteinander in Wechselwirkung treten, dass sich daraus Indikatoren für Nachhaltiges Design ableiten lassen. Das können freilich keine abzuarbeitenden Checklisten sein, weil sowohl die Nachhaltigkeits- als auch die Designaspekte zu komplex und dynamisch sind, als dass ihnen mit statischer Einfalt beikommen ließe. Für uns sind das Prozesshafte des Entwerfens, die rationale Argumentierbarkeit, das verstehende Erschließen von Zusammenhängen und das Versinnlichende des Sinnhaften zentrale Kriterien für eine gelingende Kongruenz von nachhaltigem Inhalt und gestalterischer Form. Das KAPITEL 9 haben wir den Herausforderungen von Komplexität gewidmet, wie sie vor allem Themen der Nachhaltigkeit mit sich bringen. Das Nachhaltige Kommunikationsdesign erweist sich hier als leistungsfähig, weil es den Balanceakt vollbringt, einerseits die vielfältigen Verflochtenheiten so auf Wesentliches zu reduzieren, dass sie kommensurabel und kommunikabel werden, ohne auf der anderen Seite so trivialisiert zu werden, dass die Relevanz sich verflüchtigt. Die spezifische Kompetenz Nachhaltigen Kommunikationsdesigns besteht in der gezielten Reduktion, die sich in der Darstellung (nicht im Verstehen!) als Verflachung zeigt, nämlich als Visualisierung und damit Zugänglichkeit von Informationen. In **KAPITEL 10** bauten wir die ästhetische Brücke in die realen Lebenswelten hinein, gewissermaßen den Platz im Leben, wie er in der zielgruppenorientierten gestalterischen Arbeit erkannt und erreicht wird. Die sozialen Milieus bieten dem Nachhaltigen Design eine Methodik, die diversen Ausprägungen der Lebenswelten realer Menschen evidenzbasiert zu verstehen und Kommunikation an den Bedürfnissen, Erwartungen und Routinen dieser Menschen zu orientieren. Die lebensweltliche Wirksamkeit von Transformation kann sich nur dann angemessen entfalten. Wir benennen dafür sechs Säulen gelingender Nachhaltigkeitskommunikation, die wiederum von Indikatoren konkretisiert werden.

So haben wir einen Bogen von den historischen Wurzeln des Nachhaltigen Designs bis hin zu seiner lebensweltlichen Wirksamkeit gespannt und dabei eine ganze Reihe unerlässlicher Perspektiven eingenommen. So multiperspektivisch die einzelnen Kapitel auch sein mögen, sind wir doch weit von einer Vollständigkeit der denkbaren Perspektiven entfernt. Das ist aber nicht etwa einem Mangel an Zeit oder Seiten geschuldet, sondern der prinzipiellen Vorläufigkeit, die einer *Tour d'Horizon* nun einmal innewohnt, und viel mehr noch einer Disziplin wie dem Nachhaltigen Design, die *sui generis* eine Vorläufigkeits-Disziplin ist und bleiben muss. So wollen wir zumindest einige Bereiche im weiten Feld des Nachhaltigen Designs andeuten, die künftig noch zu einer tieferen Reflexion einladen.

NACHHALTIGES DESIGN UND BENACHBARTE DESIGN-BEGRIFFE

Wir haben bereits in KAPITEL 1 eine Expansion des Designbegriffs diagnostiziert und sie in KAPITEL 4 aus dem spezifischen Verhältnis zur Kunst hergeleitet. Diese Erweiterung des Kompetenzbereichs findet ihren Ausdruck aber nicht nur im Nachhaltigen Design, sondern auch in einer Reihe anderer Designbegriffe mit ähnlichen Intentionen. Wenn wir die fünf Grundfragen des Nachhaltigen Designs (Abb. 2.2), die nachhaltigen Designprozesse (Abb. 8.5 und 8.6) und die Säulen gelingender Nachhaltigkeitskommunikation (Abb. 10.5) in den Blick nehmen, wird deutlich, dass es sich nicht um scharf abzugrenzende Begriffe in einem logischen Sinne handelt, sondern um Bedeutungsfelder, die sich vielfach überlagern, ergänzen, verschieben und spiegeln. Sie haben aber alle keinen exklusiven Charakter in dem Sinne, dass der eine Begriff den anderen ausschlösse, überflüssig machte oder sich hierarchisch unterwürfe.

So beantwortet *Social Design* primär die Frage nach den kollateralen Impacts und strategischen Wirkmöglichkeiten von Design innerhalb sozialer Gefüge mit ihren vielfachen Verstrickungen von Identitäten, Interessen und Institutionen.[5] *Public Interest Design* betont in diesem Feld von gesellschaftlicher Umgestaltung insbesondere den öffentlichen Raum und öffentliche Strukturen,[6] ist also politisch im wörtlichen antiken Sinne. Designbegriffe wie *Transformationsdesign* oder *Transition Design* stellen das Transformative in den Mittelpunkt. Während das *Transition Design* sich aus der Designdisziplin heraus entwickelt hat und die spezifischen gestalterischen Transformationskompetenzen herausarbeitet, die zu einer nachhaltigeren Lebenswelt führen sollen,[7] ist der Begriff des *Transformationsdesigns* eher extradisziplinär hergeleitet, denn es geht primär um politisch-demokratische

Umgestaltungsprozesse hin zu einer nachhaltigeren Gesellschaft, ohne dass diese Bewegung mit konkret gestalterischen Methoden zu bewerkstelligen wäre – der Designbegriff ist hier eher eine Metapher für gestaltendes und zielführendes Handeln.[8]

Die Differenzen zwischen diesen gängigen erweiterten Designbegriffen – die Liste ließe sich beliebig erweitern – sind eher ihrer disziplinären Herkunft und der daraus resultierenden Methodik und Terminologie geschuldet, als dass sie sich in ihren gestalterischen Zielen widersprächen. Betrachten wir sie nämlich in ihrer Teleologie, können wir eine Bewegung aus einem anspruchsvoll sich erweiternden Designbegriff hin zu einer nachhaltigen Umgestaltung unserer Lebens- und Wirtschaftsweise mit je eigenen disziplinären Mitteln feststellen. Damit erübrigt sich aber eine genauere Untersuchung der Dynamiken zwischen diesen Disziplinen durchaus nicht – im Gegenteil können sie sich in einem transdisziplinären Austausch methodisch wie inhaltlich gegenseitig viel Schwung geben.[9] Das gilt es zu nutzen – dieses Buch ist auch als Einladung zu lesen.

NACHHALTIGES DESIGN IN DER LEHRE

Auf den ersten Blick mag die Vielfalt unserer Themen in diesem Buch ein wenig eklektisch anmuten, hat aber aus einer didaktischen Perspektive durchaus System. In der Entwicklung des Studiengangs *Nachhaltiges Design* haben wir die verschiedenen Sektoren der Nachhaltigkeitsfragen in Pflichtmodulen durch das ganze Studium hindurch implementiert, um die Studierenden in der Breite des Themas hinreichend kompetent zu machen, so dass sie ein nachhaltiges Urteilsvermögen entwickeln und dieses in konkreten gestalterischen Entscheidungen ganz selbstverständlich umsetzen können. Urteilsvermögen setzt aber auch stets eine gewisse Fähigkeit zur theoretischen Distanzierung voraus: Die Dinge aus einer theoretischen Ferne in den Blick zu nehmen, ist didaktisch äußerst hilfreich, um Kontexte erkennen zu können.

So unpraktisch Homer oder Hegel, Heraklit oder Nietzsche, Platon oder Goethe auf den ersten Blick für Designerinnen und Designer sein mögen, so fruchtbringend erweist sich auf den zweiten Blick die Erweiterung des Horizonts, das Erkennen von Wurzeln und Verflechtungen, die Einbettung des eigenen Handelns in die größeren Zusammenhänge. Diese kulturellen Ressourcen verhalten sich aber genau konträr zu den natürlichen, die ja durch Gebrauch schwinden: kulturelle Ressourcen hingegen wachsen durch ihren Gebrauch; insofern verstehen wir dieses Buch auch als Versuch einer kulturellen Ressourcen-Regeneration; manch eine Fußnote kann zu einem Sprössling werden.

INDIKATOREN FÜR DIE WIRKSAMKEIT VON DESIGN

In den ersten beiden Kapiteln haben wir die Frage der Akademisierung und Szientifizierung des Designs diskutiert. Diese Bewegung ist bei weitem noch nicht abgeschlossen, sondern ein sich gerade entfaltender Prozess. Um ihn voranzubringen, genügt es nicht, nur die Herkunft und die Methodiken des Designs zu reflektieren und die Fragen nach der eigenen Grundlage zu stellen. Ein entscheidendes Desiderat für die Wissenschaftlichkeit ist die Überprüfbarkeit des Wirkens gestalterischer Arbeit; in den iterativen Designprozessen ist das durchaus schon angelegt, aber noch eindimensional. Für die Weiterentwicklung des Nachhaltigen Designs wird es deshalb wichtig, Indikatoren für Design-Wirksamkeit zu entwickeln, die schließlich zu überprüfbaren, das heißt messbaren Ergebnissen führen. Dieses Unterfangen wird komplex sein, weil eben nicht nur die gestalterische

Qualität, die Zielgruppenwirksamkeit oder die wirtschaftliche Realisierbarkeit zu bewerten sind, sondern auch die Nachhaltigkeits-Impacts in ihrer ganzen Komplexität. Hier sind noch Kontinente zu entdecken – und es dürfte eine fröhliche Wissenschaft werden.

KAIRÓS – RECHTES MASS UND RECHTER AUGENBLICK

Wir hoffen, es ist uns zu zeigen gelungen, dass wir im Design derzeit eine Phase höchster Aktivität und Produktivität erleben, in der es sich anschickt, den Bereich seiner Kompetenzen erheblich zu erweitern, beflügelt von der Zuversicht, Zukunft realistisch und pragmatisch abzusichern. Das gemeinsame *Telos* der verschiedenen ambitionierten Strömungen des Designs ist eine nachhaltige Transformation. Diese große Ermöglichungszuversicht ist im Design allerorten greifbar, und es fällt aktuell ein Licht auf die Zukunft von Gestaltung. Design wird omnipräsent bleiben. Aber angesichts eines begrenzten Planeten mit endlichen Ressourcen und Senken hat ein sinnfreies Aufhübsch-Design keine ernsthafte Perspektive; langfristig wird sich nur Nachhaltiges Design durchsetzen können, weil es weiß, was es tut – und warum.

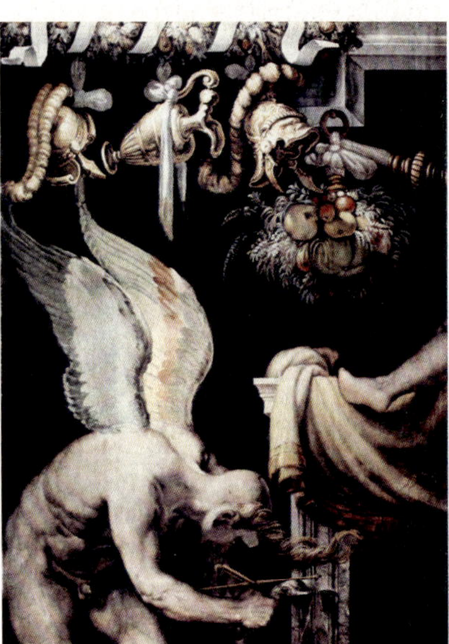

Quelle: Wikimedia Commons / Public Domain

Abb. 11.2: **»Kairós«** von Francesco Salviati, entstanden um das Jahr 1554 als Fresko im Audienzsaal des Palazzo Sacchetti in Rom.

Der rechte Augenblick für Nachhaltiges Design ist da; das rechte Maß zu finden ist seine zentrale Kompetenz. Für diese ganz besondere Konstellation, den von Gelegenheit, von Potenzial gesättigten Augenblick, den zu ergreifen eine besondere Fortune darstellt, haben die Griechen einen Gott erfunden, den wir oben bereits erwähnten: Kairós. Wir sehen ihn hier in einem Fresko von Francesco Salviati (1510–1563), geflügelt wie ein Gott der Beschleunigung, in den Händen eine Waage haltend, mit der er das rechte Maß, den rechten Augenblick bestimmt. Seine seltsame Frisur, die nach vorn geschwungene Haartolle und der kahle Rest des Kopfes, ist allegorisch zu lesen:

Die besondere Gelegenheit gilt es ganz wörtlich beim Schopfe zu packen, während sie auf einen zukommt. Ist der *Kairós* erst einmal vorbei, ist er nicht mehr zu fassen. Wir sind überzeugt, dass wir uns mit dem Nachhaltigen Design genau in einem solchen Moment der Fülle und der Möglichkeiten befinden. Dieses Buch entspricht der allegorischen Waage: das genaue Betrachten und sorgfältige Abwägen. Salviatis Fresko ist mit Weinkrug und Früchten geschmückt, die Kriegshelme hängen, wie in Friedenszeiten, am Haken. Das Bild ist auch ein Erntebild, wie van Goghs *Roter Weinberg* bei Arles. Wir nehmen es als günstiges Vorzeichen, dass es das erste und einzige Bild ist, das van Gogh zeitlebens verkaufen konnte;[10] wir übersetzen das in die kompakte Formel: Nachhaltiges Design ist zukunftsfähiges Design.

---

1 Baumann: Zyklus und Serie, S. 113–115.
2 Nietzsche: Ecce Homo, S. 263.
3 So der Schlusssatz in Camus: Der Mythos des Sisyphos.
4 vgl. Matzner: Vincent van Gogh: Paul Gauguin in Arles.
5 Banz: Social Design.
6 Rodatz / Smolarski: Was ist Public Interest Design?
7 Irwin: Transition Design.
8 Sommer / Welzer: Transformationsdesign.
9 Die Autoren haben zusammen mit Nola Bunke im Wintersemester 2021/22 eine Bachelorarbeit zu dem Thema betreut. Dominik Bärenz: Design über Design. Ein Magazin zur Erschließung aktueller Designbegriffe.
10 vgl. Baumann: Zyklus und Serie, S. 33.

LITERATUR

KAPITEL 1 (PRÄLUDIUM)

Brocchi, Davide / Maxein, Michael (2013): Persönlichkeiten: Siegfried Maser, in: Brocchi, Davide / Draser, Bernd / Fuhs, Karin-Simone / Maxein, Michael (Hrsg.): Die Geschichte des nachhaltigen Designs. Welche Haltung braucht Gestaltung? VAS, S. 154–160.

Bukold, Steffen (2021): RWE – Vom Winde verweht? Eine Kurzanalyse. [www.greenpeace.de/publikationen/kurzanalyse_rwe_-_vom_winde_verweht_maerz_2021.pdf]

Bürdek, Bernhard (2005): Geschichte, Theorie und Praxis der Produktgestaltung, Birkhäuser Verlag.

Erlhoff, Michael / Marshall, Timothy (Hrsg.) (2008): Wörterbuch Design. Begriffliche Perspektiven des Design, Birkhäuser Verlag.

Fischer, Daniel (2019): Nachhaltigkeitskommunikation, in: Kluwick, Ursula / Zemanek, Evi (Hrsg.): Nachhaltigkeit interdisziplinär. Konzepte, Diskurse, Praktiken, UTB, S. 51–66.

Flusser, Vilém (1993): Vom Stand der Dinge. Eine kleine Philosophie des Designs, Steidl Verlag.

Grober, Ulrich (2010): Die Entdeckung der Nachhaltigkeit. Kulturgeschichte eines Begriffes, Kunstmann Verlag.

Grober, Ulrich (2013): Bildwelten der Nachhaltigkeit – Zum Design eines Begriffes, in: Brocchi, Davide / Draser, Bernd / Fuhs, Karin-Simone / Maxein, Michael (Hrsg.): Die Geschichte des nachhaltigen Designs. Welche Haltung braucht Gestaltung? VAS, S. 34–41.

Jischa, Michael F. (2013): Folgenabschätzungen, in: Brocchi, Davide / Draser, Bernd / Fuhs, Karin-Simone / Maxein, Michael (Hrsg.): Die Geschichte des nachhaltigen Designs. Welche Haltung braucht Gestaltung? VAS, S. 42–53.

Hauffe, Thomas (2014): Die Geschichte des Designs, DuMont Verlag.

Kries, Mateo (2010): Total Design. Die Inflation moderner Gestaltung, Nicolaische Verlagsbuchhandlung.

Krippendorff, Klaus (2013): Die semantische Wende. Eine neue Grundlage für das Design, Birkhäuser Verlag.

Kurt, Hildegard / Wagner, Bernhard (Hrsg.) (2002): Kultur – Kunst – Nachhaltigkeit, Klartext Verlag.

Le Blanc, David (2015): Towards integration at last? The sustainable development goals as a network of targets. UN Department of Economic & Social Affairs (UN DESA) Working Paper No. 141.

Mareis, Claudia (2014): Theorien des Designs zur Einführung, Junius Verlag.

Mareis, Claudia (2013): Wissen gestalten: Ansichten zu Design als Wissenskultur, in: Milev, Yana (Hrsg.): Design Kulturen, Fink Verlag, S. 299-309.

Maser, Siegfried (1976): Theorie ohne Praxis ist leer, Praxis ohne Theorie ist blind, in: form, Heft 73.

Meadows, Donella / Randers, Jørgen / Meadows, Dennis (2012): Grenzen des Wachstums. Das 30-Jahre-Update. Signal zum Kurswechsel, S. Hirzel Verlag.

Milev, Yana (Hrsg.) (2013): Design Kulturen. Der erweiterte Designbegriff im Entwurfsfeld der Kulturwissenschaft, Fink Verlag.

Ostrom, Elinor (2009): Beyond Markets and States: Polycentric Governance of Complex Economic Systems, Nobelpreisrede in Stockholm.

Paech, Niko (2013): Das Postwachstumsdesign, in: Brocchi, Davide / Draser, Bernd / Fuhs, Karin-Simone / Maxein, Michael (Hrsg.): Die Geschichte des nachhaltigen Designs. Welche Haltung braucht Gestaltung? VAS, S. 204–213.

Pufé, Iris (2017): Nachhaltigkeit, utb.

Romero- Tejedor, Felicidad (2007): Der denkende Designer. Von der Ästhetik zur Kognition, ein Paradigmenwechsel, Olms Verlag.

Schäffner, Wolfgang (2010): The Design Turn. Eine wissenschaftliche Revolution im Geiste der Gestaltung, in: Mareis, Claudia / Joost, Gesche / Kimpel, Kira (Hrsg.): Entwerfen, Wissen, Produzieren. Designforschung im Anwendungskontext, transcript Verlag, S. 33–46.

Sommer, Bernd / Welzer, Harald (2017): Transformationsdesign. Wege in eine zukunftsfähige Moderne. oekom verlag.

KAPITEL 2

Adorno, Theodor W. (1967): Ohne Leitbild, in: Ohne Leitbild. Parva Aesthetica, Suhrkamp Verlag, S. 7–19.

Adorno, Theodor W. (1967): Funktionalismus heute, in: Ohne Leitbild. Parva Aesthetica, Suhrkamp Verlag, S. 104–127.

Brocchi, Davide / Draser, Bernd / Fuhs, Simone (2015): Verantwortungsbewusste Produktmanagement aus der Perspektive des nachhaltigen Designs, in: Weber, Torsten (Hrsg.): SCR und Produktmanagement. Langfristige Wettbewerbsvorteile durch nachhaltige Produkte, Springer Gabler Verlag, S. 27–47.

Bunde, Nicolas (2021): Covid-19 und die Industrie: Führt die Krise zum Rückbau globaler Lieferketten? in: ifo Schnelldienst, ifo Institut, Leibniz-Institut für Wirtschaftsforschung an der Universität München,

München, Band 74, Nummer 01, S. 54–57. [http://hdl.handle.net/10419/232326]

Bundesverfassungsgericht (2021): Verfassungsbeschwerden gegen das Klimaschutzgesetz teilweise erfolgreich. Pressemitteilung Nr. 31/2021 vom 29. April 2021. [https://www.bundesverfassungsgericht.de/SharedDocs/Pressemitteilungen/DE/2021/bvg21-031.html]

Bundeszentrale für politische Bildung (Hrsg.) (2019): Bauhaus. Aus Politik und Zeitgeschichte, 69. Jahrgang, 13–14/2019.

Carson, Rachel (2019): Der stumme Frühling, C.H. Beck.

Di Stefano, Elisabetta (2012): Form follows Function? Misunderstanding and Value of a Sullivan's Concept, in: Wolkenkuckucksheim. Internationale Zeitschrift zur Theorie der Architektur, Issue 32, Volume 17/2012, S. 37–44. [http://hdl.handle.net/10447/78595]

Draser, Bernd / Liedtke, Christa (2019): Konsum ist nachhaltig und nicht-nachhaltig – Ambiguität befruchtet das Leben, in: Bohl et al. (Hrsg.): Gegenwart und Zukunft sozial-ökologischer Transformation, Nomos Verlag, S. 63–74.

Gropius, Walter (1919): Bauhaus-Manifest. Programm des Staatlichen Bauhauses in Weimar. [https://monoskop.org/images/c/c3/Gropius_Walter_Programm_des_Staatlichen_Bauhauses_in_Weimar_1919.pdf]

Haug, Wolfgang Fritz (2009): Kritik der Warenästhetik. Gefolgt von Warenästhetik im High-Tech-Kapitalismus, Suhrkamp Verlag.

Heidegger, Martin (2022): Bauen Wohnen Denken: Vorträge und Aufsätze, Klett-Cotta Verlag.

Heraklit (1995): Fragmente. Griechisch und Deutsch herausgegeben von Bruno Snell, Artemis & Winkler Verlag, 11. Auflage.

Hölderlin, Friedrich (1992): Sämtliche Werke und Briefe, Band 1. Herausgegeben von Michael Knaupp, Carl Hanser Verlag.

Homer (2007): Odyssee. Aus dem Griechischem übersetzt und kommentiert von Kurt Steinmann, Manesse Verlag.

Jevons, William Stanley (1865): The Coal Question, Macmillan Publishers. [https://books.google.com/books?id=gAAKAAAAIAAJ&q=editions%3AAAAotKDT6KKcC&pg=PR3]

Kaminsky, Anette (1999): Illustrierte Konsumgeschichte der DDR. Herausgegeben von der Landeszentrale für politische Bildung Thüringen. [https://nbn-resolving.org/urn:nbn:de:gbv:27-20110526-100318-5]

Kuhn, Thomas S. (1996): Die Struktur wissenschaftlicher Revolutionen, Suhrkamp Verlag.

Liedtke, Rainer (2012): Die Industrielle Revolution, Böhlau Verlag.

Loos, Adolf (1962): Ornament und Verbrechen (1908), in: Sämtliche Schriften in zwei Bänden, herausgegeben von Franz Glück. Herold Verlag, Band 1, S. 276-288.

Malthus, Thomas Robert (2021): Das Bevölkerungsgesetz, Matthes & Seitz Verlag.

Meyer, Thomas (1976): Produktplanung und Produktgestaltung im Zeitalter des Merkantilismus am Beispiel der Manufaktur Höchst: Ein Beitrag zur Kunst- und Designgeschichte (Diplomarbeit, Selbstverlag).

Montaigne, Michel de (1998): Essais. Erste moderne Gesamtübersetzung von Hans Stillett, Eichborn Verlag.

Papanek, Victor (2009): Design für die reale Welt: Anleitungen für eine humane Ökologie und sozialen Wandel, Springer Verlag.

Rittel, Horst W. (1992): Planen, Entwerfen, Design. Ausgewählte Schriften zu Theorie und Methodik, Kohlhammer Verlag.

Schmid, Wilhelm (1998): Philosophie der Lebenskunst. Eine Grundlegung, Suhrkamp Verlag.

Schott, Dieter (2014): Europäische Urbanisierung (1000–2000). Eine umwelthistorische Einführung, Böhlau Verlag.

Semmerling, Elsa et al. (2016): Rebound-Effekte: Wie können sie effektiv begrenzt werden? Umweltbundesamt (Hrsg.). [www.umweltbundesamt.de/sites/default/files/medien/376/publikationen/rebound-effekte_wie_koennen_sie_effektiv_begrenzt_werden_handbuch.pdf]

Seneca, Lucius Annaeus (1923): Von der Kürze des Lebens, in: Philosophische Schriften 2, Der Dialoge zweiter Teil, Buch VII - XII, Übersetzt von Otto Apelt. Felix Meiner Verlag, S. 111–149.

Statistisches Bundesamt (2021): Abfallaufkommen in Deutschland im Jahr 2019 weiter auf hohem Niveau. Pressemitteilung Nr. 261 vom 4. Juni 2021. [www.destatis.de/DE/Presse/Pressemitteilungen/2021/06/PD21_261_321.html]

Steffen, Will et al. (2015): Planetary boundaries: Guiding human development on a changing planet, in: Science Vol. 347, Issue 6223, 1259855. DOI: [10.1126/science.1259855]

Steiner, Dieter (2014): Rachel Carson: Pionierin der Ökologiebewegung. Eine Biographie, oekom verlag.

Sudrow, Anne (2018): Kleine Ereignisgeschichte der Währungsreform 1948, in: D-Mark. Aus Politik und Zeitgeschichte, 68. Jahrgang, 27/2018, S. 11–16.

Sullivan, Louis H. (1896): The tall office building artistically considered, in: Lippincott's Monthly Magazine, März 1896, S. 403-408. [https://ocw.mit.edu/courses/architecture/4-205-analysis-of-contemporary-architecture-fall-2009/readings/MIT4_205F09_Sullivan.pdf]

Welzer, Harald (2013): Selbst denken. Eine Anleitung zum Widerstand, S. Fischer Verlag.

Ziegler, Dieter (2005): Die Industrielle Revolution, Wissenschaftliche Buchgesellschaft.

KAPITEL 3

Engels, Friedrich (2017): Die Lage der arbeitenden Klasse in England, Edition Holzinger.

Foucault, Michel (1983): Der Wille zum Wissen. Sexualität und Wahrheit 1, Suhrkamp Verlag.

Götz, Konrad / Deffner, Jutta / Stieß, Immanuel (2011): Lebensstilansätze in der angewandten Sozialforschung – am Beispiel der transdisziplinären Nachhaltigkeitsforschung, in: Rössel, Jörg / Otte, Gunnar (Hrsg.): Lebensstilforschung. Kölner Zeitschrift für Soziologie und Sozialpsychologie. Sonderheft 51/2011, VS Verlag, S. 86–112.

Grimm, Jacob und Wilhelm (1812): Kinder- und Hausmärchen, Band 1, Realschulbuchhandlung Berlin.
Hamberger, Joachim (2011): Der Tannensäer von Nürnberg, in: Bayerische Landesanstalt für Wald und Forstwirtschaft (Hrsg.): LWF aktuell Nr. 82/2011, S. 50. [www.lwf.bayern.de/mam/cms04/wissenstransfer/dateien/a82_tannensaeer.pdf]
Heine, Heinrich (2014): Lutetia – Berichte über Politik, Kunst und Volksleben. Sammlung Hofenberg. [www.heinrich-heine-denkmal.de/heine-texte/lutetia57.shtml]
Hesiod (1996): Werke und Tage. Übersetzt und herausgegeben von Otto Schönberger. Reclam Verlag.
Kant, Immanuel (1907): Die Religion innerhalb der Grenzen der bloßen Vernunft, in: Akademie-Ausgabe, Band VI, S. 1–202. [https://korpora.zim.uni-duisburg-essen.de/Kant/aa06]
Kant, Immanuel (1923): Beantwortung der Frage: Was ist Aufklärung? In: Akademie-Ausgabe, Band VIII, S. 33–42. [https://korpora.zim.uni-duisburg-essen.de/Kant/aa08]
Kersten, Jens / Neu, Claudia / Vogel, Berthold (2019): Politik des Zusammenhalts. Über Demokratie und Bürokratie, Hamburger Edition.
König, Werner (1994): dtv-Atlas zur deutschen Sprache, dtv.
Lessing, Gotthold Ephraim (2000): Nathan der Weise. Ein dramatisches Gedicht in fünf Aufzügen, Reclam Verlag.
Liedtke, Rainer (2012): Die Industrielle Revolution, Böhlau Verlag.
Martus, Steffen (2015): Aufklärung. Das deutsche 18. Jahrhundert – ein Epochenbild, Rowohlt Verlag.
Maul, Stefan M. (2006): Das Gilgamesch-Epos. Neu übersetzt und kommentiert von Stefan M. Maul, C.H. Beck.
Mintzker, Yair (2012): The Defortification of the German City, 1689–1866, Cambridge University Press.
National Archives (2021): Declaration of Independence: A Transcription. [www.archives.gov/founding-docs/declaration-transcript]
Osterhammel, Jürgen (2020): Die Verwandlung der Welt. Eine Geschichte des 19. Jahrhunderts. 6. Auflage, C.H. Beck.
Osterhammel, Jürgen / Petersson, Niels P. (2019): Geschichte der Globalisierung. Dimensionen, Prozesse, Epochen. 6. Auflage, C.H. Beck.
Ovid (1994): Metamorphosen. Übersetzt und herausgegeben von Michael von Albrecht, Reclam Verlag.
Reitzenstein, Wolf-Armin v. (2008): Rodungsnamen auf -ried aus karolingischer Zeit, in: Ludwig, Uwe / Schilp, Thomas (Hrsg.): Nomen et Fraternitas, De Gruyter, S. 187–196.
Reckwitz, Andreas (2019): Die Gesellschaft der Singularitäten. Zum Strukturwandel der Moderne, Suhrkamp Verlag.
Schleiermacher, Friedrich (1830): Der christliche Glaube nach den Grundsä[t]zen der evangelischen Kirche im Zusammenhange dargestellt. [https://archive.org/details/derchristlichegl12schl]
Schleiermacher, Friedrich (1799): Über die Religion. Reden an die Gebildeten unter ihren Verächtern, Unger Verlag.
Schmidt, Olaf: Die Wurzeln der Nachhaltigkeit liegen im Wald, in: Bayerische Landesanstalt für Wald und Forstwirtschaft (Hrsg.): LWF Wissen Nr. 72/2013, S. 11–14. [www.lwf.bayern.de/mam/cms04/service/dateien/w72_wald_und_nachhaltigkeit_gesamthef_bf_gesch.pdf]
Schmidt-Kallert, Einhard (2016): Magnet Stadt. Urbanisierung im Globalen Süden, Peter Hammer Verlag.
Schott, Dieter (2014): Europäische Urbanisierung (1000–2000). Eine umwelthistorische Einführung, Böhlau Verlag.
Sophokles (1992): Antigone, in: Knaupp, Michael (Hrsg.): Friedrich Hölderlin: Sämtliche Werke und Briefe, Band II, Carl Hanser Verlag, S. 317–376.
Steinberg, Heinz Günter (1985): Das Ruhrgebiet im 19. und 20. Jahrhundert: Ein Verdichtungsraum im Wandel, in: Siedlung und Landschaft in Westfalen. Landeskundliche Karten und Hefte 16. Geographische Kommission für Westfalen.
Tocqueville, Alexis de (2017): Journeys to England and Ireland. Taylor & Francis Group.

KAPITEL 4

Adorno, Theodor W. (1967): Ohne Leitbild, in: Ohne Leitbild. Parva Aesthetica. edition suhrkamp, S. 7–19.
Andreae, Bernard (1987): Plinius und der Laokoon. Verlag Philipp von Zabern. [https://digi.ub.uni-heidelberg.de/diglit/andreae1987/0009]
Baumgarten, Alexander Gottlieb (2007): Ästhetik. Herausgegeben von Dagmar Mirbach, Felix Meiner Verlag.
Birus, Hendrik (2004): Goethes Italienische Reise als Einspruch gegen die Romantik, in: Goethezeitportal. [www.goethezeitportal.de/db/wiss/goethe/italreise_birus.pdf]
Concilium Nicaenum II (787): Documenta. [www.documentacatholicaomnia.eu/04z/z_0787-0787__Concilium_Nicaenum_II__Documenta__LT.doc.html]
d'Alembert, Jean (1751): Discours Préliminaire, in: Encyclopédie, ou Dictionnaire raisonné des sciences, des arts et des métiers, Band 1, S. i-xlv. Digital verfügbar unter: https://fr.wikisource.org/wiki/L'Encyclopédie/1re_édition/Discours_préliminaire
Fuhrmann, Manfred (1980): Die »Querelle des Anciens et des Modernes«, der Nationalismus und die deutsche Klassik, in: Fabian, Bernard / Schmidt-Biggemann, Wilhelm / Vierhaus, Rudolf (Hrsg.): Deutschlands kulturelle Entfaltung. Die Neubestimmung des Menschen, Felix Meiner Verlag, S. 49–67.
Goethe, Johann Wolfgang (Hrsg.) (1805): Winckelmann und sein Jahrhundert. In Briefen und Aufsätzen. Cotta. [https://digi.ub.uni-heidelberg.de/diglit/goethe1805/0005]
Goethe, Johann Wolfgang (1954): Über Laokoon, in: Schriften zur Kunst. Band 13 der Gedenkausgabe, herausgegeben von Ernst Beutler, Artemis-Verlag, S. 161–174.

Goethe, Johann Wolfgang (1960): Prometheus, in: Sämtliche Gedichte. Band 1 der Gedenkausgabe, herausgegeben von Ernst Beutler, Artemis-Verlag, S. 320 f.

Harlan, Volker / Rappmann, Rainer / Schata, Peter (1984): Soziale Plastik. Materialien zu Joseph Beuys, Achberger Verlagsanstalt.

Hegel, Georg Wilhelm Friedrich (1988): Das älteste Systemprogramm des deutschen Idealismus, in: Jamme, Christoph / Schneider, Helmut: Mythologie der Vernunft. Hegels ältestes Systemprogramm des deutschen Idealismus. Suhrkamp. [www.hs-augsburg.de/~harsch/germanica/Chronologie/18Jh/Idealismus/ide_fra0.html]

Hegel, Georg Wilhelm Friedrich (1988): Phänomenologie des Geistes, Felix Meiner Verlag.

Hegel, Georg Wilhelm Friedrich (1989): Vorlesungen über die Ästhetik. Erster und zweiter Teil, Reclam Verlag.

Horaz (1972): Ars Poetica. Die Dichtkunst. Lateinisch/Deutsch, Reclam Verlag.

Isidor von Sevilla (1911): Etymologiarum sive Originum. 2 Bände, herausgegeben von Lindsay, Wallace Martin. Oxford. [http://archive.org/stream/isidori01isiduoft#page]

Kerenyi, Karl (1977): Die Mythologie der Griechen. Band I: Die Götter- und Menschheitsgeschichten, dtv.

Leggewie, Claus / Renner, Ursula / Risthaus, Peter (Hrsg.) (2013): Prometheische Kultur. Wo kommen unsere Energien her? Wilhelm Fink Verlag.

Macho, Thomas (2013): Prometheus. Eine Vor-Erzählung, in: Leggewie, Claus / Renner, Ursula / Risthaus, Peter (Hrsg.): Prometheische Kultur. Wo kommen unsere Energien her? Wilhelm Fink Verlag, S. 45–55.

Martus, Steffen (2015): Aufklärung. Das deutsche 18. Jahrhundert – ein Epochenbild, Rowohlt Verlag.

Maurach, Gregor (Hrsg.) 2008): Jacopo Dadoleto. De Laocoontis statua (1506). [http://archiv.ub.uni-heidelberg.de/artdok/volltexte/407]

Merz, Markus (Hrsg.) (2008): Kurt Weidemann: Biografische Gespräche, Merz & Solitude Verlag.

Musil, Robert (1992): Der Mann ohne Eigenschaften I. Erstes und zweites Buch, Rowohlt Verlag.

Osterhammel, Jürgen (2020): Die Verwandlung der Welt. Eine Geschichte des 19. Jahrhunderts. 6. Auflage, C.H. Beck.

Schiller, Friedrich (2016): Briefe über die ästhetische Erziehung des Menschen. Herausgegeben von Karl-Maria Guth, Sammlung Hofenberg.

Schlegel, Friedrich (2016): Athenäums-Fragmente / Lyceums-Fragmente / Ideen. Herausgegeben von Karl-Maria Guth. Sammlung Hofenberg.

Schneidewind, Uwe (2018): Die Große Transformation. Eine Einführung in die Kunst gesellschaftlichen Wandels, Fischer Verlag.

Vatikanische Museen (2022): Cortile Ottagone. [www.museivaticani.va/content/museivaticani/de/collezioni/musei/museo-pio-clementino/Cortile-Ottagono/cortile-ottagono.html]

Vergil (2012): Aeneis. Lateinisch/Deutsch. Übersetzt und herausgegeben von Edith und Gerhard Binder, Reclam Verlag.

Wackenroder, Wilhelm Heinrich (1797): Herzensergießungen eines kunstliebenden Klosterbruders, Unger Verlag. [https://books.google.de/books?id=DHMoAAAAYAAJ&printsec=frontcover&hl=de&source=gbs_ge_summary_r&cad=0#v=onepage&q&f=false]

Winckelmann, Johann Joachim (1995): Gedanken über die Nachahmung der griechischen Werke in der Malerei und Bildhauerkunst. Herausgegeben von Ludwig Uhlig, Reclam Verlag.

Wood, Robert (1824): An Essay on the Original Genius and Writings of Homer: With a Comparative View of the Ancient and Present State of the Troade. [https://books.google.de/books?id=2sEvAAAAYAAJ&printsec=frontcover&hl=de&source=gbs_ge_summary_r&cad=0#v=onepage&q&f=false]

KAPITEL 5

Aufstand der letzten Generation (2022): https://letztegeneration.de

Berg, Christian (2001): Eine schöpfungstheologische Perspektive auf Technikentwicklung und Nachhaltigkeit, in: ders. et al. (Hrsg.): Der Mensch als Homo faber. Technikentwicklung zwischen Faszination und Verantwortung, LIT Verlag, S. 59–83.

Bormann, Lukas (2005): Bibelkunde, Vandenhoeck & Ruprecht Verlag.

Bürgerrat Klima (Hrsg.) (2021): Unsere Empfehlungen für die deutsche Klimapolitik. Ein Bürgergutachten von 160 zufällig ausgelosten Menschen aus ganz Deutschland. Erarbeitet in 12 Sitzungen. Beraten von Wissenschaft, Politik und Zivilgesellschaft. [https://buergerrat-klima.de/ergebnisse-gutachten]

Croker, John Wilson (1853): History of the Guillotine, Murray. [https://books.google.de/books?id=vYQ-BAAAAQAAJ&printsec=frontcover&hl=de&source=gbs_ge_summary_r&cad=0#v=onepage&q&f=false]

Draser, Bernd (2014): Kann ein Esel tragisch sein? In: Rebound. factory, Magazin für nachhaltiges Wirtschaften Nr. 3/2014, S. 23–26. [www.factory-magazin.de/themen/rebound.html]

Draser, Bernd / Liedtke, Christa (2019): Konsum ist nachhaltig und nicht-nachhaltig. Ambiguität befruchtet das Leben, in: Bohn, Carolin / Fuchs, Doris / Kerkhoff, Antonius / Müller, Christian J. (Hrsg.): Gegenwart und Zukunft sozial-ökologischer Transformation, Nomos Verlag, S. 63–74.

Foucault, Michel (1992): Überwachen und Strafen. Die Geburt des Gefängnisses, Suhrkamp Verlag.

Franziskus [Papst] (2015): Laudato si'. Über die Sorge für das gemeinsame Haus, Katholisches Bibelwerk.

Franzkowiak, Peter (2018): Präventionsparadoxon, in: Bundeszentrale für gesundheitliche Aufklärung (Hrsg.): Leitbegriffe. [https://dx.doi.org/10.17623/BZGA:224-i094-2.0]

Hegel, Georg Wilhelm Friedrich (1988): Phänomenologie des Geistes, Felix Meiner Verlag.

Heidegger, Martin (2003): Die Zeit des Weltbildes, in: ders.: Holzwege. Herausgegeben von Friedrich-Wilhelm von Herrmann, Vittorio Klostermann Verlag, S. 75–113.

Hohl, Sabine (2020): Ist es moralisch, andere zum ethischen Konsum anzuhalten? In: Neuhäuser / Seidel (Hrsg.): Kritik des Moralismus, Suhrkamp Verlag, S. 359–382.

Homer (2007): Odyssee. Aus dem Griechischem übersetzt und kommentiert von Kurt Steinmann, Manesse Verlag.

Homer (2017): Ilias. Aus dem Griechischem übersetzt und kommentiert von Kurt Steinmann, Manesse Verlag.

Horn, Eva (2014): Zukunft als Katastrophe, S. Fischer Verlag.

Jischa, Michael F. (2013): Folgenabschätzungen, in: Fuhs, Karin-Simone / Brocchi, Davide / Maxein, Michael / Draser, Bernd (Hrsg.) (2013): Die Geschichte des Nachhaltigen Designs, VAS, S. 42–53.

Jonas, Hans (2003): Das Prinzip Verantwortung. Versuch einer Ethik für die technische Zivilisation, Suhrkamp Verlag.

Kissel, Theodor (2019): Geschichte der Guillotine: Rasiermesser der Nation, in: Spektrum.de, Hintergrund vom 20.07.2019. [www.spektrum.de/news/rasiermesser-der-nation/1658422]

Ladwig, Bernd (2020): Ist der Veganismus ein Moralismus? In: Neuhäuser / Seidel (Hrsg.): Kritik des Moralismus, Suhrkamp Verlag, S. 331–358.

Lang, Manfred (2010): Hirte, in: Wissenschaftliches Bibellexikon. [www.bibelwissenschaft.de/stichwort/46901]

Luther, Martin (1826): Briefe, Sendschreiben und Bedenken. Band 2. G. Reimer. [https://books.google.de/books?id=sPoQAAAAIAAJ&printsec=frontcover&hl=de&source=gbs%5C_ge%5C_summary%5C_r&cad=0#v=onepage&q&f=false]

Mieth, Corinna / Rosenthal, Jacob: Spielarten des Moralismus, in: Neuhäuser / Seidel (Hrsg.): Kritik des Moralismus, Suhrkamp Verlag, S. 35–60.

Neuhäuser, Christian / Seidel, Christian (Hrsg.) (2020): Kritik des Moralismus, Suhrkamp Verlag .

Pötter, Bernhard (2016): 35 Jahre Waldsterben. Hysterie hilft. [https://gruener-journalismus.de/hysterie-hilft-waldsterben]

Proscurcin, Pedro Junior (2014): Der Begriff ἦθος bei Homer: Beitrag zu einer philosophischen Interpretation, Universitätsverlag Winter.

Santarius, Tilman (2012): Der Rebound-Effekt. Über die unerwünschten Folgen der erwünschten Energieeffizienz, in: Wuppertal Institut für Klima, Umwelt, Energie (Hrsg.): Impulse zur WachstumsWende. [https://epub.wupperinst.org/frontdoor/index/index/docId/4219]

Thunberg, Greta (2019): Address at World Economic Forum: Our House Is On Fire. Jan 25, 2019, in: Archives of Women's Political Communication, Iowa State University. [https://awpc.cattcenter.iastate.edu/2019/12/02/address-at-davos-our-house-is-on-fire-jan-25-2019]

Kleinhückelkotten, Silke / Neitzke, H.-Peter / Moser, Stephanie (2016): Repräsentative Erhebung von Pro-Kopf-Verbräuchen natürlicher Ressourcen in Deutschland (nach Bevölkerungsgruppen). UBA. [www.umweltbundesamt.de/publikationen/repraesentative-erhebung-von-pro-kopf-verbraeuchen]

Umweltbundesamt (UBA) (2021): Konsum und Umwelt: Zentrale Handlungsfelder. [www.umweltbundesamt.de/themen/wirtschaft-konsum/konsum-umwelt-zentrale-handlungsfelder#maßnahmen]

Umweltbundesamt (UBA) (2021): Umweltbewusstsein in Deutschland 2020. Zentrale Ergebnisse. [www.umweltbundesamt.de/sites/default/files/medien/1/dokumente/factsheet_zentrale_ergebnisse_umweltbewusstsein_2020_0.pdf]

UNESCO (2014): The Manuscripts of the Commentary to the Apocalypse (Beatus of Liébana), in the Iberian Tradition. Nomination form. International Memory of the World Register. [www.unesco.org/new/fileadmin/MULTIMEDIA/HQ/CI/CI/pdf/mow/nomination_forms/portugal_spain_commentaries_eng.pdf]

Wehr, Hans (Hrsg.) (1977): Arabisches Wörterbuch, Librairie du Liban.

Weber, Beat (2007): Poesie (AT), in: Wissenschaftliches Bibellexikon. [www.bibelwissenschaft.de/stichwort/31132]

Weber, Max (2013): Die protestantische Ethik und der Geist des Kapitalismus. Vollständige Ausgabe, C.H.Beck.

White, Lynn Jr. (1967): The Historical Roots of Our Ecologic Crisis, in: Science, Vol. 155, No. 3767 (März 1967), S. 1203-1207. [https://doi.org/10.1126/science.155.3767.1203]

Wuppertal Institut für Klima, Umwelt, Energie (Hrsg.) (o.J.): Mein ökologischer Rucksack. [www.ressourcenrechner.de]

KAPITEL 6

Auswärtiges Amt (2021): Abschlussbericht. Monitoring des Umsetzungsstandes der im Nationalen Aktionsplan Wirtschaft und Menschenrechte 2016–2020 beschriebenen menschenrechtlichen Sorgfaltspflicht von Unternehmen. [www.auswaertiges-amt.de/blob/2405080/23e76da338f1a1c06b1306c8f5f74615/201013-nap-monitoring-abschlussbericht-data.pdf]

Böick, Marcus (2019): Die Treuhand. Idee – Praxis – Erfahrung. 1990-1994. Bundeszentrale für politische Bildung.

Bundesministerium für Arbeit und Soziales (BMAS) (Hrsg.) (2010): Die DIN ISO 26000. Leitfaden zur gesellschaftlichen Verantwortung von Organisationen – Ein Überblick. [www.bmas.de/SharedDocs/Downloads/DE/Publikationen/a395-csr-din-26000.pdf?__blob=publicationFile&v=1]

Bundesministerium für Umwelt (BMU) (Hrsg.) (2014): Gesellschaftliche Verantwortung von Unternehmen. Eine Orientierungshilfe für Kernthemen und Handlungsfelder des Leitfadens DIN ISO 26000. [www.bmuv.de/fileadmin/Daten_BMU/Pools/Broschueren/csr_iso26000_broschuere_bf.pdf]

Brocchi, Davide / Draser, Bernd / Fuhs, Simone (2015): Verantwortungsvolles Produktmanagement aus der Perspektive des Nachhaltigen Designs, in: Weber, Torsten (Hrsg.): CSR und Produktmanagement. Langfristige Wettbewerbsvorteile durch nachhaltige Produkte, Springer Gabler Verlag.

Cardon, Melissa S. / Wincent, Joakim / Singh, Jagpid / Drnovsek, Majeta (2009): The Nature and Experience of Entrepreneurial Passion, in: Academy of Management Review 2009, Vol. 34, No. 3, S. 511–532. [https://doi.org/10.5465/amr.2009.40633190]

Carroll, Archie B. (1991): The Pyramid of Corporate Social Responsibility: Toward the Moral Management of Organizational Stakeholders, in: Business Horizons / 07/08-1991, S. 39-48. [https://asset-pdf.scinapse.io/prod/2035880114/2035880114.pdf]

Cerra, Valerie / Eichengreen, Barry / El-Ganainy, Asmaa / Schindler, Martin (Hrsg.) (2022): How to Achieve Inclusive Growth. Oxford University Press. [www.doi.org/10.1093/oso/9780192846938.001.0001]

Deutscher Nachhaltigkeitskodex (2022): www.deutscher-nachhaltigkeitskodex.de

DIN SPEC 90051-1 (2020): Standard für die Nachhaltigkeitsbewertung von Start ups, Beuth Verlag.

Draser, Bernd / Liedtke, Christa (2019): Konsum ist nachhaltig und nicht-nachhaltig. Ambiguität befruchtet das Leben, in: Bohn, Carolin / Fuchs, Doris / Kerkhoff, Antonius / Müller, Christian J. (Hrsg.): Gegenwart und Zukunft sozial-ökologischer Transformation, Nomos Verlag, S. 63–74.

Europäische Kommission (2001): Grünbuch. Europäische Rahmenbedingungen für die soziale Verantwortung der Unternehmen. [https://eur-lex.europa.eu/LexUriServ/LexUriServ.do?uri=COM:2001:0366:FIN:DE:PDF]

Europäische Kommission (2002): Mitteilung der Kommission betreffend die soziale Verantwortung der Unternehmen: ein Unternehmensbeitrag zur nachhaltigen Entwicklung. [https://eur-lex.europa.eu/legal-content/DE/TXT/PDF/?uri=CELEX:52002DC0347&from=DE]

Europäische Kommission (2011): Mitteilung der Kommission an das Europäische Parlament, den Rat, den Europäischen Wirtschafts- und Sozialausschuss und den Ausschuss der Regionen. Eine neue EU-Strategie (2011–14) für die soziale Verantwortung der Unternehmen (CSR). [https://eur-lex.europa.eu/legal-content/DE/TXT/PDF/?uri=CELEX:52011DC0681&from=EN]

Europäische Kommission (2019): Europäischer Grüner Deal. Erster klimaneutraler Kontinent werden. [https://ec.europa.eu/info/strategy/priorities-2019-2024/european-green-deal_de]

Europäische Kommission (2019): Factsheet: Financing Sustainable Growth. [https://ec.europa.eu/info/files/190618-sustainable-finance-factsheet_en]

Europäische Union (2020): Verordnung (EU) 2020/852 des Europäischen Parlaments und des Rates vom 18. Juni 2020 über die Einrichtung eines Rahmens zur Erleichterung nachhaltiger Investitionen. [https://eur-lex.europa.eu/legal-content/DE/TXT/PDF/?uri=uriserv:OJ.L_.2020.198.01.0013.01.DEU]

Foodwatch (2021): Goldener Windbeutel. Der Preis für die dreisteste Werbelüge des Jahres. [www.foodwatch.org/de/informieren/goldener-windbeutel]

Friedman, Milton (1970): A Friedman doctrine – The Social Responsibility Of Business Is to Increase Its Profits, in: New York Times vom 13. September 1970, S. 17. [www.nytimes.com/1970/09/13/archives/a-friedman-doctrine-the-social-responsibility-of-business-is-to.html]

Fritsch, Michael / Wyrwich, Michael (2019): Wirtschaft im Schock. Auswirkungen von Grenzöffnung und deutscher Vereinigung auf die DDR-Wirtschaft. [www.bpb.de/themen/deutsche-einheit/lange-wege-der-deutschen-einheit/47101/wirtschaft-im-schock]

Global Reporting Initiative (2021): GRI Standards by language. [www.globalreporting.org/standards/download-the-standards]

Goethe, Johann Wolfgang (1962): Faust. Der Tragödie zweiter Teil, in: Die Faustdichtungen. Band 5 der Gedenkausgabe, herausgegeben von Ernst Beutler, Artemis-Verlag.

Hauff, Volker (1987): Unsere gemeinsame Zukunft. Der Brundtland-Bericht der Weltkommission für Umwelt und Entwicklung, Eggenkamp Verlag.

ISO 26000 (2021): DIN EN ISO 26000:2021-04. Leitfaden zur gesellschaftlichen Verantwortung, Beuth Verlag.

Latapí Agudelo, Mauricio Andrés / Jóhannsdóttir, Lára / Davídsdóttir, Brynhildur (2019): A literature review of the history and evolution of corporate social responsibility, in: International Journal of Corporate Social Responsibility (2019) 4:1 [https://doi.org/10.1186/s40991-018-0039-y]

Le Pelley Fonteny, Monique (o.J.): o.T. [Les Halles]. [www.petitpalais.paris.fr/sites/default/files/lhermitte-ppp143-article.pdf]

Liedtke, Christa / Buhl, Johannes (2013): Das dematerialisierte Design, in: Fuhs, Karin-Simone / Brocchi, Davide / Maxein, Michael / Draser, Bernd: Die Geschichte des Nachhaltigen Designs, VAS, S. 178–193.

Masoud, Najeb (2017): How to win the battle of ideas in corporate social responsibility: the International Pyramid Model of CSR, in: International Journal of Corporate Social Responsibility (2017) 2:4, S. 1–22. [https://doi.org/10.1186/s40991-017-0015-y]

Mesicek, Roman H. (2016): Verantwortung für Stakeholdereinbindung. Stakeholderbegriff und Praxis im Kontext der Nachhaltigkeits- und CSR-Debatte, in: Altenburger, Reinhard / Mesicek, Roman H. (Hrsg.): CSR und Stakeholdermanagement. Strategische Herausforderungen und Chancen der Stakeholdereinbindung, Springer Gabler Verlag, S. 1–12.

Novalis (1999): Wenn nicht mehr Zahlen und Figuren, in: Schriften, Band 1. Das dichterische Werk, Tagebücher und Briefe, WBG.

Paech, Niko (2012): Befreiung vom Überfluss. Auf dem Weg in die Postwachstumsökonomie, oekom verlag.
Paech, Niko (2013): Das Postwachstumsdesign. In: Fuhs, Brocchi, Maxein, Draser (Hrsg.): Die Geschichte des Nachhaltigen Designs, VAS, S. 204–212.
Paech, Niko (2022): postwachstumsoekonomie.de
Raworth, Kate (2020): Die Donut-Ökonomie. Endlich ein Wirtschaftsmodell, das den Planeten nicht zerstört. Carl Hanser.
Rheinmetall AG (Hrsg.) (2021): ESG Reporting 2021. Factbook. [www.rheinmetall.com/media/de/editor_media/rheinmetallag/csr/esg_reporting/ESG_Reporting_2021_-_Factbook.pdf]
Schneider, Andreas (2015): Reifegradmodell CSR – eine Begriffsklärung und -abgrenzung, in: Schneider, Andreas / Schmidpeter, René (Hrsg.): Corporate Social Responsibility. Verantwortungsvolle Unternehmensführung in Theorie und Praxis, Springer Gabler Verlag, S. 21–42.
Smith, Adam (2021): Wohlstand der Nationen. Nach der Übersetzung von Max Stirner herausgegeben von Heinrich Schmidt, Anaconda Verlag.
Stehr, Nico (2007): Die Moralisierung der Märkte. Eine Gesellschaftstheorie, Suhrkamp Verlag.
UNEP (2011): Towards a Green Economy: Pathways to Sustainable Development and Poverty Eradication. [https://wedocs.unep.org/20.500.11822/9158]
Weizsäcker, Ernst Ulrich von / Lovins, Amory B. / Lovins, L. Hunter (1995): Faktor Vier. Doppelter Wohlstand – halbierter Naturverbrauch, Droemer Knaur Verlag.
Weizsäcker, Ernst Ulrich von / Hargroves, Karlson / Smith, Michael (2010): Faktor Fünf. Die Formel für nachhaltiges Wachstum, Droemer Verlag.
Zola, Émile (2015): Der Bauch von Paris. Übersetzt von Armin Schwarz, Jazzybee Verlag.

KAPITEL 7

Adobe (2022): Stelle mit Aurafotografie elektromagnetische Felder farblich dar. [www.adobe.com/at/creativecloud/photography/discover/aura-photography.html]
Aischylos (1997): Die Orestie. Agamemnon. Die Totenspende. Die Eumeniden, Reclam Verlag.
Bendel, Oliver (2020): Eine Annäherung an Liebespuppen und Sexroboter, in: ders.: Maschinenliebe. Liebespuppen und Sexroboter aus technischer, psychologischer und philosophischer Perspektive, Springer Gabler Verlag, S. 3–19. [https://doi.org/10.1007/978-3-658-29864-7_1]
Blauer Engel (2020): Der Blaue Engel für klimaschonende Co-Location-Rechenzentren. [www.blauer-engel.de/de/publikationen/detail/der-blaue-engel-fur-klimaschonende-co-location-rechenzentren]
Bliesner-Steckmann, Anna / Stelzer, Franziska (2021): I'm just a Streamer. Konzeptionelle Orientierung für die Erstellung von handlungstheoretisch fundierten Bildungsmaterialien für eine klimaoptimierte und energieeffiziente Nutzung von IKT, in: merz | medien + erziehung. [www.merz-zeitschrift.de/fileadmin/user_upload/merz/PDFs/online-exklusiv-anna-bliesner-steckmann-franziska-stelzer-i-m-just-a-streamer_01.pdf]
Brot für die Welt (2018): Das weiße Gold. Umwelt- und Sozialkonflikte um den Zukunftsrohstoff Lithium. [https://ak-rohstoffe.de/wp-content/uploads/2021/05/Analyse_84_Lithium.pdf]
Brüch, Lena / Stein, Elisabeth / Reiners, René (2022): Towards an Integration of Sustainability Efforts in the HCD Process, in: Journal of Kagawa University International Office (in Erscheinung).
Burckhardt, Martin (2018): Eine kurze Geschichte der Digitalisierung. Penguin Books.
CIA (2022): CIA World Fact Book: China / Energy. [www.cia.gov/the-world-factbook/countries/china/#energy]
Cook, Gary et al. (2017): Clicking Clean. Who is winning the race to build a green internet? Greenpeace. [www.greenpeace.de/sites/default/files/publications/20170110_greenpeace_clicking_clean.pdf]
Cook, Gary / Jardim, Elisabeth (2017): Guide to Greener Electronics. Greenpeace Reports. [www.greenpeace.de/sites/default/files/publications/20171016-greenpeace-guide-greener-electronics-englisch.pdf]
Cuneo, Joshua (2011): »Hello, Computer«: The Interplay of Star Trek and Modern Computing, in: Ferro, David L. / Swedin, Eric G. (Hrsg.): Science Fiction and Computing. Essays on Interlinked Domains, McFarland & Company, S. 131–147.
Daub, Adrian (2020): Was das Valley denken nennt. Über die Ideologie der Techbranche, Suhrkamp Verlag.
Efoui-Hess, Maxime (2019): Climate Crisis. The unsustainable use of online video. The practical case for digital sobriety, The Shift Project. [https://theshiftproject.org/wp-content/uploads/2019/07/2019-02.pdf]
Eliade, Mircea (1957): Schamanismus und archaische Ekstasetechnik, Rascher Verlag.
Europäische Kommission (2021): Raw Materials Information System, Country Profiles. [https://rmis.jrc.ec.europa.eu]
Fan, Qilin et al. (2019): Resource Reservation and Request Routing for a Cloud-Based Content Delivery Network, in: 2019 IEEE International Conference on Service-Oriented System Engineering, S. 281-285. [https://doi.org/10.1109/SOSE.2019.00048]
Floridi, Luciano (2015): Die 4. Revolution. Wie die Infosphäre unser Leben verändert, Suhrkamp Verlag.
Frey, Andreas (2019): Wunden der Erde, geschlagen vom Hunger der Energie, in: faz.net vom 02.01.2019. [www.faz.net/-gx6-9hj6a]
Haarmann, Harald (2021): Geschichte der Schrift, C.H. Beck.
HDE / Handelsverband Deutschland (Hrsg.) (2020): Konsummonitor Corona. [https://einzelhandel.de/component/attachments/download/10449]
Helms, Hans G. (1997): Von der Lochkarte in den Cyberspace. Zu den gesellschaftlichen Auswirkungen der Computerentwicklung, in: Thesis. Wissenschaftliche Zeitschrift der Bauhaus-Universität Weimar, Heft 1/1997. [https://e-pub.uni-weimar.de/opus4/front-

door/deliver/index/docId/1172/file/Hans_G_Helms_pdfa.pdf]

Holtorf, Christian (2013): Der erste Draht zur Neuen Welt. Die Verlegung des transatlantischen Telegrafenkabels, Wallstein Verlag.

Homer (1989): Hermes, in: Homerische Hymnen. Griechisch und deutsch herausgegeben von Anton Weiher, S. 62–93, Artemis Verlag.

Homer (2007): Odyssee. Aus dem Griechischem übersetzt und kommentiert von Kurt Steinmann, Manesse Verlag.

HPI (Hrsg.) (2019): Neuland. Der HPI Wissenspodcast. [https://podcast.hpi.de/?p=archive]

Informationszentrum Mobilfunk (o.J.): Rohstoffe im Handy – die inneren Werte zählen. [www.informationszentrum-mobilfunk.de/umwelt/mobilfunkendgeraete/herstellung]

LANUV NRW / Landesamt für Natur, Umwelt und Verbraucherschutz Nordrhein-Westfalen (2012): Recycling kritischer Rohstoffe aus Elektronik-Altgeräten. LANUV-Fachbericht 38. [www.lanuv.nrw.de/landesamt/veroeffentlichungen/publikationen/fachberichte?tx_cartproducts_products%5Bproduct%5D=49&cHash=3972b5664c41b48448b2df956e9cc9cb]

Le Tensorer, Jean-Marie (2012): Faustkeile, in: Floss, Harald (Hrsg.): Steinartefakte vom Altpaläolithikum bis in die Neuzeit, Kerns Verlag, S. 209–218.

Lovelace, Ada (1843): Translator's notes to: Sketch of the Analytical Engine invented by Charles Babbage, Richard an John E. Taylor. [www.google.de/books/edition/Sketch_of_the_Analytical_Engine_invented/EIVqHUm9WlkC?hl=de&gbpv=1&dq=Sketch+of+The+Analytical+Engine+Invented+by+Charles+Babbage+lovelace&printsec=frontcover]

Marquard, Odo (1991): Inkompetenzkompensationskompetenz? In: Abschied vom Prinzipiellen, Reclam Verlag, S. 23–38.

Nassehi, Armin (2019): Muster. Theorie der digitalen Gesellschaft, C.H. Beck.

Nietzsche, Friedrich (1988): Die Geburt der Tragödie, in: Kritische Studienausgabe. Herausgegeben von Giorgio Colli und Mazzino Montinari, Band 1, dtv/de Gruyter.

Nietzsche, Friedrich (1988): Morgenröthe, in: Kritische Studienausgabe. Herausgegeben von Giorgio Colli und Mazzino Montinari, Band 3, dtv/de Gruyter.

Nietzsche, Friedrich (1988): Die fröhliche Wissenschaft, in: Kritische Studienausgabe. Herausgegeben von Giorgio Colli und Mazzino Montinari, Band 3, dtv/de Gruyter.

Nietzsche, Friedrich (1988): Ecce Homo, in: Kritische Studienausgabe. Herausgegeben von Giorgio Colli und Mazzino Montinari, Band 6, dtv/de Gruyter.

Nietzsche, Friedrich (1988): Nachgelassene Fragmente, in: Kritische Studienausgabe. Herausgegeben von Giorgio Colli und Mazzino Montinari, Band 10, dtv/de Gruyter.

OECD (2013): OECD Due Diligence Guidance for Responsible Supply Chains of Minerals from Conflict-Affected and High-Risk Areas. Second Edition, OECD Publishing. [http://dx.doi.org/10.1787/9789264185050-en]

Platon (2006): Phaidros. Oder: Vom Schönen. Übertragen und eingeleitet von Kurt Hildebrandt, Reclam Verlag.

PWC / PricewaterhouseCoopers (2017): Aufbruch auf der letzten Meile. Neue Wege für die städtische Logistik. [www.pwc.de/de/transport-und-logistik/pwc-studie-aufbruch-auf-der-letzten-meile.pdf]

Reuter et al. (2018): Limits of the Circular Economy: Fairphone Modular Design Pushing the Limits, in: World of Metallurgy – Erzmetall 71 (2018) No. 2. [www.researchgate.net/profile/Markus-Reuter/publication/323855448_Limits_of_the_Circular_Economy_Fairphone_Modular_Design_Pushing_the_Limits/links/5b1b6ab0a6fdcca67b6721e4/Limits-of-the-Circular-Economy-Fairphone-Modular-Design-Pushing-the-Limits.pdf]

Richter, Solveig (2018): Ressourcenkonflikte, in: Bundeszentrale für politische Bildung: Dossier Kriege und Konflikte. [www.bpb.de/themen/kriege-konflikte/dossier-kriege-konflikte/76755/ressourcenkonflikte/#node-content-title-0]

Rotter, Malena (2022): Unsichtbares sichtbar machen. Strategien zur Darstellung des überirdischen Raumes in der italienischen Malerei im 14. und 15. Jahrhundert. arthistoricum.net

Schlaffer, Heinz (2015): Geistersprache. Zweck und Mittel der Lyrik, Reclam Verlag.

Schmandt-Besserat, Denise / Erard, Michael (2008): Origins and Forms of Writing, in: Handbook of research on writing: History, society, school, individual, text, Taylor & Francis Group/Lawrence Erlbaum Associates, S. 7–22.

Schmid, Markus / Maier, Thomas (2017): Technisches Interface Design. Anforderungen, Bewertungen, Gestaltung, Springer Verlag.

Schönberg, Arnold (1926): Drei Satiren für gemischten Chor, Op. 28, Universal-Edition.

Sebeok, Thomas A. / Umiker-Sebeiok, Donna Jean (Hrsg.) (1976): Speech Surrogates: Drum and Whistle Systems, Mouton Publishers.

Shah, Anil (2015): Verantwortung entlang der Lieferkette im Rohstoffsektor! [www.germanwatch.org/sites/default/files/publication/11788.pdf]

Sloterdijk, Peter (2010): Das Zeug zur Macht. In: ders. / Voelker, Sven: Der Welt über die Straße helfen, Fink Verlag, S. 7–25.

Spiekermann, Markus (2019): Chancen und Herausforderungen in der Datenökonomie, in: Aus Politik und Zeitgeschichte, 24-26/2019, S. 16–21. Bundeszentrale für politische Bildung.

Spitzer, Manfred (2012): Digitale Demenz. Wie wir uns und unsere Kinder um den Verstand bringen, Droemer Verlag.

Statista (2021): Deutsche bunkern über 200 Millionen Alt-Handys. [https://de.statista.com/infografik/13203/anzahl-alt-handys-in-deutschen-haushalten]

Südwind Institut (2012): Von der Mine bis zum Konsumenten. Die Wertschöpfungskette von Mobiltelefonen. [www.suedwind-institut.de/files/Suedwind/Publikationen/2012/2012-41%20Von%20der%20Mine%20bis%20zum%20Konsumenten.%20Die%20Wertschoepfungskette%20von%20Mobiltelefonen.pdf]

TU Dortmund (o.J.): Der digitale Bauernhof. [http://projekt-bauernhof.fb15.tu-dortmund.de/wordpress/#/chapter/1/page/1]

WEED e.V. (2018): Konfliktrohstoffe in IT-Produkten vermeiden. Handlungsoptionen für Verbraucher/innen. [www.weed-online.org/publikationen/10693568.html]

Wuppertal Institut für Klima, Umwelt, Energie (2022): COyou-Check. [https://coyou-check.de]

Wuppertal Institut für Klima, Umwelt, Energie (2022): Lifestyle@pro-Klima. Für eine klimafreundlichere Nutzung von Informations- und Kommunikationstechnik. [https://lifestyle-pro-klima.de]

KAPITEL 8

Bürdek, Bernhard (2008): From function to meaning: In the long run everything is Design, in: Bloch-Jahrbuch 2008: Ernst Bloch und das Bauhaus gestern und heute, Talheimer Verlag, S. 151–174.

Bauer, Christian (2021): Schädliches Design – demoralisierende Designtheorie? In: Rodatz, Christoph / Smolanski, Pierre: Wie können wir den Schaden maximieren? Gestaltung trotz Komplexität, transcript Verlag, S. 59–78.

Busch, Werner (2015): Adolph Menzel. Auf der Suche nach der Wirklichkeit, C.H.Beck.

De Jong, Cees (Hrsg.) (2017): Zehn Thesen für gutes Design: Dieter Rams, Prestel Verlag.

Jensen, Astrup / Remmen, Arne (2006): Background Report for a UNEP Guide to Life Cycle Management - A bridge to sustainable products. UNEP and Life Cycle Initiative. [www.lifecycleinitiative.org/wp-content/uploads/2013/09/UNEP_Background_document_LCM_2006_Febr.pdf]

Lemon, Katherine N. / Verhoef, Peter C. (2016): Understanding Customer Experience Throughout the Customer Journey, in: Journal of Marketing: AMA/MSI Special Issue, November 2016, S. 69–96.

Liedtke, Christa / Kühlert, Markus / Huber, Kim / Baedeker, Carolin (2020): Transition Design Guide – Design für Nachhaltigkeit. Gestalten für das Heute und Morgen – ein Guide für Gestaltung und Entwicklung in Unternehmen, Städten und Quartieren, Forschung und Lehre, Wuppertal Institut für Klima, Umwelt, Energie. [https://epub.wupperinst.org/frontdoor/index/index/docId/7567]

Mareis, Claudia (2014): Theorien des Designs zur Einführung. Hamburg, Junius Verlag.

Molzbichler, Kerstin (2019): Nachhaltiges Design und User Experience. Digitale Transformation und die Auswirkungen der Gestaltung auf Mensch und Umwelt, oekom Verlag.

Paál, Gabor (2020): Was ist schön? Die Ästhetik in allem, Verlag Königshausen & Neumann.

Pufé, Iris (2014): Was ist Nachhaltigkeit? Dimensionen und Chancen, in: Aus Politik und Zeitgeschichte: Nachhaltigkeit. 64. Jahrgang, 31-32/2014. Bundeszentrale für politische Bildung, S. 15–20.

Recklies, Mara (2021): Kriterien für gutes Design, die den Schaden maximieren. Überlegungen zur Kriteriologie des Designs, in: Rodatz, Christoph / Smolanski, Pierre: Wie können wir den Schaden maximieren? Gestaltung trotz Komplexität, transcript Verlag, S. 99–124.

Sander, Elmar (2015): Schön und gut, aber. Das richtige Design zur rechten Zeit. In: factory, Magazin für nachhaltiges Wirtschaften, Nr. 1/2015, S. 22–25. [www.factory-magazin.de/themen/wir-muessen-reden/schoen-und-gut-aber.html]

Shedroff, Nathan (2009): Design is the Problem: The Future of Design Must be Sustainable, Rosenfeld Media.

Sherin, Aaris (2008): Grafikdesign nachhaltig. Ein Handbuch über Materialien und Herstellungsverfahren für Grafikdesigner und deren Kunden, stiebner Verlag.

Smolarski, Pierre (2021): Kann Design gesellschaftskritisch sein? In: Rodatz, Christoph / Smolanski, Pierre: Wie können wir den Schaden maximieren? Gestaltung trotz Komplexität, transcript Verlag, S. 79–98.

KAPITEL 9

Brock, Bazon (2018): Sterbende Götter und freiheitsstiftende Ampeln. Was ist Public Interest Design? In: Rodatz, Christoph / Smolanski, Pierre: Was ist Public Interest Design? Beiträge zur Gestaltung öffentlicher Interessen, transcript Verlag, S. 145–156.

Brockmann, Dirk (2021): Im Wald vor lauter Bäumen. Unsere komplexe Welt besser verstehen, dtv.

Kaul, Flemming (2004): Die Sonnenschiffe des Nordens, in: Meller, Harald (Hrsg.): Der geschmiedete Himmel. Die weite Welt im Herzen Europas vor 3600 Jahren. Landesamt für Denkmalpflege und Archäologie Sachsen-Anhalt – Landesmuseum für Vorgeschichte Halle, Konrad Theiss, S. 58–63.

Kleinhückelkotten, Silke / Neitzke, Hans-P. (2018): Herausforderungen für die zielgruppengerechte Kommunikation komplexer Nachhaltigkeitsthemen, in: Pyhel, Thomas: Zwischen Ohnmacht und Zuversicht? Vom Umgang mit Komplexität in der Nachhaltigkeitskommunikation, oekom verlag, S. 99–114.

Krämer, Sybille (2016): Figuration, Anschauung, Erkenntnis. Grundlinien einer Diagrammatologie. Suhrkamp Verlag.

Luhmann, Niklas (1998): Komplexität, in: Ritter, Joachim (Hrsg.): Historisches Wörterbuch der Philosophie. Schwabe Verlag, S. 940.

Luhmann, Niklas (1998): Die Gesellschaft der Gesellschaft. Erster Teilband. Suhrkamp Verlag.

Luhmann, Niklas (2000): Vertrauen. Ein Mechanismus der Reduktion sozialer Komplexität. Lucius & Lucius.

Mainzer, Klaus (2018): Nachhaltige Gestaltung von Komplexität – Zwischen natürlicher und künstlicher Intelligenz, in: Pyhel, Thomas: Zwischen Ohnmacht und Zuversicht? Vom Umgang mit Komplexität in der Nachhaltigkeitskommunikation, oekom Verlag, S. 35–48.

Meller, Harald (2004): Die Himmelsscheibe von Nebra, in: ders. (Hrsg.) Der geschmiedete Himmel. Die weite Welt im Herzen Europas vor 3600 Jahren. Landesamt für Denkmalpflege und Archäologie Sachsen-Anhalt – Landesmuseum für Vorgeschichte Halle, Konrad Theiss, S. 22–31.

Nietzsche, Friedrich (1988): Die fröhliche Wissenschaft, in: Kritische Studienausgabe. Herausgegeben von Giorgio Colli und Mazzino Montinari, Band 3, dtv/de Gruyter.

Recklies, Mara (2021): Kriterien für gutes Design, die den Schaden maximieren Überlegungen zur Kriteriologie des Designs, in: Rodatz, Christoph / Smolanski, Pierre: Wie können wir den Schaden maximieren? Gestaltung trotz Komplexität, transcript Verlag, S.99–124.

Renn, Ortwin (2018): Kommunikation über komplexe Zusammenhänge am Beispiel der systemischen Risiken, in: Pyhel, Thomas: Zwischen Ohnmacht und Zuversicht? Vom Umgang mit Komplexität in der Nachhaltigkeitskommunikation, oekom Verlag, S.15–34.

Rosling, Hans (2018): Factfulness. Wie wir lernen, die Welt so zu sehen, wie sie wirklich ist, Ullstein Verlag.

Sander, Elmar (2022): Von Florence Nightingale zu »Flatten the Curve« – Epistemische Infografiken in epidemischen Zeiten, in: Superspreader. Popkultur und mediale Diskurse im Angesicht der Pandemie, transcript (in Erscheinung).

Schlosser, Wolfhard (2004): Die Himmelsscheibe von Nebra – Astronomische Untersuchungen, in: Meller, Harald (Hrsg.): Der geschmiedete Himmel. Die weite Welt im Herzen Europas vor 3600 Jahren. Landesamt für Denkmalpflege und Archäologie Sachsen-Anhalt – Landesmuseum für Vorgeschichte Halle, Konrad Theiss, S. 44–47.

Sloterdijk, Peter (2010): Das Zeug zur Macht, in: ders. / Voelker, Sven: Der Welt über die Straße helfen, Fink Verlag, S. 7–25.

KAPITEL 10

Bonsiepe, Gui (2009): Entwurfskultur und Gesellschaft, Birkhäuser Verlag.

Brand, Karl-Werner / Jochum, Georg (2000): Der deutsche Diskurs zu nachhaltiger Entwicklung. MPS-Texte 1/2000. [www.sozialforschung.org/wordpress/wp-content/uploads/2009/09/kw_brand_deutscher_nachh_diskurs.pdf]

Bundesministerium für Umwelt (BMU) und Umweltbundesamt (UBA) (2019): Umweltbewusstsein in Deutschland 2018. Ergebnisse einer repräsentativen Befragung. [www.umweltbundesamt.de/publikationen/umweltbewusstsein-in-deutschland-2018]

Capgemini Research Institute (2020): How Sustainability is fundamentally changing consumer preferences. [https://www.capgemini.com/de-de/wp-content/uploads/sites/5/2020/07/20-06_9880_Sustainability-in-CPR_Final_Web-1-1.pdf]

Dedecius, Karl (1986): Vom Übersetzen. Theorie und Praxis, Suhrkamp Verlag.

Dörner, Dietrich (1986): Diagnostik der operativen Intelligenz. Diagnostica, Ausgabe 32.

Fischer, Daniel / Storksdieck, Martin (2018): Storytelling: Ein Ansatz zum Umgang mit Komplexität in der Nachhaltigkeitskommunikation? In: Pyhel, Thomas: Zwischen Ohnmacht und Zuversicht? Vom Umgang mit Komplexität in der Nachhaltigkeitskommunikation, oekom Verlag, S. 161–176.

Funke, Joachim (2018): How Much Knowledge Is Necessary for Action? In: Meusburger, Peter / Werlen, Benno / Suarsana, Laura: Knowledge and Action. Knowledge and Space Book 9, Springer Verlag, S. 99–111.

Gifford, Robert (2011): The Dragons of Inaction: Psychological Barriers That Limit Climate Change Mitigation and Adaptation. American Psychologist, Ausgabe Mai 2011, S.290–302.

Hamann, Karen / Baumann, Anna / Löschinger, Daniel (2016): Psychologie im Umweltschutz. Handbuch zur Förderung nachhaltigen Handelns, oekom verlag.

Klee, Paul (1979): Briefe an die Familie, Band 2. Herausgegeben von Felix Klee, DuMont Verlag.

Luhmann, Niklas (1990): Ökologische Kommunikation. Kann die moderne Gesellschaft sich auf ökologische Gefährdungen einstellen? (3. Auflage), Westdeutscher Verlag.

Mareis, Claudia (2014): Theorien des Designs zur Einführung, Junius Verlag.

Osterhammel, Jürgen (2011): Geschichtskolumne. Große Transformationen, in: Merkur, Heft 7, 65. Jahrgang, S. 152–158.

Pfeffer, Florian (2014): To Do. Die neue Rolle der Gestaltung in einer veränderten Welt, Hermann Schmidt Verlag.

Pufé, Iris (2017): Nachhaltigkeit. utb.

Schipperges, Michael (2019): Soziale Milieus in Deutschland. Das Modell der sozialen Milieus von sociodimensions 2019. [https://sociodimensions.com/wp-content/uploads/Schipperges-2019-Soziale-Milieus-in-Deutschland.pdf]

Schipperges, Michael / Hirschnitz-Garbers, Martin / Araujo Sosa, Ariel (2021): Trendradar – Ergebnisse der sozial-empirischen Fundierung. Teilbericht. UBA-Texte 166/2021. [www.umweltbundesamt.de/publikationen/trendradar-ergebnisse-der-sozial-empirischen]

Schweer, Martin K. W. / Siebertz-Reckzeh, Karin / Nitsch, Eva (2018): Vertrauen – zentrale Ressourcen im Kontext einer nachhaltigen Entwicklung, in: Pyhel, Thomas: Zwischen Ohnmacht und Zuversicht? Vom Umgang mit Komplexität in der Nachhaltigkeitskommunikation, oekom verlag, S. 59–76.

Umweltbundesamt (Hrsg.) (2012): Glossar zum Ressourcenschutz. [www.umweltbundesamt.de/sites/default/files/medien/publikation/long/4242.pdf]

Umweltbundesamt (Hrsg.) (2018): Erfolgsbedingungen für Systemsprünge und Leitbilder einer ressourcenleichten Gesellschaft. Band 4: Auswertung empirischer Studien zur umweltbezogenen Konsum- und Lebensstilforschung und von Leitbildern einer ressourcenleichten Gesellschaft in unterschiedlichen sozialen Milieus. Abschlussbericht. [www.umweltbundesamt.de/sites/default/files/medien/1410/publikationen/2018-10-23_texte_85-2018_ressourcenleichte-gesellschaft_band4.pdf]

Umweltbundesamt (Hrsg.) (2021): 25 Jahre Umweltbewusstseinsforschung im Umweltressort. Langfristige Entwicklungen und aktuelle Ergebnisse. [www.umweltbundesamt.de/sites/default/files/medien/5750/publikationen/2021_hgp_umweltbewusstseinsstudie_bf.pdf]

Wissenschaftlicher Beirat der Bundesregierung Globale Umweltveränderungen (WBGU) (2011): Welt im Wandel. Gesellschaftsvertrag für eine Große Transformation: Hauptgutachten 2011. [www.wbgu.de/fileadmin/user_upload/wbgu/publikationen/hauptgutachten/hg2011/pdf/wbgu_jg2011.pdf]

Zentrum Paul Klee (Hrsg.) (2012): Paul Klee. Leben und Werk, Hatje Cantz Verlag.

Zentrum Paul Klee (o.J.): Paul Klee, Bildnerische Gestaltungslehre, Vorlesungsmanuskripte, 1922–1930. [www.kleegestaltungslehre.zpk.org]

Zöllner, Frank (2000): Paul Klee. Hauptweg und Nebenwege. Sonderdruck aus dem Wallraf-Richartz-Jahrbuch LXI, DuMont Verlag.

CONCLUSIO

Banz, Claudia (Hrsg.) (2016): Social Design. Gestalten für die Transformation der Gesellschaft, transcript Verlag.

Baumann, Lukas (2018): Zyklus und Serie. Van Goghs Ansichten des ummauerten Feldes in Saint-Rémy, Universitätsverlag Göttingen. [https://doi.org/10.17875/gup2018-1120]

Camus, Albert (2013): Der Mythos von Sisyphos. Ein Versuch über das Absurde, rororo Verlag.

Irwin, Terry (2015): Transition Design: A Proposal for a New Area of Design Practice, Study, and Research, in: Design and Culture, Vol. 7, Nr. 2, S. 229–246. [http://dx.doi.org/10.1080/17547075.2015.1051829]

Matzner, Alexandra (2016): Vincent van Gogh: Paul Gauguin in Arles. Gescheiterte Künstlerkolonie im Gelben Haus. [https://artinwords.de/vincent-van-gogh-paul-gauguin-im-atelier-des-suedens]

Nietzsche, Friedrich (1988): Ecce Homo, in: Kritische Studienausgabe. Herausgegeben von Giorgio Colli und Mazzino Montinari, Band 6, dtv/de Gruyter.

Rodatz, Christoph / Smolarski, Pierre (Hrsg.) (2018): Was ist Public Interest Design? Beiträge zur Gestaltung öffentlicher Interessen, transcript Verlag.

Sommer, Bernd / Welzer, Harald (2017): Transformationsdesign. Wege in eine zukunftsfähige Moderne, oekom verlag.

WIR DANKEN

Nola Bunke und **Martin Böer** für die Autorenfotografien; Prof. **Karin-Simone Fuhs** für die langjährige Unterstützung und Ermutigung sowie für ihr unerschütterliches Vertrauen; **Jutta Hendricks** für ihr strenges, kluges und urteilsstarkes Lektorat; Prof. Dr. **Christa Liedtke** für die vielen anregenden Gespräche, Inspirationen und die unerschöpflichen Anstöße bei weitem nicht nur zu Nachhaltigkeit und Design; **Michael Schipperges** für seine engagierte Unterstützung und die starken fachlichen Anregungen; **Charlotte Wulff** für die sorgfältigen und scharfsinnigen Last-Minute-Korrekturen; **allen Studierenden** (und jetzigen Absolventinnen und Absolventen), die mit ihren Arbeiten zu diesem Buch beigetragen haben: Isabelle Albrecht, Dominik Bärenz, Linda Dierke, Elea Erdtmann, Vincent Grabowski, Paul Ketz, Pauline Klimpel, Rasmus Langen, Pauline Muszi, Stefanie Nagel, Bianca Reithmeier, Jola Schwarzer und Anne Stürmer; zu guter Letzt ganz besonders **unseren Familien** für ihre Geduld und die Liebe, die alles zusammenhält.